出祁山

诸葛亮北伐得与失

袁灿兴 著

浙江人民出版社

图书在版编目（CIP）数据

出祁山：诸葛亮北伐得与失 / 袁灿兴著. -- 杭州：浙江人民出版社，2024.11（2024.12重印）. -- ISBN 978-7-213-11639-1

Ⅰ．K236.09

中国国家版本馆CIP数据核字第20242WH598号

出祁山：诸葛亮北伐得与失
CHU QISHAN: ZHUGELIANG BEIFA DEYUSHI

袁灿兴　著

出版发行：浙江人民出版社（杭州市环城北路177号　邮编　310006）
　　　　　市场部电话：（0571）85061682　85176516
策划编辑：潘海林　魏　力
责任编辑：潘海林　魏　力
营销编辑：周乐兮
责任校对：汪景芬
责任印务：幸天骄
封面设计：琥珀视觉
电脑制版：北京之江文化传媒有限公司
印　　刷：杭州丰源印刷有限公司
开　　本：880毫米×1230毫米　1/32　印　张：13.875
字　　数：263千字　插　页：4
版　　次：2024年11月第1版　印　次：2024年12月第2次印刷
书　　号：ISBN 978-7-213-11639-1
定　　价：88.00元

如发现印装质量问题，影响阅读，请与市场部联系调换。

前　言

在后世千余年持续神化中，诸葛亮逐渐走向圣坛，他运筹帷幄，决胜千里，羽扇挥摇，七纵七擒，八阵排列，木牛流马，呼风唤雨，宛如仙神。在读书人的心目中，诸葛亮已是圣人，拥有中国传统士大夫的一切美德。一千多年加工形成的诸葛亮，形象完美，影响深远，乃至走向海外，影响世界，成为中华文明的标志性人物之一。

"出师未捷身先死，长使英雄泪满襟。"诸葛亮持续不断的北伐，经过后世的演绎，发展出了一系列脍炙人口的"六出祁山"的故事。历史的真相与文字的记录，终究有出入。在后世，围绕蜀汉、曹魏，何为正统，各个时代，各有界定。于是诸葛亮的形象和出祁山的故事，也在不断地加工中。

2　出祁山：诸葛亮北伐得与失

抽丝剥茧，比较多种文字的记录，尽可能还原历史的真相，就会发现，诸葛亮的形象、战绩，与经后世加工过的诸葛亮相比，存在较多出入，甚至会毁损他圣人的形象，可后世读史，不就是为了求真？

诸葛亮高倡王业，以恢复汉室为旗帜，积蓄力量，准备兴师北伐。蜀汉的困局在于，实际的力量，并不足以匹配完美的理想，过度扩张战略会消耗蜀汉国力。可不北伐，蜀汉亡；若北伐，则百姓苦。诸葛亮的选择是，北伐。

为了恢复汉室，兴兵北伐，诸葛亮做了充分准备。在蜀汉内部，诸葛亮领兵亲征南中，安定后方。在外部，诸葛亮修补与盟友孙权的关系，双方三分天下。在政治上，诸葛亮一手打造了"诸葛成规"，消除内部的矛盾，集军政权力于一身，避免外戚、宦官干政之弊。在经济上，诸葛亮推行军事优先战略，盐铁专营，生产蜀锦，以服务北伐。

充分准备之后，诸葛亮发动了北伐。而北伐之前，与诸葛亮有恩怨情仇的孟达，是否被诸葛亮布局所杀？诸葛亮连续五次北伐，其中最主要的是第一次、第四次、第五次。第一次北伐，街亭之战，由于马谡抢功心切，导致失利，无功而退。第四次北伐，由于李严不满诸葛亮，谎报军粮匮乏，导致撤军。第五次北伐，诸葛亮与司马懿在渭水对峙，最终身殒五丈原。诸葛亮死后，魏延被杀，原因却是蜀汉内部权力之争，而非民间传说的魏延有所谓的反骨。

诸葛亮死后,他选定的接班人蒋琬、费祎相继执政。二人当政期间,没有大规模北伐,而是保境安民,对外保持守势,对内发展生产,此期间,他们需要压制蜀汉内的强硬北伐派。至蒋琬、费祎去世后,原先的"诸葛成规"被打破,军政分开,姜维专注于军事,并陷入"姜维迷思"之中,持续发动北伐,引发蜀汉内部反对,不得不外出种麦避祸。

在蜀汉的最后一年,后主刘禅决定不顾礼制,给诸葛亮立庙,以此团结内部,应对内外威胁。面对曹魏的讨伐大兵,蜀汉内部体制紊乱的问题出现,前方守卫要隘的将领无心作战,各自投敌;新起将领如诸葛瞻缺乏作战能力,一战即溃。当曹魏大兵出奇兵之后,蜀汉内部已无战意,在谯周劝说之下,举国投降。伐蜀成功之后,曹魏内部,钟会、邓艾发生权力纠纷,引发成都大乱,死伤无数。投降后的刘禅,作为安乐公,在曹魏内部享受富贵荣华,乐不思蜀。

从诸葛亮五次北伐,到姜维九次北伐,蜀汉持续进击,却屡战无功。在魏、蜀、吴三国之中,曹魏无疑占据了绝对的优势。通过大规模屯田,开发江淮、关中等地,曹魏方面拥有巨大的人力、物力优势。蜀汉与盟友孙吴之间,又未建立起有效的沟通体系,虽有过军事合作,却未奏效。就蜀汉自身而言,一直存在着粮食少、兵不足、人才匮乏等问题,主动北伐,耗尽国力,可谓得不偿失。

三国已远,围绕出祁山发生的一系列故事,被千古传唱。

4　　出祁山：诸葛亮北伐得与失

诸葛亮鞠躬尽瘁，试图力挽狂澜，兴复汉室。可汉室之兴，与万千底层民众之间，又有什么关系？后世历史上，不管谁做皇帝，都是凌驾于万民之上，以天下供养一人，区别不过是盘剥程度多少罢了。兴亡与否，百姓皆苦。

CONTENTS

前　言 / 1

第一章　大国崛起：蜀汉困局与出祁山

偏霸一方：迅速崛起的蜀汉　/ 002

蜀汉的权斗：盘点刘备的遗产　/ 016

谁才是正统：蜀汉政权的大国困局　/ 031

蚕食雍凉：恢复中原必出祁山　/ 043

无暇顾蜀：曹丕频繁南征的背后　/ 053

第二章 五手准备：打造安全的内外环境

七擒传说：经略南中以备军用 / 068

三分天下：交好孙权共画大饼 / 081

诸葛成规：宫府一体稳定内部 / 093

强兵利器：无当飞军诸葛连弩 / 106

财源何来：军中之需全借于锦 / 115

第三章 复兴汉室：出祁山的梦想与现实

前奏曲：孟达之死的真相 / 128

失街亭：北伐第一战的重创 / 140

频岁攻：割麦陇上会战卤城 / 153

说功业：大星陨落五丈原 / 166

未了案：魏延真的谋反了？ / 179

第四章　诸葛之后：从守土安民到姜维九伐

邦家合一：蒋琬执政转攻为守　/ 196

保境安民：费祎被刺案的谜团　/ 208

中枢触角：蜀汉重点经营南中　/ 219

九伐陇上：姜维迷思持续进击　/ 231

敛兵聚谷：内部紊乱沓中避祸　/ 242

第五章　乐不思蜀：众人皆醉我亦醉的刘禅

刘禅之思：诸葛立庙非礼所为　/ 256

阳安关口：蜀汉自乱与邓艾伐蜀　/ 268

江山坐缚：老臣谯周的投降论　/ 278

一计三贤：天府一场血雨腥风　/ 290

安乐公：太平鱼肉如何思蜀　/ 302

第六章　败亡有因：蜀汉屡次北伐失败的原因

想打吗：雄厚魏国与守势战略　/ 314

背刺高手：盟友孙吴靠谱吗？　/ 326

粮草少：木牛流马能解决后勤？　/ 337

兵不足：蜀汉为何人口如此少？　/ 348

人才匮：蜀中为何无大将？　/ 360

第七章　贼与圣：三国人物的历史脸谱

升堂拜母：权臣屡出与吴国失序　/ 370

三国归晋：西晋党争与兴师伐吴　/ 382

运筹神谋：走向圣坛的诸葛亮　/ 395

鹰视狼顾：司马氏形象的历史流变　/ 407

禅让征伐：三国之后汝为正统　/ 419

后　记 / 432

第一章

大国崛起：蜀汉困局与出祁山

赤壁之战后，刘备在十年内崛起，手握荆、益二州，有一方霸主姿态。但迅速崛起的蜀汉，在关羽落败、夷陵之战后，遭受重创。刘备去世后，蜀汉政权由诸葛亮主导。诸葛亮手中，并无什么好牌可打。此时的蜀汉，局势殆危。侥幸的是，曹魏方面无暇顾蜀，反而南征，与孙吴持续爆发冲突，给了蜀汉休养之机。诸葛亮高倡王业，以恢复汉室为旗帜，积蓄力量，准备兴师北伐。可蜀汉的困局在于，实际的力量并不足以匹配完美的理想，过度扩张战略反而消耗了蜀汉国力。而在北伐过程中，诸葛亮选择祁山为进军方向，其中自有考量。

偏霸一方：
迅速崛起的蜀汉

诗云：时来天地皆同力，运去英雄不自由。

建安十七年（212），刘备领兵，占据涪城，成都在望，真是时来运转，英雄得势。快意之时，怎能不饮？刘备在涪城大宴将士，置酒作乐，酩酊大醉，一时忘形，得意扬扬地对庞统说："今日之会，可谓乐矣"①，颇有意气扬扬、锦衣行昼之感。

《三国志》载，庞统不喜刘备得意忘形，劝说了他几句，结果刘备勃然变色，呵斥庞统："卿言不当，宜速起出。"② 也就是

---

① （晋）陈寿：《三国志》卷三十七蜀书七，百衲本景宋绍熙刊本。
② （晋）陈寿：《三国志》卷三十七蜀书七，百衲本景宋绍熙刊本。

让庞统快走吧。刘备一生，号称"喜怒不形于色"，为何在涪城纵酒欢歌，张扬自我？盖因此时的刘备，成都在望，手握荆襄，已有一方霸主之姿。大半生十有八九不如意的刘备，当此之际，难免会得意，会借酒抒情，抛开所有伪装，尽情展示真实的自我。

刘备自称汉景帝第九子中山靖王刘胜之后。这刘胜堪称"繁殖机器""为人乐酒好内,有子枝属百二十余人"[①]。到了刘备这一辈，早已在五服之外，没有任何特权，不过是最底层的平民而已。草根刘备在一步步崛起的过程中，头顶着刘姓皇室后裔的光环，投靠一个个军阀，再抓住机遇，求得发展。

从光和七年（184）黄巾起义后，刘备起兵，至建安六年（201）南归刘表，十七八年间，刘备先后依附过邹靖、公孙瓒、陶谦、吕布、曹操、袁绍、刘表等人，多次背弃旧主，投靠新主，在夹缝中求得发展，不愧"枭雄"之称。

刘备所处的年代，中枢权力涣散，各路军阀崛起，献帝是名义上的天子，实则曹操手中的傀儡。在此天下大变局中，群雄逐鹿。在这样的乱世中，最不值钱的就是道德，最不缺的就是尔虞我诈。英雄要胜出，就要抛开羁绊，行霸道，杀伐果断，道德君子则寸步难行。在群狼之中，刘备相对注意一下吃相，没有那么赤裸裸，再显示一二仁义，于是好人形象也就营造出

---

① （汉）司马迁：《史记》卷五十九，清乾隆武英殿刻本。

来，名扬四海。好人形象的背后，被掩盖的是炽热的枭雄之心，试图以名望博取权力。曹操就从不掩饰，他有实力，随心行事，哪在乎他人评价。

人生道路上，刘备沉浮多次，落魄无着，羁旅奔逃，寄人篱下；在战场上，刘备也是常败将军，被讥讽为"拙于用兵，每战则败，奔亡不暇，何以图人"[①]，妻室四次被敌手俘虏。侥幸的是，每当他失利时，总有恩主眷顾，而对他最宽容大度的，还是刘姓本家们。

出自刘姓宗室的各方势力，有益州刘焉、荆州刘表、幽州刘虞等。幽州刘虞乃忠厚长者，并无野心。益州刘焉则是野心勃勃，痴迷于"益州分野有天子气"，想要登基称帝。兴平元年（194），刘焉痈疽发背而卒，此后由其子刘璋继任，只求保境安民，别无他念。

荆州刘表也是宗室之后，控制荆州八郡，实力强劲，奈何只求自保，割据一方。建安六年（201），刘备投奔刘表，驻屯于新野。刘表没什么野心，可刘备不甘如此，暗中招兵买马，吸纳良才，等待机会，以图大展身手。在此期间，建安十二年，刘备三顾茅庐，招徕诸葛亮。由"隆中对"定下经营天下的大略，野心勃勃的君臣一起等待机会，以与群雄逐鹿。

建安十三年（208），刘表病重，而刘表所生诸子在史书中

---

① （晋）陈寿：《三国志》卷三十二蜀书二，百衲本景宋绍熙刊本。

被描述为"与豚犬等"，这为各方势力提供了机会。首先下手的乃是江东孙权。此年春，利用刘表病重之机，孙权派兵攻打江夏，席卷了几万人口后撤军，战后江夏由刘表长子刘琦控制。此年六月，曹操得到刘表病重、孙权用兵的消息，岂肯让荆州落入孙权之手。秋七月，曹操整军南下，攻打刘表。八月，刘表病逝，次子刘琮继任荆州牧。刘琮乃无能之辈，面对乱局，不知所措。

秋九月，曹操大兵至新野，距离刘备驻守的樊城一百五十里。刘琮投降了曹操，也没有告知刘备。待刘备得到消息后，已无法阻挡曹操大军，于是率领部众由樊城经陆路撤退，准备前往南郡江陵（今湖北荆州），关羽则领水军由水路前往。大军路过襄阳时，诸葛亮曾劝他占据襄阳，只是刘备惺惺作态，表示"不忍"而作罢。

此时曹操快速推进，亲率五千轻骑追击，不给刘备任何喘息之机。九月十九日，在当阳长坂坡，曹军追上刘备，歼其主力，刘备、诸葛亮狼狈而逃，至汉水与关羽会合，众人得到刘琦接应，一起退至夏口（今湖北武汉市汉阳区）。刘备、刘琦合兵之后，兵力两万余人。

曹操占据江陵，收编荆州降军，得了大批战船，声势浩大。被曹操兵威所慑，益州牧刘璋也主动向曹操示好，接受征役，遣兵给军。曹操攻势如猛虎下山，迅捷无比，这让在江东的孙权集团惊骇。此时的孙权，名义上仍是汉廷所封讨虏将军，领会稽太守。孙权坐拥江东，雄心勃勃，怎会甘为人臣？他的战略目标是夺取荆州，"竟长江之极，据而有之，然后建帝号，以图天下"[1]。如果曹操拿下荆州，既打击了孙权夺荆州、争天下的目标，又威胁到孙权在江东的统治。

孙权集团中的鲁肃建议孙权，联合刘备，共抗曹操。孙权当即遣鲁肃，以吊唁刘表之名，前去联络刘备。鲁肃行至汉津附近，遇到败退的刘备、刘琦，当即表达了共抗曹操的意图。刘备此时已是岌岌可危，突然抓住了救命稻草，于是遣诸葛亮前往柴桑（今江西九江西南）会见孙权，自己则领兵驻扎樊口（今湖北鄂州西），靠近孙权以得到保护，刘琦则留守夏口。诸葛亮见了孙权，经过一番游说，最终说动孙权。孙权当即定策，联合刘备，共抗曹操。继而，拉开了赤壁大战的序幕。

后世所称的"赤壁之战"，由前后两次战役组成，即赤壁战役、乌林战役。

冬十二月，曹操领大军由江陵出发，水陆并进，沿江而下。曹操大军东进时，周瑜率大军三万，至长江南岸赤壁迎战。《三国志·周瑜传》记载："时曹公军众已有疾病。"[2]据此记录，赤壁大战尚未开始时，曹操大军已疫病流行。曹操遣出的部队进入长江南岸后，受疫病影响，战力下降，战败后退回江北。

---

[1] （明）张龙翼：《兵机类纂》卷二十九谋画，明崇祯刻本。
[2] （晋）陈寿：《三国志》卷五十四吴书九，百衲本景宋绍熙刊本。

在赤壁交战之中，曹操虽占据兵力优势，却在战场上陷入劣势，不得不退回长江北岸，驻军乌林。乌林在西，在长江北岸上游；赤壁在东，在长江下游南岸，两地相距百余里，后世一直误解，以为赤壁在长江北岸。①受疫病及不善水战的影响，曹操将战船集中，以铁链相连，步骑兵则在沿岸驻扎，紧靠水军，随时操练。十二月底，周瑜遣兵，火攻曹操，曹操水军溃败。水军主力覆灭，岸上步兵又多感染疫病，于是曹操主动领军撤退。后世所记录的"火烧赤壁"，实是火烧乌林。

赤壁之战后，刘备是最大赢家。利用周瑜围攻南郡郡治江陵的间歇，刘备南下获得了发展，先后取得武陵、零陵、桂阳、长沙四郡。流浪多年的左将军、汉宗室刘皇叔，总算有了自己的地盘，未来三国鼎立的态势已有雏形。此时的荆州七郡，刘备占有荆南四郡，曹操占据南阳郡，孙权占据江夏郡，南郡则处于周瑜与曹仁激烈争夺之中。

建安十四年（209），刘琦突然病逝。若刘琦不死，则他仍然是刘表名义上的继承人，任荆州牧，刘备地位也很尴尬。刘琦一死，刘备将军力整合，宣布继任荆州牧。建安十四年十二月，周瑜终于攻下南郡郡治江陵。建安十五年，周瑜"道遇暴

---

① 南朝宋时，盛弘之《荆州记》载："蒲圻县沿江一百里，南岸名赤壁，周瑜、黄盖（于）此乘大舰，上破魏武兵于乌林。乌林、赤壁，其东西一百六十里。"

疾"，盛年而亡。

周瑜病逝后，鲁肃辅政，刘备亲自去京口拜会孙权，求都督荆州，由此产生"借荆州"的传说。在鲁肃劝说下，孙权将荆州（江陵）借给刘备，自己则将主力集中，与曹操争夺江淮。后世所云"借荆州"，实际上是军事重镇江陵及南郡江北的领地。周瑜花了一年多时间，方才攻克江陵，不想周瑜死后却便宜了刘备。

之所以将荆州（江陵）借给刘备，是因为孙权集团虽控制江陵城，却处于曹操与刘备两方势力中间，需要重兵布防。而刘备只控制了荆南四郡，如果无法获得江陵，则名不正，无法董督荆州。借江陵给刘备，将对抗曹操大军的压力转移，同时交好刘备一方，对孙权而言，有益无害。且此时孙权嫁妹给刘备，双方关系正处于蜜月期，于是一切水到渠成。[①]

夫唯奸雄知枭雄，深知刘备野心者，乃曹操也。当曹操听闻孙权借出地盘给刘备时，无比震惊，"方作书，落笔于地"[②]。获得荆州，是刘备争霸天下的第一步，第二步则是拿下益州，之后静待天下大变，荆、益二路大军齐出北伐，定鼎中原，恢复汉室。

---

① 东汉荆州七郡，分别是南阳、南郡、江夏、长沙、桂阳、零陵、武陵。七郡按地理位置大致分为荆南四郡和荆北三郡，南四郡为长沙、零陵、桂阳、武陵，北三郡为南阳、南郡、江夏。

② （晋）陈寿：《三国志》卷五十四吴书九，百衲本景宋绍熙刊本。

第一章 大国崛起：蜀汉困局与出祁山

刘备借到了荆州，要继续扩张势力，所指必然是益州。益州牧刘璋乃是无能之辈，曾杀掉汉中张鲁的母亲与弟弟，与张鲁有生死大仇。对付汉中五斗米道张鲁，刘璋颇感吃力。建安十六年（211），曹操似乎有利用汉中张鲁，进取蜀地的迹象。益州官员张松、法正给刘璋出了个馊主意，请刘备过来帮忙对付汉中张鲁，此举无异引狼入室。

刘璋竟然听从了，决定请刘备入川助战。法正赶至刘备处，请刘备拿下益州，自己与张松策应，"资益州之殷富，凭天府之险要，以成帝业"①。刘备听了，如何能不心动？可他犹豫再三，因为此前，他曾以道德君子的面孔，大义凛然，劝阻孙权不要攻取益州。现在自己去攻打益州，不是自证乃是伪君子？在庞统再三劝说之下，刘备克服了最后一层羞耻感，决定领兵入益州，待时而动。

建安十六年（211），刘备将关羽、张飞、赵云留下镇守荆州，诸葛亮也留在荆州辅政。刘备则带领庞统、黄忠、魏延等新加入的文臣武将，西取益州。刘备征战半生，总算获得了一块根据地荆州，而荆州乃四衢之地，故而将老将们留下看守家业。刘备入蜀时"兵不满万"，不过益州方面，刘璋孱弱，且有张松、法正作为内应，胜算较大。

行至涪城时，刘璋率步骑三万余人，从成都来会，车乘帐

---

① （晋）陈寿：《三国志》卷三十七蜀书七，百衲本景宋绍熙刊本。

幔，精光耀日，为本家刘备接风洗尘，日日笙歌美酒。张松、法正暗中建议刘备，在此地将刘璋斩杀，直接拿下益州。刘备终究还是顾及脸面，未下手杀掉刘璋。此后刘备走走停停，刘璋好吃好喝供应着。刘备行事，素来冠冕堂皇，包装出了"宽厚仁义"的形象，所以犹豫再三，一年多还未曾下定决心撕破脸面杀人抢益州。刘璋又给刘备增加兵马，将白水关（今四川昭化西北）白水军的指挥权也给了刘备。刘备行至葭萌关（今四川广元南）即驻军不前，"厚树恩德"，收买人心，这让刘璋生出不满。

建安十七年（212），曹操亲率大军，号称四十万，攻打孙权。孙权压力倍增，向刘备求援。刘备以此为由，请求刘璋提供士兵万余及大量物资，供自己东归。刘璋邀请刘备入益州，是为了对付汉中张鲁，好吃好喝供应了一年，不想刘备一拍屁股就要走人，还要各种物资。刘璋自然不快，将刘备所要求的士兵、物资减半提供。刘备等的就是这个契机，以此为由，与刘璋撕破脸。

此时张松勾结刘备之事，被其兄张肃告发，刘璋将张松斩杀，刘璋与刘备由此正式开打。刘备自知理亏，于是鼓励士兵，称攻下成都后，将以府库中的财物作为赏赐。刘备恩威并施，又出狠招，将原属刘璋的白水军将士的妻子作为人质要挟，逼迫军队卖力进攻。刘璋调兵遣将，依托地利抵抗。在此过程中，刘备花了一年时间，才将雒城（今四川广汉）攻克，损失惨重，庞统也被流矢射中丧命。刘备只好急召诸葛亮,带领张飞、赵云前来助战,留关羽镇守荆州。

建安十九年(214),刘备总算攻至成都城下,此时城中尚有精兵三万人,谷帛可支一年,吏民都愿死战。不料刘璋却不想打了,索性直接投降,反正刘备不会拿他怎样。刘备为了保持自己"弘毅宽厚"的形象,厚待刘璋,将他送去荆州公安养老,又将他全部家产送还给他。后孙权攻杀关羽,取得荆州,俘获刘璋,再以其为益州牧。刘璋死后,其子在孙吴一方成为角逐的棋子。

在出兵攻打刘璋时,刘备与将士约定,如果能成功拿下成都,则允许士兵去抢劫官库财物。至成都被攻下之后,士兵们纷纷丢了武器,去库房抢夺财物。①库房中的财物被士兵洗劫一空,导致军用不足,刘备颇是忧心。刘巴出了个馊主意,"铸直百钱",就是铸造大面额的钱币,结果又弄出了通货膨胀。一时之间,豪族财富多被蒸发,怨声载道。除此之外,还有人提出,应将成都的房舍及城外园地桑田,全部分赐诸将。侥幸赵云强烈反对,成都人民才得以保全田宅。

刘备得了益州,一时得意忘形,置酒大飨士卒,取成都城中官库金银,赏赐诸葛亮、法正、张飞及关羽金五百斤、银千

---

① (宋)司马光:《资治通鉴》卷第六十七汉纪五十九,四部丛刊景宋刻本。

斤、钱五千万、锦千匹，其余文臣武将，各有赏赐。赏赐完毕，刘备发现问题来了，赏下金银也就算了，作为硬通货的谷帛之类关系国计民生，又让归还上来。反正尴尬的事，刘备干得多了，也就不觉得尴尬了。

建安二十年（215），得知刘备拿下益州后，孙权派诸葛瑾至成都，索要长沙、桂阳、零陵三郡。当年孙权借出荆州（南郡），如同投资，现在开始要求分红了。刘备以攻取凉州后再还荆州为理由加以搪塞。孙权大怒，遣兵两万攻打刘备，长沙、桂阳二郡望风而降，零陵太守郝普则顽强抵抗。刘备亲率五万精兵下公安，关羽领军至益阳，以与孙权争夺江南三郡。在零陵坚持抵抗的郝普，在友人邓玄之的游说之下投降孙权。

孙刘剑拔弩张之际，曹操趁机进兵，攻占汉中，威胁益州。腹背受敌之下，刘备只得放弃夺回江南三郡，与孙权握手言和。刘备、孙权达成妥协，湘水以东，江夏、长沙、桂阳属孙权；湘水以西，南郡、零陵、武陵归刘备，是为湘水之盟。湘水之盟后，荆州七郡被分割，孙权占领的三郡由鲁肃驻兵陆口镇守，刘备占领的三郡由关羽驻兵江陵镇守，曹操控制一郡（南阳郡），由曹仁驻兵樊城镇守，在荆州形成了三方势力的微妙平衡。

此年曹操领大兵十万，攻打汉中张鲁。在曹操大兵威逼之下，张鲁逃入巴中，后投降曹操。汉中地处四川盆地与关中平原之间，汉水横贯，土地肥美，物产丰饶。经汉中，出秦岭，

第一章　大国崛起：蜀汉困局与出祁山

可直逼关中，乃争夺天下的必取之地。①

围绕汉中，曹操与刘备爆发了激烈冲突。建安二十二年（217），刘备遣张飞、马超、吴兰等，领兵攻打武都下辨（今甘肃成县西北），截断曹军从陇右入汉中的道路。建安二十三年（218）春，刘备亲自领兵三万，攻打汉中，以诸葛亮留守成都，负责后勤与征兵。诸葛亮表现出色，圆满完成了征兵与征粮的任务。汉中之战，曹军主动出击，曹真攻打下辨，张飞、马超战败逃亡，吴兰战死。刘备派遣陈式截断马鸣阁道的计划，又遭到失败。

刘备亲自领兵，攻打阳平关（今陕西勉县），久攻不克，向诸葛亮求援。诸葛亮评估局势后，认为无汉中则无蜀，于是倾巢出动，大兵支援汉中。曹操也离开邺城，赶赴长安，准备亲自领军支援。刘备此时自信满满，听闻曹操将来，豪气道："曹公虽来，无能为也，我必有汉川矣！"

建安二十四年（219），刘备放弃阳平关，渡汉水，在定军山（今陕西勉县西南）扎营。定军山之战，黄忠斩夏侯渊，刘备军大胜。三月，曹操领主力到达阳平关前线。在汉中，双方对峙，曹操心情纠结，放弃汉中不甘，打下去又无心，乃至以"鸡肋"为口令。此年五月，曹操退兵长安，汉中落入刘备之手。刘备打仗，从来是败多胜少，此番汉中之战，亲自指挥，

---

① 自元朝起，汉中地区进入"北属时期"，被划归陕西，延续至今。

竟然进退有度，布置得法，接连取胜。刘备此战表现神勇，战后曹操百思不得其解，乃至嘀咕："必为人所教也。"①

曹操占领汉中时，将汉中民数万户，迁移到长安及三辅。杜袭督汉中军事时，又迁汉中百姓八万余口到洛阳、邺城。至张郃撤出汉中，又强迫剩下的汉中吏民内迁关中。刘备虽占据汉中，但得地不得民。

汉中之战后，刘备挟大胜之威，先后攻取本属曹操的凉州武都郡及上庸、房陵、西城三郡。此年七月，刘备自立为汉中王，拜关羽为前将军，张飞为右将军，马超为左将军，黄忠为后将军。赵云不过是翊军将军，所谓"五虎上将"，乃后世小说家言。

夺取汉中后，益州有了前方缓冲地。夺取东三郡后，荆州、益州连为一体，刘备真正拥有了自己的一方天地。刘备跨有荆、益，实现争霸天下的第二步，此时所待，乃是天下大变。在赤壁之战后，十年之内，刘备迅速崛起，成为一方霸主。此时的三国态势已经明朗，曹、刘、孙三方各自拥有军队，有行政系统管理社会一应事务，疆域上随战事存在着一定的变动性。

此年七月，关羽未待天下大变，就孤军发起荆州、樊城之战，包围曹仁部。关羽兵力"号有三万人"，乃是偏师深入，最终引发曹操、孙权联合绞杀。曹操不断调兵遣将增援曹仁，战

---

① （晋）陈寿：《三国志》卷三十七蜀书七，百衲本景宋绍熙刊本。

事胶着。后方的刘备忙着称王,又大兴土木,"起馆舍,筑亭障",从成都至白水关,修建馆舍四百余所。

荆州一线,烽火连天。关羽出兵,围樊城、淹七军、擒于禁、斩庞德,授印梁、郏、陆浑等地义军,眼看就要打破曹、刘、孙三方在荆州的平衡。十月,在孙权背刺之下,关羽败走,丢江陵,退守麦城。十二月,关羽被孙权擒杀,至此荆州基本落入孙权之手。此时刘备大军刚经历过汉中大战,疲惫不堪,需要休整,由蜀入荆的道路又被孙权方面封锁,无法增援,无奈坐视关羽落败。

蜀汉的权斗：
盘点刘备的遗产

关羽大意，荆州落败，黯然身死，由此带来了连锁反应，使刘备初具规模的霸业遭到重创，由荆、益二路进军取中原的战略泡汤。关羽落败的直接冲击，就是孟达叛离，东三郡落入曹操之手，导致益州的战略空间急剧收缩，在未来的三国争霸战中，陷入不利的局面。

东三郡指房陵（今湖北房县）、上庸（今湖北竹山）、西城（今陕西安康）三郡，此地处于今陕西、湖北交界处，被秦岭、巴山、武当山、巫山所阻，地势险要，崇山峻岭易守难攻。东三郡乃四塞之地，但境内水路发达，地处汉水、长江之间，北通汉水，西临汉中，南接长江，东通襄阳。

第一章　大国崛起：蜀汉困局与出祁山

汉献帝初平二年（191），张鲁割据汉中，控制上庸地区，此后随着张鲁降曹，此地区也转入曹操阵营。建安二十四年（219）夏，刘备夺取汉中后，立刻发起上庸三郡之战，命孟达等攻打上庸。孟达乃扶风郡人，其父当过凉州刺史，也是高官之后。孟达与同郡友人法正一起投奔刘璋，却未被重用。

建安十六年（211），为应对汉中张鲁，刘璋请刘备入蜀，由法正、孟达各领兵二千相迎。此期间乃是刘备、刘璋的蜜月期，日日宴饮欢歌，也结下了酒肉之情。至刘备取得益州后，孟达成为宜都郡太守，得到重用。

建安二十四年（219），孟达领军攻打房陵，展示了出色的军事才能。他率军从宜都郡出发，先沿长江从秭归（今湖北秭归）登岸，翻山越岭，直抵沔水（汉水）上游，沿河谷下击房陵，房陵太守蒯祺被杀。[①] 蒯祺属荆州大族蒯氏，乃诸葛亮的姐夫，其妻便是诸葛亮的大姐。

至于诸葛亮大姐在此场战事中是否被杀，史无明文记录。诸葛亮之姐嫁给蒯祺，出自《襄阳耆旧记》，"（蒯）钦从祖祺妇，即诸葛孔明之大姊也"[②]。蒯钦其人在《晋书》中也有记录，乃西晋权臣杨骏之姑子，"少而相昵"[③]。

[①] 蒯祺房陵太守一职，系刘表私署，曹操攻克荆州并没有撤换刘表所立的房陵太守蒯祺。

[②]（晋）习凿齿：《襄阳耆旧记》卷二，清乾隆任氏敏家塾刻心斋十种本。

[③]（唐）房玄龄：《晋书》卷四十列传第十，清乾隆武英殿刻本。

孟达将要进攻上庸时，刘备命养子刘封领兵从汉中出发，经沔水浮江而下，统领孟达军，会攻上庸。孟达到底是新加入的，刘备还是不大放心，故而以养子刘封统兵，加以监督。上庸太守申耽、申仪兄弟乃是地方豪强，本为墙头草，见刘备兵势浩大，就举众投降。此战后，其他人都得到了封赏，唯独孟达未得封赏，后世推测，约是与诸葛亮有关。孟达立下大功，却未得赏赐，知道自己在刘备集团中地位尴尬，心中已怀不满。

《三国志·费诗传》中有记录，孟达投奔曹操阵营后，诸葛亮切齿痛恨，曾建议刘备杀掉孟达妻儿，只是刘备未曾听从。诸葛亮自幼父母双亡，兄长诸葛瑾离家前往江东发展，诸葛亮由其姐一手带大，二人相依为命，感情至深。孟达用兵时，刀剑无眼，杀了蒯祺之外，非常有可能杀了诸葛亮大姐，由此"明公切齿，欲诛达妻子"[1]。

诸葛亮恨孟达，刘备也恨孟达。刘备夺取上庸三郡后，命养子刘封坐镇。刘封年轻气盛，驾驭不了孟达及降将申耽、申仪兄弟，又与关羽存在矛盾。当关羽围樊城时，请刘封、孟达发兵助战。刘封、孟达二人却不承关羽之命，"刘封、孟达以及申氏土豪势力彼此牵制，相持不下，当是刘、孟不助关羽攻襄樊的客观原因"[2]。

---

[1] （晋）陈寿：《三国志》卷四十一蜀书十一，百衲本景宋绍熙刊本。
[2] 田余庆：《秦汉魏晋史探微》，北京：中华书局2004年版，第219页。

第一章 大国崛起：蜀汉困局与出祁山

至关羽战败身死，刘备由此忌恨刘、孟二人。刘封、孟达与关羽不和，刘、孟之间也因争夺权力产生矛盾，刘封一直找机会要对付孟达。孟达不见容于刘备集团，于建安二十五年（220）秋冬，率部曲四千余人投降曹丕。部曲在汉代是军队的组织形式，至三国时期，部曲指私人武装，且耕且战，地方豪强往往拥有成千上万的部曲。孟达降曹之前，还来了个"表辞先主"，阐述自己的无奈。不过孟达很是直白，云"臣诚小人，不能始终"①，倒也是个坦坦荡荡的小人。

曹丕顺势遣夏侯尚、徐晃与孟达一起进攻上庸。刘封军屯驻上庸，因山道险难，以为曹魏不会派兵来攻，防守松懈。夏侯尚、孟达出奇兵，一战而克上庸城。地方豪族、西城太守申仪又率军叛乱，大破刘封，刘封狼狈逃回成都。申仪叛变后，其兄上庸太守申耽无奈，只得降了魏国。

诸葛亮忧虑刘封刚猛，恐日后难以驾驭，建议刘备将其铲除，于是将刘封赐死。刘封，本罗侯县寇氏之子，长沙刘氏之甥。刘备至荆州时还未曾有后，收养刘封为子。长沙刘氏、寇氏都是大族，通过收养刘封，也可争取名门支持。诸葛亮劝杀刘封，此举也屡被后世所诟病。

刘封追随养父刘备征战，勇武过人，在入蜀之战中立下功劳。哪怕不救关羽，哪怕在上庸战败，也罪不至死。刘封之死

---

① （晋）陈寿：《三国志》卷四十蜀书十，百衲本景宋绍熙刊本。

的背后，有着更多的权力考量，诸葛亮之所以认为他必须死，是因为他可能威胁到未来的权力传承。刘备有三子，刘禅、刘永、刘理，刘禅为太子，刘永封鲁王，刘理为梁王，三子都是中人之姿，并不出色。杀掉可能会威胁权力传承的人物，并不需要任何理由，这便是历史上常见的"莫须有"。孟达乃是东州派的主将之一，与法正、李严都是好友。孟达因为与刘封不和而投奔曹魏，刘备也需要安抚东州派，于是刘封就成了牺牲品。

孟达叛变后，曾写信劝降刘封，认为刘封非刘备骨肉之亲，却位居高位，会引人忌惮。"势利所加，改亲为仇，况非亲乎"？[①]不幸被孟达所言中，刘备流着眼泪，将自己的养子处死。虎毒不食子，因为是亲子。

建安二十六年四月[②]，刘备在成都称帝，以诸葛亮为丞相，设置百官，建立宗庙。刘备即位后，"置百官，立宗庙，祫祭高皇帝以下"。祫祭，也就是合祭，把两汉所有皇帝神主供奉在一起祭祀。就连还活着的汉献帝，也被请进来一起享受祭祀了。早年广汉绵竹人董扶，私下对刘焉云："益州分野有天子气"[③]，不想这益州天子气，落在了刘备身上。

[①]（晋）陈寿：《三国志》卷四十蜀书十，百衲本景宋绍熙刊本。

[②] 汉献帝的建安年号至二十五年（220）已终结，建安二十六年即蜀汉章武元年（221），本是不存在的年号，但刘备登基称帝时，以此为年号，作为"祚于汉家"的正统所在。

[③]（晋）陈寿：《三国志》卷三十一蜀书一，百衲本景宋绍熙刊本。

第一章　大国崛起：蜀汉困局与出祁山

登基称帝后，刘备整军经武，准备攻打孙权，一是抢回荆州要地，二是为关羽报仇，三是迅速崛起所带来的过度自信。诸葛亮当初隆中对的基本战略是，以荆、益为本，交好江东，等待时机，徐图天下。但恰恰是力主孙刘结盟的诸葛亮，在刘备伐吴时，没有表达任何反对意见。此外，明面上刘备、诸葛亮君臣交洽无嫌，但诸葛亮与孙权集团有着很深的渊源，其兄诸葛瑾在江东为股肱之臣。在伐吴问题上，诸葛亮不好过度反对，引发刘备疑心。

赵云一如既往地敢言，反对用兵："国贼曹操，非孙权也，且先灭魏，则吴自服。"[①]赵云认为应趁曹操刚死，曹丕篡位之际，进军关中，然后东征。刘备没有听从赵云的意见，让他留在二线，担任江州都督。

六月，刘备命张飞率兵前往江州，不想张飞被部下张达、范彊杀害。七月，刘备率大军攻吴，沿长江水陆并进，攻占巫县（今重庆巫山），进军秭归。孙权以陆逊为大都督，率军五万抵御。

章武二年（222）二月，刘备率军至江南夷道猇亭（今湖北宜昌猇亭区），黄权率江北诸军打到夷陵（今湖北宜昌东南），战略目标是南北夹攻，收复江陵等地，扩张势力至荆州。

蜀汉精锐全出，军队气盛，由巫峡至夷陵，号称连营七百

---

① （晋）陈寿：《三国志》卷三十六蜀书六，百衲本景宋绍熙刊本。

里，弥山盈谷。连营七百里，实际上是从鱼复县（白帝城）至夷道县，不到六百里的狭长道路上，蜀汉大军在关隘处设立的哨卡。

孙吴与蜀汉兵力相当，陆逊所领也是精锐，丝毫不惧蜀汉兵锋，认为刘备领兵作战，多败少成，不足为惧。清人毛宗岗云："先主轻陆逊而败，早有关公轻陆逊而失。"① 实际上，刘备从来没有轻视陆逊，反而是高度重视，在用兵时极为谨慎，水陆齐进，步步为营。

陆逊以逸待劳，将蜀军卡在夷道、夷陵城，此两处易守难攻，蜀汉军队无法突破，形成长期对峙。此场会战，被视为对赌国运。对赌之中，刘备在等待，等待曹丕的动作。孙吴方面重兵云集西线，东线空虚，如果曹丕遣兵南下，则孙吴方面必然难以应对。孙权最佳的选择是，割让荆州，与蜀汉交好，回师应对曹魏。曹魏内部，刘晔一直劝说曹丕用兵，奈何曹丕不听，错失良机。

至六月，天气酷热，出现了变数。陆逊云："臣初嫌之，水陆俱进，今反舍船就步，处处结营，察其布置，必无他变。"② 随着气温升高，蜀汉水军不能在船上长期停留，容易暴发疾病，

---

① （清）毛宗岗：《毛宗岗批评本三国演义》（下），长春出版社2014年版，第536页。

② （晋）陈寿：《三国志》卷五十八吴书十三，百衲本景宋绍熙刊本。

乃移到岸上。水军与陆上军队会合之后，为了避暑，刘备将军营扎在深山密林，依傍溪涧处休整，待天气凉爽后再发动攻势。

陆逊派遣小部队进行了试探性攻击，先攻一营，被蜀汉军队击退。但陆逊把握到了战机，对刘备主力驻军处发动火攻。此时天气干燥，刘备大军以木栅结营，又靠近密林，被大火波及，蜀军四十营溃败，国之精锐，尽于夷陵。

孙桓此年二十五岁，领兵守卫夷道，与陆逊共拒刘备。刘备败走后，孙桓一路追杀，刘备逾山越险，拼死方才得脱。刘备想起当年在京城时，曾见过孙桓，彼时不过襁褓小儿，不由怒火中烧："而今迫孤乃至于此！"[1]

刘备一路逃至鱼复（今重庆市奉节县东白帝城），改鱼复为永安。退驻白帝城，至次年病逝，刘备在白帝城前后有十个月。至白帝城后，刘备仍愤愤不平，被后生小子陆逊所败："吾乃为逊所折辱，岂非天耶！"[2]刘备认为自己战败，乃是天意，乃至认为自己登基后没有祭天，令诸葛亮赶紧在成都南北郊，修坛祭天地。此战令蜀汉遭到重创，出现了"吴蜀两弱，魏国独强"的格局。

十二月，孙权提出议和，刘备也知道无力再战，双方停战休兵。此时的刘备，已经年迈，战场上的失败，让他在白帝城

---

[1] （南北朝）郦道元：《水经注》卷三十四，清武英殿聚珍版丛书本。
[2] （晋）陈寿：《三国志》卷五十八吴书十三，百衲本景宋绍熙刊本。

追忆往事，颇多感慨，也在此年，追谥甘夫人为皇思夫人，迁葬于蜀。

章武二年（222）冬，或是章武三年春，刘备感染痢疾，引发其他并发症，病情加重，召诸葛亮至白帝城永安宫，安排后事。章武三年三月，刘备托孤于诸葛亮。诸葛亮表示："竭股肱之力，效忠贞之节，继之以死！"[①]自隆中相遇，到永安托孤，君臣共事十六年，玉昆金友，伯埙仲篪，筚路蓝缕，共辟荆荒，开创出了一番事业。

四月，刘备在永安宫去世，享年六十三岁。

值得注意的是，刘备托孤时，是托给了两个人，分别是丞相诸葛亮、尚书令李严。刘备对诸葛亮是信任无比的，不然不会说出"嗣子不才，君可自取"这样的话。至于"君可自取"，并不是由诸葛亮取而代之，登基称帝，而是刘禅如果不成器，诸葛亮可加以废黜，另立新君，刘禅之外，刘备还有两个儿子呢。

刘备的另一手安排是，"以严为中都护，统内外军事，留镇永安"[②]。章武二年（222），李严由犍为郡太守，提升为尚书令。尚书令是蜀汉最高行政机构尚书台的长官，李严这是一飞冲天。章武三年，刘备托孤，李严以中都护总揽内外军事。中

---

① （晋）陈寿:《三国志》卷三十五蜀书五，百衲本景宋绍熙刊本。
② （晋）陈寿:《三国志》卷四十蜀书十，百衲本景宋绍熙刊本。

都护，后人认为类似魏国大都督一职，由重臣担任，执掌军事大权。

于是，在刘备死后，蜀汉形成两套班子，以李严为首的班子，外驻永安城。以诸葛亮为首的班子，内守成都。后世有学者认为，刘备死前如此安排，在于防止以李严为主的刘璋旧部。另一说认为，是刘备预防诸葛亮一支独大，以刘璋旧部势力制衡诸葛亮。实际上，刘备任命李严为尚书令，是为了安抚原属刘璋属下的东州派势力，并稍加制衡荆州派。

刘璋时期，益州有两大势力，一是南阳、三辅（京兆、左冯翊、右扶风，今陕西中部地区）流入益州的，以外来人为主的东州派。二是益州土著派。刘备背信弃义，攻取益州，不是所有益州势力都顺从。建安二十年（215）元旦，刘备在成都大宴群臣。刘璋旧属李邈行酒时，指责刘备不守信义，夺取益州，甚为不宜。刘备嘲笑："你知道不宜，怎不帮助刘璋？"李邈回复："匪不敢也，力不足耳。"[①] 为此李邈得罪刘备，差点被杀，所幸诸葛亮帮忙求情。当刘备喜气洋洋，准备登基称帝时，益州土著代表人物费诗就表示反对，结果被降职为永昌郡从事。

刘备取得益州后，为了安抚益州本土势力，先后任命的三位尚书令，法正、刘巴、李严，都属刘璋阵营中的东州派，以此来团结内部。不过尚书令地位虽高，却被诸葛亮分了权势。

---

① （晋）常璩：《华阳国志》卷第十中，四部丛刊景明钞本。

刘备称帝时，诸葛亮担任丞相，"以丞相录尚书事，假节"①，被授予符节，代表刘备治理朝政，此时的尚书令是刘巴，名义上形成了尚书令与丞相录尚书事共掌尚书台的格局。但诸葛亮以丞相开府、假节、益州牧等系列权职录尚书事，实际上控制了尚书台。李严以尚书令的身份，坐镇永安，只是顶了虚衔，无法参政。

在蜀汉体系内，李严是后起之秀。他是南阳人，原属刘表，后投奔刘璋，为成都令，复有能名。建安十八年（213），刘璋任命李严驻守绵竹，抵御刘备。李严率众投降，被刘备拜为裨将军，此时李严尚未进入刘备的权力核心层。刘备拿下益州后，将李严升迁，"为犍为太守、兴业将军"。在太守任上，李严表现出色，凿山通道，建设桥梁，民望极高，也曾平定地方的叛乱，稳定益州后方。

建安二十四年（219），刘备取得汉中后，命孟达、李严与刘封共同攻打东三郡。李严与孟达为老友，多有书信往来，互通有无。只是因为孟达顺利攻下房陵，李严未曾成行。就在此年，李严所治犍为郡出现黄龙祥瑞，此举无疑是李严迎合刘备的王霸之心，故意营造，加以讨好。就在此年秋，李严与群臣一起上劝进表，请刘备为汉中王。在劝进表中，兴业将军李严

---

① 假节，假通"借"，是皇帝将节借给执行临时任务的臣子使用，用以威慑一方。当臣子临时任务完成后，节将会被收回。

排名第十一，此时他终于进入刘备的核心权力班底。

刘备死时，并未给诸葛亮留下太多的人才储备，诸葛亮手中几乎无牌可打。章武三年（223）刘备托孤时，蜀汉开国元勋重臣已经凋零，文臣中，法正、许靖、刘巴陆续去世，诸葛亮成为文臣中的核心人物。武将中，关羽、张飞先后被杀，黄忠、马超病逝，黄权、孟达投降魏国。武将系统中，核心人物尚有赵云、吴壹、魏延、李严等。实际上，在刘备占领益州后，身边的功臣们便已开始纷纷凋谢。到刘备登基称帝时，仍健在的旧臣，只剩下诸葛亮、赵云等寥寥几人。

荆州牧刘表在汉末乃是士人领袖，被天下士人奉为清流八俊之一，吸纳了大量人才。刘表死后，部分人才，如王粲、文聘等投奔了曹操；部分人才则追随刘备，形成了蜀汉的荆州派，其领袖为诸葛亮，主力有蒋琬、董允、费祎、杨仪、马良、马谡、伊籍、刘敏等。

就内外环境而言，刘备也没有给诸葛亮留下什么好牌，四处烽火，各种动荡，需要诸葛亮去加以处理安抚。刘备死后，根据遗诏，群臣发丧，三日之后即除服，这却不合于礼制。刘备之所以遗诏三日除服，因为此时的蜀汉乃是一座四面漏风的破房子，危机四伏。蜀汉内部，南中豪强雍闿、高定等不服蜀汉，有反叛的迹象。

就在章武二年（222）冬，汉嘉太守黄元因为与诸葛亮存在矛盾，利用刘备重病之机举兵。此时诸葛亮东行，成都空虚，黄元兵锋直指成都，一把火烧了汉嘉东边的临邛城。此时诸葛亮不在成都，其亲信杨洪在获得太子刘禅支持后，发兵平定变乱。杨洪判断，黄元战败后，有两个选择，一是去永安找刘备求得谅解及庇护，一是逃奔孙吴求活路。这也说明，黄元发动变乱，乃是蜀汉内部派系斗争的结果。黄元应属东州派，因为不满诸葛亮而起兵，乃至叛乱后想找刘备说情，只是兵败被杀。

孙权也抓住刘备死后的契机，以刘璋之子刘阐为益州刺史，试图影响益州走向。夷陵之战后，吴蜀两国表面上和解，但彼此之间互相提防，如何处理好关系，如何修复信任，尚需要时间去处理。诸葛亮派遣邓芝出使孙吴，勉强恢复双方的结盟关系，却终究无法再入蜜月了。

从地缘格局上来看，诸葛亮也是没好牌可打。诸葛亮隆中对的基础，就是"跨有荆、益"，为此需要保持孙刘联盟。刘备发动伐吴之战，表面上是为关羽复仇，实质上还是为了夺回荆州。没有荆州，只有益州，则蜀汉集团没有战略回旋空间，局限在巴蜀谷地之中。而南中一带，以当时的条件，根本无法全面开发。人口、土地有限，在三国之中，蜀汉乃是国力最弱的一个。

从军事角度而言，夷陵一战，刘备集团之精锐尽丧。此前关羽在荆州有精锐兵力三万余人，战败之后，一卒不存。刘备领兵征孙权所统兵力，据孙权一方所记录"刘备支党四万人，马二三千匹"①。此外,刘备得到了武陵蛮万余人支持,总计兵力五万余人。蜀军战败之后,临阵所斩及投降者数万人,刘备奔逃,仅以身免。蜀国最大的动员兵力不过十余万,此战导致蜀汉精锐尽丧,诸葛亮此后不得不亲自"治戎讲武",才能勉强恢复战力。

吴蜀厮杀的结果是,"吴蜀两弱,魏国独强",三雄之中,缺乏战略纵深、人力优势的蜀国国力最弱。刘备死后,军事上难得的好消息是,曹丕因为痛恨孙权背信弃义,将军事打击的优先目标放在了孙吴一方,使蜀汉获得了喘息之机。

刘备留下的最大遗产是,他声称自己是汉宗室之后。由此蜀汉具有了正统性,可以高举恢复汉室大旗。但恢复汉室,已是遥远的梦想。东汉末期,随着汉室昏聩,内乱不已,汉室已经在中原失去了号召力。刘姓宗室之后的光辉,只能鼓励蜀汉内部,且时日一久,血缘身份的影响力也会渐渐消退。孙吴、曹魏没有任何汉室血统,都可以声称正统,开宗立国,并各自形成利益群体,作为统治的中坚力量。

政治运作中,必须形成自己的坚定支持者,而这些支持者依赖利益相互维持。刘备集团入蜀后,通过整合各派势力,形成利益共同体。但就此利益共同体而言,对外扩张,为了理想主义北伐,不一定能带来更大的利益,反而会损害自身利益,

---

① (晋)陈寿:《三国志》卷二魏书二,百衲本景宋绍熙刊本。

这也是后来蜀汉内部产生反对北伐的声音的原因。

刘备征战大半生，好不容易攒下了些许家业，经夷陵一战，遗存已不多。刘备所选定的蜀汉执掌者诸葛亮，则要在这份千疮百孔的家当上，努力经营，维系政权，更因蜀汉自居正统所在，秉持"王业不偏安"的战略，要以薄弱国力不断进击，讨伐汉贼，收复旧都。于诸葛亮而言，这是何其之难也。

谁才是正统：
蜀汉政权的大国困局

建安二年（197），十七岁的诸葛亮迁居荆州，在襄阳隆中躬耕垄亩，长达十年。此期间，被后世描述为卧龙隐居，其实诸葛亮长袖善舞，社交频繁。在叔父诸葛玄安排下，诸葛亮大姐嫁给了荆州中庐（今湖北南漳）大族蒯祺，二姐嫁给荆州豪强庞德公之子庞山民。庞德公的从子，便是号称"凤雏"的庞统，名士的圈子就这样营造出来了。

这十年间，诸葛亮没有闲着，他广交各路名士，如徐庶、崔钧、石韬、孟建等，形成自己的朋友圈。从江湖到庙堂，都有人帮衬，诸葛亮的名气很快就传播开来，江湖上有了"卧龙"的传说。名士自有圈子，诸葛亮娶妻也很讲究，他所娶的是荆州望族黄承彦的女儿。黄承彦与荆州牧刘表都是蔡讽的女婿,如此一来,诸葛氏与刘表也成了亲戚。后来诸葛亮大力栽培当年在襄阳时圈子内的亲友子弟,如马良、马谡、杨仪、向朗、向宠等。

诸葛亮自比管仲、乐毅,区区刺史、郡守,根本配不上自己的才华,他要成就不世功业。可荆州牧刘表只满足于自己的一亩三分地,无心扩张势力,且目光短浅,亲佞远贤。名士王粲至荆州,因其名气,刘表初时寄予厚望,一度想将女儿嫁给他。不想刘表看到王粲相貌后,很是失望,改以族兄家的女儿下嫁。王粲怀抱大志,想要澄清四海,推行王道。但在荆州十六年,刘表因为王粲其貌不扬,且身体虚弱,所以对他不甚重视,晾在一边。

诸葛亮自然瞧不上刘表,他等待着一个充满野心,不甘人下,又有发展空间,值得投资的对象。诸葛亮的兄长诸葛瑾在江东发展得不错,孙权也对他伸出了橄榄枝,加以招徕,可诸葛亮并不想去江东。"是时人才,已为魏、吴二国收尽"[①],江东名士辈出,周瑜更是风采无边。诸葛亮去江东,没什么发展空间,孙权不可能将一切托付给他,让他一展身手。至于曹操,身边更是能人荟萃,如荀彧、贾诩、郭嘉、荀攸、程昱等,皆一时人杰。

---

① (清)赵翼:《廿二史札记》卷七,清嘉庆五年湛贻堂刻本。

当求贤若渴的刘备出现时，他符合了诸葛亮投资的一切条件。皇室后裔的光环，弘雅信义的美誉，求贤若渴的姿态，野心勃勃的权力欲望，充分放权给属下的气度，身边幕府空虚的现状，二人一拍即合，走到了一起。此后君臣二人开始了新征程，"谁言襄阳野，生此万乘师"①。诸葛亮在《隆中对》中，为刘备作了未来规划，着眼于长期战略"行王道"。此时的刘备年近天命，尚为世间第一大食客，却着重于短期目标"走霸道"。诸葛亮的长期战略比较理想主义，目标是尊汉室，平定天下。刘备的梦想则很现实，那就是抢到一块地盘，先称王，后观望，有机会就称帝。不管是行王道，还是走霸道，此过程中都要行法家之术。

理想很饱满，可进入刘备集团后，诸葛亮发现，刘备最信任的人还是关羽。刘备、关羽是患难与共的兄弟，有着时间浇灌出来的信任，和战场上血腥拼杀出的感情，寝则同床，恩若兄弟，共同谋划着事业。

赤壁之战前，诸葛亮出使江东，与鲁肃联手，定下孙刘结盟的基本战略，立下大功。在诸葛亮看来，首要目标是兴复汉室，还于旧都，而大敌乃是曹操。要恢复汉室，击败曹操，就必须维持孙刘联盟。与诸葛亮观点类似的，还有赵云。后来当刘备要伐吴时，赵云站出来劝阻，认为国贼乃是曹操，而非

---

① （宋）苏轼：《苏文忠公全集》东坡续集卷一，明成化本。

孙权。

但刘备的首要目标,则是扩张权力,争夺地盘,这就必然要与孙权冲突。刘备的目标,与诸葛亮的首要目标存在分歧,而与兄弟关羽意见一致,"故其信公也不如信羽"[1]。王夫之乃至认为,关羽因为忌讳诸葛亮,进而忌讳鲁肃,由此反感与孙权结盟。最终孙刘联盟遭到关羽破坏,不可复收。[2] 关羽对江东的敌意,对孙刘联盟的反感,埋下了日后覆灭的种子。

赤壁之战后,诸葛亮主持零陵、桂阳、长沙三郡行政事务,抽调赋税,以供军用。定计入蜀,则由法正、庞统全盘策划,刘备甚至不曾将诸葛亮带在身边。进取关中,是法正一手操盘,也与诸葛亮无关。与谨小慎微的诸葛亮相比,出身显赫、快意恩仇、大胆激进的法正,在性格上更对刘备胃口,其人智术过人,常能挽回刘备心意。取下成都后,刘备以法正为蜀郡太守、扬武将军,外统都畿,内为谋主,权势无二。

诸葛亮知道刘备信任法正,有所畏惮,而不敢过于暴露自己的锋芒。至刘备攻取汉中时,法正随军同征。当前方战事吃紧,刘备急书诸葛亮,搬取救兵。诸葛亮乘机举荐杨洪,暂代蜀郡太守,调动军队,运输粮秣,此后由杨洪正式担任蜀郡太

---

[1] (清)王夫之:《读通鉴论》(上册),北京:中华书局1975年版,第377页。

[2] (清)王夫之:《读通鉴论》(上册),北京:中华书局1975年版,第299页。

守，削弱法正权柄。

建安二十四年（219），刘备取得汉中，手握荆州、益州，也算是自成一片天地了，此时就有人劝刘备称帝。刘备虽然内心对帝位充满炽热，但一直举着拥戴汉室的旗帜，不能吃相太过难看。刘备的选择是，继续尊崇汉室，自立为汉中王。刘备称汉中王，未曾得到汉献帝的册封，可刘备仍然进行了表演，姿态性地向汉献帝上表，获得身份上的正统。

建安二十五年（220）二月，曹操病死，曹丕继立。十月，曹丕称帝，建魏国，改年号。时传闻汉献帝已经遇害，刘备也不加查验，忙着发丧制服。

汉献帝禅让帝位后，东汉政权告终，刘备何去何从？刘备的选择是自己称帝，高举汉室大旗，表明自己才是正统所在。为了配合刘备称帝，太傅许靖、军师将军诸葛亮等齐上劝进书，"今上无天子，海内惶惶"[1]，这是人民的需要。又有黄龙现于武阳赤水，九日才去，这是上天给出的信号，飞龙在天，大王当龙升，登帝位也。武阳县赤水河属犍为郡，犍为太守李严一手操盘了"祥瑞"事件，联络大臣们签名刻碑，建庙铸鼎，营造登基舆论。大儒谯周则遍阅《河图》《洛书》，为刘备登基寻找理论依据。

诸葛亮在《劝进表》中，强调了刘备的汉室正统身份："今

---

[1] （晋）陈寿：《三国志》卷三十二蜀书二，百衲本景宋绍熙刊本。

曹氏篡汉，天下无主，大王刘氏苗裔，绍世而起，今即帝位，乃其宜也。"经过充分准备后，刘备庄严宣告："祖业不可以久替，四海不可以无主"，"惧汉祚将湮于地"①。章武元年（221）四月初六，刘备在武担山之南，冠冕堂皇登基称帝，国号汉，年号章武。刘备表示"汉有天下,历数无疆"②,将曹氏父子比作王莽，自己将"嗣武二祖"，继承刘邦、刘秀、兴复汉室。

　　蜀汉以汉室正统自居，则曹魏理所当然乃是汉贼，如此便占据了大义名分。而蜀汉的正统，说到底就在于血脉，在于刘姓。但刘备如果仅仅具备刘姓身份，也很难说具有合法性与号召力。当初汉献帝曾给过董承、刘备等一份衣带诏，请铲除曹操、复兴汉室，即除贼兴汉。衣带诏一事背景复杂，但成了刘备行事的合法性所在，这是他比宗室刘表、刘璋更具号召力的大义所在。王夫之认为："又承密诏以首事，先主于是乎始得乘权而正告天下以兴师。"③在刘汉正统旗帜下,在衣带诏讨贼的大义名分下，刘备吸纳了一批人才。诸葛亮追随刘备，原因之一便在于"以先主方授衣带之诏，义所可从而依之也"④。

---

① （晋）陈寿:《三国志》卷三十二蜀书二，百衲本景宋绍熙刊本。
② （晋）陈寿:《三国志》卷三十二蜀书二，百衲本景宋绍熙刊本。
③ （清）王夫之:《读通鉴论》（上册），北京：中华书局1975年版，第287页。
④ 王瑞功主编:《诸葛亮研究集成》（上），济南：齐鲁书社1997年版，第588页。

纵观刘备一生，其所行乃是霸业，而非王业。当代学者田余庆用"偏霸"二字，形容蜀汉政权。[①]在刘备称帝前，法正去世，终年四十五岁。诸葛亮与他的矛盾避免了爆发，反留下一些相得益彰的佳话。刘备白帝城托孤时，庞统、关羽、法正、黄忠、张飞、马超、许靖等先后亡故，环顾左右，唯有诸葛亮一人了。

"在刘备生前，诸葛亮只是受命而行的行政能臣，并不是协助刘备决策的人；特别在军事方面，还不是赞助刘备决策的人。"[②]至刘备一死，诸葛亮全面执掌军政大权，建兴元年（223），诸葛亮被封为武乡侯，领益州牧，事无巨细，均由其料理。

诸葛亮掌权了，自然要实现自己兴复汉室的宏大目标，此时更需要强调正统意识了。于是"汉贼不两立，王业不偏安"成为主导话语，成为政治正确，成为不可置疑的蜀汉国策。就蜀汉而言，在迅速崛起的过程中，融合各个派系的人物，其中存在颇多矛盾，未曾得到化解。唯有继续高举"兴汉伐贼"的旗帜，强调正统身份，才能凝固政权，化解内部矛盾。

由蜀汉的正统观，带来的是理想与现实之间的差距，乃至产生了系列幻象。在幻象中，"是非""善恶""黑白"绝对对立，不可调和，当事者更多地沉迷于宏大口号的叙述之中。蜀汉一

---

① 田余庆：《秦汉魏晋史探微》，北京：中华书局2004年版，第177页。
② 何兹全：《三国史》，北京：北京师范大学出版社1994年版，第170页。

方陷入了深深的"非生即死"的封闭逻辑之中,诸葛亮陷入了不北伐成功、进取中原、消灭曹魏,则蜀汉必然败亡的逻辑之中。诸葛亮的传人姜维,更是深陷其中,持续北伐。

而蜀汉面临的困局是,现实的实力并不能匹配崇高的理想。陈寿评价:"亮之素志,进欲龙骧虎视,包括四海,退欲跨陵边疆,震荡宇内。"[1]诸葛亮有着强烈的建功立业的急迫感,想在自己的有生之年完成进取中原、恢复汉室的王业。诸葛亮也知道,如果自己完不成复兴汉室,则以蜀汉小国寡民的国力,此后"则未有能蹈涉中原,抗衡上国者"[2]。

蜀汉作为迅速崛起国,面临的问题是国力过度透支、过度扩张。从刘备马不停蹄地征战,到诸葛亮持续北伐,都是在扩张中提升自身的地位,强调自身的正统。大国正统成为蜀汉政权沉重的心理负担。在幻象所构建的正统身份中,曹魏成为大国叙事中的"窃贼",通过窃取的方式获取中原,这又对幻象所构建的正统身份造成巨大威胁,不得不加以打击。在幻象的正统身份支配下,诸葛亮罔顾自身劣势,持续不断地对曹魏发起攻击,导致了战略上的失败,是为蜀汉困局。

至于曹魏,在代汉的过程中,通过天命符瑞、五行相生等,营造神秘气氛,营造出正统性,以昭告天下。"代赤者魏公子"

---

[1] (晋)陈寿:《三国志》卷三十五蜀书五,百衲本景宋绍熙刊本。
[2] (晋)陈寿:《三国志》卷三十五蜀书五,百衲本景宋绍熙刊本。

之类的谶言四处传播,"黄龙见谯"的天象也出现。依五行相生说,汉为火德,火生土,则代汉者为土德,土色为黄。曹丕代汉,曹魏乃土德,故而年号"黄初"。汉室自称是尧之后,曹氏就自称乃舜之后裔,这就迎合了尧、舜、禹禅让的顺位。在营造异象、塑造祖先后,曹丕升坛受禅称帝,感慨万千:"舜、禹之事,吾知之矣。"①

曹魏能迎合士人,除了各类谶纬之说外,最根本的一点,在于强调大国正统在中原。因为曹魏为土德,水得土乃流,土得水而柔,改雒阳为洛阳。大魏受禅,定都洛阳,洛阳为天下中,曹魏为天下正。王者必居天下之中,得中原者即得正统,此点深入人心,是故曹魏篡汉之后,却能笼络住人心。

中原正统论,给了偏居西南的蜀汉一记重击。蜀汉远离中原,蛮族众多,秦汉两朝多将这里当作流放罪犯的地方。刘备自称汉室苗裔,但建政蜀地,其"正统性"受到中原正统观的挑战,甚至被曹魏一方视为蛮夷。

曹丕称帝后,魏国司徒华歆、司徒王朗、尚书令陈群、太史令许芝等,与诸葛亮书信往来,论述魏国为天命所归、正统所在,奉劝诸葛亮率众称臣。诸葛亮作《正议》回应曹魏群臣,强调蜀汉方为正统。

诸葛亮认为,国之正统,在于仁德。他以项羽为例,起不

---

① (晋)陈寿:《三国志》卷二魏书二,百衲本景宋绍熙刊本。

由德,其兴也勃,其亡也忽。魏国窃汉,类似项羽,故而要引以为戒,免得祸及子孙。蜀汉虽偏居益州,国力不如曹魏,但行仁德之政,是正道所在,以有道伐无道,所向无敌。如当年汉光武帝刘秀,以四千人击败王莽四十万大军,"夫据道讨淫,不在众寡","万人必死,横行天下"①,何况蜀汉以数十万之众,替天行道,何人能敌?

范文澜则认为:"对中原士族来说,'兴复汉室'已经是一种过时的号召,不能有什么作用。诸葛亮隆中定策,本想走一次汉光武帝的道路,可是客观形势的变化,这条道路显然是走不通了,留给他的只有主观努力的一面。"②

诸葛亮也清晰地认识到,兴复汉室、伐贼兴汉,已没有太大的号召力。他无奈自陈:"然不伐贼,王业亦亡,惟坐待亡,孰以伐之?"③兴汉的大旗哪怕效用不大,但是若不高举旗帜,既无法伸张蜀汉的合法性,又无法以此为号召而北伐。一旦安心偏于一隅,漠视曹魏的壮大,蜀汉早晚必亡。确立了兴汉伐贼的大战略,占据了道义的高度,就要将国家机器投入战争中,一切服务于战争。于是蜀汉以兴汉讨贼为号召,一次次向实力强劲的曹魏发起主动攻击,这是蜀汉大国困局中无奈却必然的

---

① (三国)诸葛亮:《诸葛忠武侯文集》卷之一,清正谊堂全书本。
② 范文澜:《中国通史》(第二册),北京:人民出版社1979年版,第268页。
③ (三国)诸葛亮:《诸葛忠武侯文集》卷之一,清正谊堂全书本。

选择。

黄初元年（220）十一月，曹丕册封孙权为吴王。江东群臣反对接受册封，孙权不以为然，认为刘邦还受项羽之封为汉王。挟击败刘备之威，吴王孙权改元黄武，也显示了代替汉室的雄心。八年之后，孙权才正式称帝，年号黄龙。孙权称帝，没有玩那么多的花样，很直白，认为："天意已去于汉，汉氏已绝祀于天，皇帝位虚，郊祀无主。"①既然天下无主，上天又选择了自己，"权畏天命，不敢不从，谨择元日，登坛燎祭，即皇帝位"②。

当孙权登基称帝后，蜀汉正统论又面临新的挑战。蜀汉自认正统，曹魏为汉贼，孙权称帝，自然也是贼了。孙权称帝后，遣使蜀汉，要求并尊二帝，蜀汉方面有人认为，名分不顺，交之无益，不如宣示大义，断绝交往。可与孙吴结盟，乃是诸葛亮兴汉伐贼战略的基础所在。此时的诸葛亮面临着吊诡的问题：是为了大义名分，显蜀汉正统，断绝盟友关系？还是为了现实考量，尊重现实，承认孙吴政权？

诸葛亮的选择是，与孙吴不争正统，不较长短。"九州幅裂，普天无统"，在此基础上，双方达成共识——曹魏"荐作奸回，偷取天位"③，乃是天下之贼。待消灭曹魏之后，孙吴、蜀汉两家

---

① （晋）陈寿：《三国志》卷四十七吴书二，百衲本景宋绍熙刊本。
② （晋）陈寿：《三国志》卷四十七吴书二，百衲本景宋绍熙刊本。
③ （晋）陈寿：《三国志》卷四十七吴书二，百衲本景宋绍熙刊本。

再议谁为正统。可惜,历史没有给蜀汉和孙吴两家联手灭魏后,再一争哪家是正统的机会。

诸葛亮未曾想到的是,他留给后世的最大遗产,乃是"汉贼不两立,王业不偏安",追求大一统的思维。由此造就了后世中国社会各个阶层,对天下一统的追求,而一个王朝正统性的最大标志,便是一统天下。

蚕食雍凉：
恢复中原必出祁山

往昔远行，登山越岭，东望秦川五百里，极目天地无限。行人至此，莫不悲思，歌以慨叹："陇头流水，分离四下。念我行役，飘然旷野。登高远望，涕零双堕。"①

益州、汉中，被群山环绕，形成盆地。来往通行，依赖于栈道，只要将栈道封闭，占据隘口，即可据险自守。若是有心开拓者，如刘邦，从汉中出发，明修栈道暗度陈仓，攻入关中平原，建立刘氏天下。汉末乱局中，无心竞争天下者，占据益

---

① （南北朝）范晔：《后汉书》卷一百一十三郡国志第二十三，百衲本景宋绍熙刻本。

州、汉中后，战略选择便是闭关自守。

汉献帝初平二年（191），益州牧刘焉为了长期占据益州，派张鲁、张修袭夺汉中，将栈道截断，断绝谷阁，杀害汉使。控制汉中后，张鲁袭杀张修，合并其部众，断绝斜谷，自成势力。此时张鲁在明面上尚未与刘焉闹翻，至刘焉死后，其子刘璋代立，因张鲁不肯归顺，便将张鲁母亲及家眷杀尽。此后张鲁占据汉中，以五斗米道教民，自称师君，建立起了政教合一的地方割据势力。东汉朝廷已是傀儡，无力征伐，只能加以分化，任命张鲁为镇民中郎将，领汉宁太守。

张鲁依靠汉中天险阻隔，建立神权小国度，雄踞汉中二十余年。建安二十年（215），曹操领大兵十万攻打汉中张鲁，既至汉中，地形险峻，后勤运输困难，导致军中缺食。曹操认为，汉中张鲁乃妖妄之国，存在与否并无影响，军中少食，不如回师，想要退兵。在刘晔的力谏下，曹操方才继续用兵，逼降张鲁，取得汉中，此后刘备领兵来袭，又将汉中从曹操手中夺走。

汉中盆地，乃益州屏障，以此为基地，进可以攻取关中，退可依托秦岭天险固守。蜀汉时期，诸葛亮的战略布局是，东部在白帝城屯兵以备吴，北部屯兵汉中以备魏。至于曹魏，在应对蜀汉、孙吴上，也有重点布局。魏明帝曹叡曾说："先帝东置合肥，南守襄阳，西固祁山，贼来辄破于三城之下者，地有所必争。"

地有所必争，合肥是魏吴两国的必争之地，祁山则成为魏蜀两国的必争之地。

从狭义上讲，祁山可以指要塞，即曹魏所筑祁山城堡；可以指县治，即祁山城堡所属西县；可以指山川，即祁山；也可以指地域，即陇南地区。

就要塞而言，曹魏所经营的祁山堡，在嶓冢山之西七十余里，"在上邽西南二百四十里"①。天水南部有齐寿山，古称嶓冢山，是西汉水的发源地。《尚书·禹贡》云："嶓冢导漾，东流为汉。"西汉水被认为是嘉陵江的西源，"嘉陵江纵贯秦陇蜀三省，其源有二：东源径宝鸡、凤县、两当、徽县，西源径西和、礼县、成县至略阳，而后两源合流"②。

祁山堡位于今甘肃省陇南市礼县祁山乡，筑在小山之上，濒临西汉水北岸，便利取水。受山顶面积限制，祁山堡驻军数量有限，在千人上下。过祁山堡，便是盐官镇，三国时称"卤城"，也是战略要地。

就县治而言，汉魏时期，祁山堡属汉阳郡（今甘肃天水）西县（今甘肃礼县东北），居民万户，繁荣殷实。得益于优越的地理位置，西县通过西汉水的水路贸易而获得繁荣，民众繁多。西县便是传说中诸葛亮施展空城计的地方。先秦时期，这一带便有先民居住活动，是秦人的发祥地，遍地遗迹，诸葛亮在此

---

① （南北朝）郦道元：《水经注》卷二十，清武英殿聚珍版丛书本。
② 马以愚：《嘉陵江志》，上海：商务印书馆1946年版，第1页。

地看到后说："瞩其丘墟，信为殷矣。"[①]

就山川而言，对祁山的描述，众说纷纭。《水经注》云："汉阳西南有祁山，蹊径道巡，山高岩险，九州之名阻，天下之奇峻。"[②]今甘肃省礼县以东、西汉水及祁山堡以北之地，系黄土丘陵，山势较平缓，不具备"山高险峻"的地貌特点。

祁山并非单指祁山堡所在的单个山峰，而是指山脉。从今甘肃省徽县北界到西和县石堡以西至礼县界，有一条东西走向的横岭山脉，海拔两千余米。由于这条横岭山脉的阻碍，源出嶓冢山的西汉水向西南流去。源出西和县中部诸山的建安水（漾水），向北流去，汇入西汉水。其间有一段十二公里长的峡谷，峡中石山东西对峙，高耸入云，有大小祁山之称。[③]祁山堡所在的小山，脱离了主脉，耸立在西汉水北岸，反而成为一方要隘。

西汉水南下，经过今成县、略阳、勉县，至汉中。西汉水河谷狭小，但径流量高，多经过河川农耕区，物资供应充足，且有水路可以运输物资，是秦汉、三国时期由天水至汉中的主干道。就古代攻势作战而言，展开的规模、持续的时间，往往取决于后勤。相较陆路运输，水路能更快、更便捷地输送后勤。依托水道发动攻势，在古代是最常见的。诸葛亮北伐，利用水

① （南北朝）郦道元：《水经注》卷二十，清武英殿聚珍版丛书本。

② （南北朝）郦道元：《水经注》卷二十，清武英殿聚珍版丛书本。

③ 薛方昱、郑炳林：《甘肃历史地理新证》，兰州：甘肃文化出版社2018年版，第117页。

道运输物资，到达水运终点或某一适当之处，再横越一段山道，进入下一河川流域，再利用河道输送物资，展开攻势。

从成都平原出发，沿嘉陵江逆流而上，至沮县（今陕西省勉县茶店镇）境后，转入西汉水。从沮县沿西汉水至天水，河道绕且远。东汉元初二年（115），武都太守虞诩开通水路，由沮县至武都下辨（今甘肃成县）数十里中，开凿船道（今称黑峪河），直至西汉水上游，水运更加便利。诸葛亮北伐，便是利用此条水路出祁山。而祁山堡就坐落在西汉水上游，是前往天水的门户。

从广义上说，祁山指陇南地区，大致相当于今甘肃省陇南市辖区。由陇右，出祁山。"陇右"指今甘肃省陇山（六盘山支脉关山）以西，至洮河、湟河流域的区域。陇右之名来自陇山，古人以西为右，故称陇山以西为"陇右"，也称陇西。陇、蜀紧密相连，关系国运。刘秀兴汉，得陇望蜀，一统天下，曹操得陇不望蜀，最终鼎足三分。

诸葛亮一共五次北伐，后世之所以称六次北伐，是将建兴八年（230）曹魏进攻汉中，诸葛亮主持防御的军事行动也计算在内。五次北伐也不是都出祁山，第一次、第三次、第四次走陇西大道，第二次走陈仓道，最后一次是褒斜道。

由汉中过秦岭，至关中，有几条主要道路，分别是子午道、褒斜道、故道（陈仓道）、傥骆道。

子午道在最东，从汉中过秦岭，终点就是长安，距离上最短，但道路险峻。因为此路险峻，蜀汉出兵北伐时基本不选此路，而魏延所献奇策，便是出子午谷，直达长安。建兴八年（230），曹魏大举伐蜀，五路并进，曹真领大军入此道，因大雨所阻而撤出。

傥骆道，因南口为洋县境内的傥谷，北口为周至县境内的骆谷而得名。从汉中出发，经过洋县，入秦岭，由周至县出山，此条道路盘旋曲折，行军不易。

褒斜道（斜谷道），其南口名褒谷，北口名斜谷，故而得名，从汉中到郿县，此段道路相对容易通行，故而大兵进军，多走此道。建安二十四年（219），曹操领大军出褒谷口，见褒水冲击巨石，水花如雪，写下"衮雪"二字。诸葛亮第一次北伐，派赵云、邓芝由此道以偏师迎战曹真主力。诸葛亮第五次北伐，出此道，据武功五丈原，与司马懿对阵于渭原。

陈仓道在最西，又名故道，从勉县到陈仓（宝鸡），绕开了秦岭陡峭的部分，路途最远。曹操征汉中，降张鲁，从长安取此道而入。后刘备进军汉中，曹操从褒斜道入汉中，与刘备交战不利，准备从陈仓道退兵。陈仓道上有一段险峻之处，称"马鸣阁道"。刘备遣军十余营，试图截断马鸣阁道，断曹操退路，被徐晃击破，保证了曹操退路。

在东起长安、西至陈仓的渭河之畔，共有五城，长安、槐里、武功、郿县、陈仓，都是双方激烈争夺之地。

陈仓道以西是陇西大道，经秦岭西侧，出祁山，到天水，至街亭。出祁山，即出山区，一路开阔，直抵天水。且此一线有水路可资利用，方便运输军需物资。

诸葛亮北伐，三次走陇右；姜维九伐中原，除一次走傥骆道外，皆出陇右。诸葛亮五次出兵北伐，三次走陇右，主要出于三重考虑。

其一，出兵陇右，真正目标是"蚕食雍凉，广拓境土"，增强蜀汉实力，为日后进一步北伐创造条件。早在建安二十二年（217），刘备在进军汉中之前，法正提出攻打汉中的好处，一旦拿下汉中，可以广农积谷，待机而起，进一步可以蚕食雍、凉，开拓领土。

诸葛亮西出祁山，直取陇西、天水等郡，主要目标是获得各类物资及人力，"若是不取得凉州，则无由获取兵源与马匹，也无由解决军粮的问题"[1]。陇山，又称陇坂，将陇西与关中分割开来。一旦占据陇山，则封锁道路，吞并陇西地区，加以开发。

雍州、凉州地势西高东低，可以利用山地，让曹魏的骑兵部队无法发挥优势。待势力扩张后，由此出发，利用地势，则可攻袭关中长安，进而争夺中原。汉高祖刘邦，就以巴蜀、汉中为根据地，争夺天下。

其二，出陇右可以贯彻"西和诸戎"的战略。陇右一带，

---

[1] 史念海：《论诸葛亮的攻守策略》，《河山集》，北京：三联书店1963年版，第300页。

是氐、羌等少数民族聚居之地,此地民风彪悍,堪称天生的战士。此前归附蜀汉的马超,在这些部落中声望颇高。马超的祖父因为丢失官职,留居陇西,与羌人错居,家贫无妻,遂娶羌女,生下马腾。马腾年轻时从军,凭借军功升到征西将军。

马超融合了羌人血脉,骁勇善战,继承乃父衣钵。马超、韩遂等在关中发难,在陇西、黄河、渭水、华阴、潼关一线与曹军苦战,导致曹操损兵折将,发出哀叹:"马儿不死,吾无葬地也。"[①]后曹操离间马超、韩遂,迫使马超退回陇西。

当刘备率军入蜀时,马超正与曹操苦战,遂使刘备能取下益州。建安十九年(214),马超被杨阜击败,投奔张鲁,不仅张鲁容不下他,而且有性命之忧。于是,马超离开汉中张鲁,转投刘备。马超投奔刘备时,得到了氐人庇护,才能入蜀。此时刘备围成都数十日不下,马超一到,城中震怖。看到马超来了,刘璋立刻带全城投降。入蜀之后,马超在氐、羌部的资源,使他得到刘备的重视。刘备称帝后,封马超为侯,而刘备称帝的合法性中,也有氐、羌等部臣之说。刘备又封马超之弟马岱为侯,其子刘理娶马超之女。

而氐、羌等部,素来与曹操集团交恶。建安二十年(215),曹操西征张鲁,从武都入氐中,遭到氐人抵抗,塞道而不得进。后曹军出大散关,在河池又遭到氐人抵抗。

[①] (晋)陈寿:《三国志》卷三十六蜀书六,百衲本景宋绍熙刊本。

西和诸戎,拉拢强悍善战的氐、羌等部,可以增强蜀汉战力,开拓更大的战略空间。

其三,陇西地区曹魏势力相对薄弱。以六盘山、陇山为界,关中(陇东)包括了魏国雍州东部,陇右(陇西)则包括了魏国雍州西部与凉州。曹魏重点防守富饶的关中地区,陇右地区物产相对贫瘠,且地形复杂,因此部署的兵力相对较少。诸葛亮第一次北伐时,兵力在雍、凉处于绝对优势,如诸葛亮战后所言,"大军在祁山、箕谷,皆多于贼"①。

"从魏初陇山以西地区的军事部署来看,当地驻军主要是郡县守兵,其各郡治所和驻兵所在重要城镇基本上都在渭水上游河谷沿岸,自东向西分布为:广魏郡治临渭,天水郡治冀县,南安郡治獂道,陇西郡治襄武。它们与西汉水河谷之间有北秦岭相隔,上邽离祁山城路途最近,相距也有二百四十里。这些城市守军很少,蜀军来侵时勉强自保,根本无力发兵支援祁山。"②

此外,王夫之认为,诸葛亮五次北伐,是以攻代守,但此说并不能解释诸葛亮积极北伐的内因。王夫之的诸多史论,也不过是书生空谈,不足为信。在曹魏两次对蜀汉发动的大规模

---

① (三国)诸葛亮:《诸葛武侯文集》卷之一,清正谊堂全书本。
② 宋杰:《蜀汉用兵祁山与曹魏陇右战局之演变》,《军事历史研究》2017年第1期。

战事中，作为守势一方的蜀汉，均能加以化解。

可见作为国力较弱的一方，蜀汉采取守势战略，发展国力，无疑更为合适，何必以攻代守？诸葛亮的选择却是持续攻势，这是正统意识弥漫下的、必须为之的过度扩张战略，而非简单的"以攻代守"战略可以概括。

在诸葛亮五次北伐中，有三次出祁山，爆发了一系列战事。而他的弟子姜维在以后的战事中，更是多次出祁山。时光荏苒，三国历史舞台上发生的一系列大事件，经过一代代人的文字记录与口耳相传，被不断演绎加工，形成脍炙人口的系列出祁山故事，如失街亭、空城计、斩马谡、骂死王朗、七星灯等，在后世的各类艺术形式中，被传颂不休。

无暇顾蜀：
曹丕频繁南征的背后

人之生命有限，时光无限，有限生命在无限时光之中何其渺小，这引发了人们的追问与探索。曹氏父子所处的时代，面对着混乱的时局与分裂的天下，他们迫切要有所作为，可往往受制于现实，于是紧迫感加深，咏叹生命与时光成为曹氏父子文学中的主题。

曹丕在文学上的建树，与"建安七子"的关系，各种夸张的行为表演，为后人津津乐道。曹操生了二十五个儿子，其中颇多杰出者，文如曹植，武若曹彰。在曹操的长子曹昂战死之后，曹丕成为事实上的长子，天生优势，可父亲曹操过于强势，他不得不加以伪装，做出各种人子的举动。

他长期在邺城生活，在各方面都很谨慎，"深自砥砺"。但他喜欢骑射，耽乐田猎，晨出夜还。他有文学青年的"跳脱"，又自诩文武双全。他与平虏将军刘勋、奋威将军邓展等共饮。邓展武艺高超，兵刃熟练，他自诩武功过人，酒酣耳热时，二人就以甘蔗作剑，进行比试。数回合之后，曹丕三次击中其臂。

他很有些真性情，喜怒皆形于色。他当上了太子，按捺不住喜悦，搂住辛毗道："辛君知我喜不？"[①]他有浓郁的文人气质，对新鲜事物充满好奇，贪吃贪玩，更爱吃甜，还喜欢搞些恶作剧，有时搞得过了，甚至闹出人命。荀彧熏香，三日不散，他很是羡慕，加以效法，结果熏香味道过于浓郁，马都受不了，一口咬了上来。

他有多愁善感的一面，重视友谊。建安二十二年（217）十月，曹操以曹丕为太子，此年大疫弥漫，死者千万。与曹丕交好的"建安七子"中，此年已有五子去世，这给尚在东宫的曹丕以较大冲击。他感情深沉，在好友王粲葬礼上深情款款，以驴鸣送别。他是极为哀伤的，回头四望，眼中已无故人，回忆往昔在一起时的欢愉，当清风夜起，悲笳微吟，乐往哀来，怆然伤怀。

他也有狠辣的一面，是弄权的一把好手，被人称为"绣虎"。建安二十四年（219），大臣魏讽趁曹操出征未归，暗地结

[①]（晋）陈寿：《三国志》卷二十五魏书二十五，百衲本景宋绍熙刊本。

党，招募死士，与长乐卫尉陈祎合谋袭击邺城。曹丕得到消息后，当机立断，诛杀魏讽，牵连处死者数十人。好友王粲的两个儿子牵连进去，也被诛杀。大儒宋忠之子卷入其中，王朗来说情也没用。

建安二十五年（220），曹操去世。此后汉献帝逊位，魏王曹丕称天子。时曹丕在邺城，士民颇苦劳役，又有疫情发生，一时军中骚动，经过妥善处理，才稳定了局面。曹丕登基称帝后，曹操集团原先奉行的"挟天子以令诸侯"战略被抛弃，新战略是，对内稳定局势，清除隐患；对蜀汉保持守势，对东吴主动出击。

东汉末年，徐州豪强臧霸在镇压黄巾军的过程中崛起，收编大量黄巾兵，手下一批"泰山群盗"出身的将领，实力强大。青州与徐州一带的豪强名义上服从中枢，实际上保持半独立状态。臧霸部将昌豨，多次举兵反叛，曹操都加以容忍。曹操死后，驻屯洛阳的青州兵及作为臧霸别军的徐州兵，以为天下将乱，鸣鼓散去。曹丕以曹休都督青、徐二州，清除兵乱带来的影响，并逐步努力，将青、徐二州军队处于中枢控制之下。

臧霸本人并无太多野心，既富且贵，更无它望。黄初四年（223）八月，曹丕东巡，利用臧霸来朝的契机，夺取其兵权。黄初五、六年，曹丕于广陵耀兵，戎卒十余万，旌旗数百里，此举明为征伐孙吴，实为警告青、徐地方势力。学者田余庆认为，经由广陵耀兵，曹魏最终解决青、徐二州隐患，稳定魏国东部，魏国国势更加强大，能有余力与孙吴、蜀汉争夺天下。[①]

曹丕登基之后，削弱宗室及外戚势力，其中重点打击的便是自己的兄弟曹植、曹彰。曹彰勇武过人，战功显赫，被曹操称为"黄须儿竟大奇也"。曹彰乃是武将，本无心争夺储君之位。至曹操去世后，曹彰不知为何，突然追问曹操玺绶何在，导致曹丕有所猜忌，稍加打压。黄初三年（222），曹彰立为任城王。黄初四年，曹彰入京朝拜时，突然去世。

曹植才华横溢，备受曹操宠爱，认为是"儿中最可定大事者"，所以可以与曹丕竞争继承人资格。曹植未能争得太子之位，一则因其任性而行，不加约束，饮酒不节。曹植贪杯，因为醉酒误大事，又酒后发表各种宏论，让曹操不喜。二则受"司马门事件"影响。曹操外出，曹植在邺城时，曾乘车行驶驰道，又从司马门外出。驰道乃帝王行走之道，司马门乃王公所用正门。此事发生后，曹操大怒，将曹植随从斩首，对曹植的评价降低。此外，曹植之妻，违反舆服规定，竟然"衣绣"——这只有皇后才可以穿着——野心毕露。曹操看到后大怒，令曹植回家，赐死其妻。

曹丕很记仇，心眼小。陈寿后来评价他，认为他文采好，如果能大度些，真诚些，宽容些，则会更好。曹丕登基后，对曹植重拳打击，杀掉其亲信丁仪兄弟全家。曹操与丁氏兄弟之

[①] 田余庆：《秦汉魏晋史探微》，北京：中华书局2004年版，第127页。

父丁冲关系颇深，丁冲力劝曹操西迎汉献帝，由此"挟天子以令诸侯"，占据大义名分。曹操曾想将女儿清河公主嫁给丁仪为妻，被曹丕劝说后，转而将女儿嫁给了夏侯楙。如果清河公主嫁给了丁仪，则曹丕登基后，下手时难免要留情了。黄初二年（221），曹丕一度以曹植醉酒、劫胁监国使者为名，想要将曹植除掉，因为母亲卞太后出面，曹植方才得免一死，由食邑万户的临淄侯，贬为食邑八百户的安乡侯。

曹操时期，其臣属大体上可分为两大集团：一是汝南郡、颍川郡的望族世家组成的"汝颍集团"，此地区文化底蕴较厚，人才辈出，又通过宗族、姻亲、乡里相联系，其核心人物如荀彧、钟繇、陈群、毛玠、司马懿等，主要掌握文官体系；一是谯沛地区，寒门庶民出身的人物，组成"谯沛集团"，其核心群体是夏侯氏、曹氏，重要人物如夏侯惇、夏侯渊、许褚、曹洪、曹真、张辽等，主要掌握军事体系及屯田。其中"夏侯、曹氏，世为婚姻"，都属籍沛国谯县，关系密切，曹操之父曹嵩就是夏侯氏之子。

"谯沛集团成员大多尚武少文，社会层次较低，他们中称得上名士的大约仅丁冲、刘馥、武周等二三人而已，出身儒学大族的则几乎没有。"[①] 由于地缘、血缘关系，谯沛集团对曹氏保持

---

① 柳春新：《曹操政权中的谯沛集团与颍川集团》，《魏晋南北朝隋唐史资料》2001年总第18辑。

了极高的忠诚度，是曹氏统治的最核心军事力量。

在东汉末年的乱局中，各路军头都要交好望族名士，获得人才及各类资源，望族名士则依附军头获得庇护。在投靠曹操之后，汝颍集团仍然保持了一定的自主性，甚至有时也与曹操发生冲突。建安十七年（212），曹操受赐九锡、晋爵魏王时，汝颍集团的核心人物荀彧坚决反对，为此被迫自杀。

在曹操立嗣问题上，汝颍集团支持曹丕，而谯沛集团支持曹植。曹丕继位后，大力打压谯沛集团，扶持汝颍集团。曹植阵营有丁氏兄弟、杨修、杨俊等；曹丕阵营有贾诩、桓阶等，以及被称为"四友"的陈群、司马懿、吴质、朱铄。

延康元年（220），汝颍集团出身的陈群推出"九品中正制"，得到曹丕同意，当即实施。在人才选用上，曹操在位时，推行唯才是举，一些高门大户的子弟当不了官，与世族的关系紧张。曹丕即位后，推行"九品官人制"，将世族的品第分为九级，加以评定，根据相应品级授予官职。九品中正制缓和了曹丕与世家望族的关系，汝颍集团获得了用人之权，保持了世袭化特权。

曹丕又设抚军大将军、镇军大将军，将原本由谯沛集团控制的军权，分割出交给汝颍集团的司马懿、陈群，以致曹洪去世后，司马懿独掌兵权达七年之久。曹丕又采取措施，在经济上打压谯沛集团，如推行"租调制"，以户为征税单位而不计人丁，拥有大量土地的世族从中得利；打破谯沛集团所把持的屯田体系，让世家大族介入其中等。随着谯沛集团没落，汝颍集团崛起,而曹丕又苛禁宗室,大权流失,曹氏天下竟然无人可恃,最后造成司马氏篡国。

曹丕统治时期,虽然有逼死勋旧、滥杀无辜、征伐无章法等弊端,但在内政建设上颇有建树。他先后发布宦官不得过署令、有灾异不免三公、妇人不得参政、禁止"非祀之祭,巫祝之言"等诏令,又令减轻关税、除池苑之禁,以利民众。当大臣建议曹丕为自己修筑陵墓时,他竟然认为自古及今,未有不亡之国,亦无不掘之墓。

曹丕对时光的流逝、生命的无常,有深深的迫切感,他极力追求文学上的成就,以实现声名的不朽。曹丕逼汉献帝退位,名义上以禅让形式获得天下,他自认为得国乃正,曹魏是正统,由此生出大国情结,这更让他追求武力上的突破,好流芳千古。

就孙权而言,他没有大国包袱,曹魏也好,蜀汉也罢,在他看来没有区别。孙权关心的是实际利益。建安二十四年(219),曹操面临关羽进攻的巨大压力,于是转而游说孙权,许下了封割江南的承诺。孙权嫉恨刘备集团占据荆州,于是接受曹操许诺,出兵攻打关羽,夺取荆州。孙权不但对曹操表示屈服,还主动劝曹操称帝。曹操拿着孙权的劝进书笑道:"是儿欲踞吾着炉火上邪。"[1]这小子是想把我放在火上烤啊。曹操与孙权之父孙坚同岁,称孙权一声"这小子"倒无不可。

---

[1] (晋)陈寿:《三国志》卷一魏书一,百衲本景宋绍熙刊本。

建安二十五年（220）正月，曹操病故后，孙权对继任的曹丕保持进贡关系。秋七月，孙权遣使奉献。孙权此时面临刘备的威胁，所以选择主动向曹丕投诚示好。

此时的刘备与孙权，因为荆州被夺，关羽被杀，双方已势同水火，曹丕居中静观其变。黄初二年（221），曹丕封孙权为吴王、右大将军、扬州牧，并赐九锡，晋爵封国。曹丕待孙权不可谓不厚，加九锡是天子给大臣的最高礼遇，"夫王位，去天子一阶耳"[①]。曹魏侍中刘晔上谏曹丕，反对孙权封王，认为封其为王，崇其位号，定其君臣，反而赋予了孙权合法性。而孙权是迫于压力才来投诚，动机不纯，绝对不会真心臣服，封王无异于为虎添翼。刘晔甚至认为，刘备与孙权之间必有一战，曹魏可以趁机出兵，灭掉孙权，以绝后患。

曹丕刚刚登基，急着塑造正统大国形象，此时孙权主动前来投降，泱泱大国不接受，还要对他用兵，岂不是凉了后来者之心？于是，他选择双方暂时停战，江淮平静，孙权将鄂城更名武昌，以应对刘备的攻势。孙权方面，也有人反对接受曹魏封王。孙权不以为意，加以接受，孙吴与魏国形成名义上的君臣关系。

至蜀汉与孙吴开打后，在夷陵之战初期，孙权答应送长子孙登到洛阳为质，却以各种理由加以拖延。当刘备与陆逊在夷

[①]（晋）陈寿:《三国志》卷十四魏书十四，百衲本景宋绍熙刊本。

陵一线长期对峙时，孙吴东线空虚，本是用兵最佳时机，曹丕却一直观望，错过战机。夷陵之战后期，曹丕派使者到武昌索要人质，被孙权拒绝。曹魏对此大为不满，双方关系开始破裂。与曹魏关系破裂后，孙权不用黄初年号，另立黄武年号，又自立孙登为王太子，进一步刺激了曹丕。

曹魏黄初三年（222）十月，曹丕第一次伐吴，分兵三路，东路军从徐州、扬州出发，中路军从豫州出发，西路军从荆州出发。西路统帅曹真，原本担任雍凉都督，为了此战被调来，由夏侯楙接替雍凉都督一职。十一月，曹丕亲临宛城（今河南南阳），令夏侯尚率领各军与曹真一起围攻江陵。孙权、诸葛瑾领兵来援，与魏军展开大战。

此时的蜀汉经历大败，国力衰竭，曹丕不去攻打疲惫的蜀汉，反而攻打相对强大的孙吴，这是为什么呢？原因在于，曹丕以天命自居，以大国自负，厚待前来诚服的孙权，掏心掏肺。从年纪上讲，孙权比曹丕大五岁，二人乃是同辈人。没想到孙权降而复叛，曹丕没有面子，是可忍孰不可忍。

而蜀汉新败之后，人心动荡，看起来可以不战而降之。曹丕特意派使者去蜀汉，从天象和谶纬之说，到现实的实力考量，为蜀汉政权讲了曹魏的执政合法性，希望蜀汉能够俯首称臣。在曹魏眼中，蜀汉弱小，派个使者宣读一下圣旨就可以收复了。此外，入蜀之道，迂远险阻，需要充分准备方可出兵。所以，曹丕选择了拿孙权出气。

江陵城被夏侯尚和曹真包围多日，城中东吴士兵多有肿病（流肿），还能参与战斗的人员不过五千人。魏军曾一度挖地洞攻城，却未能攻入。此时江陵城中又暴发瘟疫，魏军担忧"疠气疾病，夹江涂地，恐相染污"[①]，于是主动退兵。虽然魏军撤退，却未能避开瘟疫影响，军中也是疫病蔓延。这次疫病在江陵暴发，随着魏军的撤退，又传播到了北方。曹魏黄初四年（223）三月，宛城、许昌大疫，死者数万，北方笼罩在瘟疫的恐惧之下。

曹丕主动撤军后，孙吴稍安。孙吴群臣劝说孙权"即尊号"，登基称帝。孙权不同意，认为此时称帝，将会遭到蜀汉、曹魏两面打击，如果不急于称帝，则可在其中游走。此年刘备去世后，刘禅登基。蜀汉内部发生动乱，南中豪强起兵，号称依附孙权。孙权在名义上给予了支持，并未出兵，静待曹魏动向。

曹丕被大国幻象所迷惑，想劝诱诸葛亮投降，殊不知诸葛亮心中的大国梦比他更加强烈。孙吴黄武二年（223）十月，诸葛亮派邓芝到武昌，调和双方关系。孙权一度不见，想要等待曹丕攻蜀。不想曹丕却不急于攻蜀，孙吴无奈之下，与蜀汉修复关系。

曹魏黄初五年（224），曹丕亲率大军，第二次伐吴。侍中辛毗劝阻："今日之计，莫若养民屯田，十年然后用之，则役不

---

① （宋）佚名：《三国文类》卷二诏书，清文津阁四库全书本。

再举矣。"如今不如休养生息,屯田养民,积蓄十年之后再去征讨,那时已经无须劳军远征,自然就能一统天下了。曹丕反问:"如卿意,更当以虏遗子孙邪?"①他不想将天下割据的局面,留给子孙后代。

九月,曹丕大军到达广陵,恰逢长江水涨潮,广陵一段江面极为开阔,形成天险。曹丕望江兴叹:"彼有人焉,未可图也。"②此时的广陵,乃是大江出海口,江面宽阔。曹丕描述了壮阔的江海景色,惊涛骇浪,汹涌澎湃。巨鱼横奔,厥势吞舟。大约是过于兴奋,陶醉于江景,曹丕泛舟江上,突然风浪暴起,险些发生翻船事故。

此次伐吴,曹丕无功而返。

曹丕是建安时代的顶级文人,建安精神的核心便是,追求功业,声名不朽。受文学思维影响,他喜欢纵马江淮,向往雄师渡江。他更期待展翅高飞,以天地为棋盘,以将士为棋子,抒发心性,成就功业,他慨叹:"我独何人,能不靖乱。"③

黄初六年(225)二月,曹丕领兵南下,第三次伐吴,以找回面子。为了此次战事,曹丕还特意修建了讨虏渠,沟通颍水、汝水。一路上曹丕很是兴奋,还写了一首诗:"观兵临江水,水

---

① (晋)陈寿:《三国志》卷二十五魏书二十五,百衲本景宋绍熙刊本。
② (晋)陈寿:《三国志》卷四十七吴书二,百衲本景宋绍熙刊本。
③ (唐)欧阳询:《艺文类聚》卷五十九武部,清文渊阁四库全书本。

流何汤汤。戈矛成山林,玄甲耀日光。猛将怀暴怒,胆气正纵横。谁云江水广,一苇可以航。"[1]八月,曹丕自谯县沿涡水入淮河。十月,率舟师,经淮河率军抵达广陵。

他喜欢上了纵横开阔的大江,曾想在江边筑宫室,能战则战,不能战则游猎。曹丕再至广陵时,已是冬季,于是临江阅兵,兵有十余万,旌旗招展绵延数百里,军威浩荡。这时正值大寒,江面结冰,舟船不得入江。曹丕的开拓雄心被天险所阻,"嗟乎!固天所以隔南北也"[2]。

曹丕三次出兵伐吴,在广陵大肆耀兵,导致孙权之侄孙韶大为愤怒,乃遣部将高寿,率五百人渡江来袭,夺去了曹丕仪仗。声势浩大的第三次伐吴,以曹丕铩羽而归告终。当曹丕返程行至许昌时,许昌城的南城门坍塌,曹丕以为是不祥之兆,于是没有入城,直接返回了洛阳。

许昌城塌,果然是凶兆。黄初七年(226)五月,曹丕病逝于洛阳,时年四十岁。曹丕直到病危之际,才指定曹叡为太子。之所以迟迟不立曹叡为太子,是因为黄初二年(221),其母甄氏因为失言,被曹丕赐死。曹丕为避免再生枝节,于是直到生命行将结束时,才指定了太子。

曹叡继位后,采纳臣下建议,对外采取防御战略,对内恢

---

[1] (晋)陈寿:《三国志》卷二魏书二,百衲本景宋绍熙刊本。
[2] (晋)陈寿:《三国志》卷四十七吴书二,百衲本景宋绍熙刊本。

复生产秩序，发展农耕，留待日后与孙吴、蜀汉一争高下。曹丕三次讨伐孙吴，都没有胜利，给后世留下了历史参考。当南北对峙时，从江淮至长江一线，很难突破。北方势力南下时，多选择取道蜀地，再沿江而下，统一天下。曹丕将军力投入江淮，与孙权争锋，给了蜀汉喘息之机，让蜀汉政权得以稳定内部，积蓄力量。曹丕死后的第二年，诸葛亮发动了第一次北伐。

第二章

五手准备：打造安全的内外环境

为了恢复汉室，兴兵北伐，诸葛亮做了充分准备。在蜀汉内部，诸葛亮领兵亲征南中，安定后方，获得了物资、人力补给。在外部，诸葛亮修补与盟友孙权的关系，双方共画"大饼"，三分天下。在政治上，诸葛亮一手打造了诸葛成规，消除不同集团之间的矛盾，集军政权力于一身，避免外戚、宦官干政之弊。在军事上，诸葛亮训练精锐，打造兵器，择机北伐。在经济上，诸葛亮推行军事优先战略，盐铁专营，生产蜀锦，以服务北伐。

七擒传说：
经略南中以备军用

"五月驱兵入不毛，月明泸水瘴烟高。誓将雄略酬三顾，岂惮征蛮七纵劳。"[1]

诸葛亮发动南征，平定南中，将滇西和缅北划入中华领土，可谓有功。但诸葛亮的南征，受到南方多发瘴气影响，未能全面整合并加以开发，导致蜀汉在天下争霸战中缺乏战略纵深与稳固后方。

蜀汉章武三年（223）夏四月，刘备病逝。五月，刘禅即皇帝位，改元建兴。一代枭雄刘备死于痢疾。在去世前给刘禅的

---

[1] （唐）胡曾：《咏史诗》卷第三，四部丛刊三编景宋钞本。

遗诏中，刘备写道："朕初疾但下痢耳，后转杂他病，殆不自济。人五十不称夭，年已六十有余，何所复恨，不复自伤，但以卿兄弟为念。"①

刘备去世后，南中四郡一起发动叛乱。所谓南中四郡，分别为益州、越嶲（读音为 suǐ，一说读音为 xī）、牂柯（Zāng kē）、永昌。②诸葛亮当时即有南征计划，只是恰逢刘备去世，对孙吴用兵又遭到大败，故未便用兵。长史王连也劝告，认为南中乃是不毛之地，疫病之乡，不宜冒险而行。当代有学者认为，诸葛亮深入的不毛之地，乃是今缅甸八莫。其实，诸葛亮深入的不毛之地并非缅甸八莫。不毛之说很早就在汉语之中出现，如《管子》云："土地不毛，则人不足，人不足则逆气生。"③

手里一把烂牌的诸葛亮，重新恢复吴蜀联盟，稳定内部政局，"务农殖谷，闭关息民"④。经过一年半的休养生息后，他开始策划北伐。要北伐则必须先平定南中，稳定好大后方。在三国时期，南中所指范围极广，涵盖了今四川大渡河以南，贵州、云南及广西部分地区。此地区在两汉被称为西南夷，其地域占蜀汉国土一半以上，区域内各部落并未被纳入治理，且不时发

---

① （宋）刘清之：《戒子通录》卷一，清文渊阁四库全书本。
② 建安十九年（214），刘备定蜀后在南中设立庲降都督，改犍为属国为朱提郡。
③ （春秋）管仲：《管子》卷第十七，四部丛刊景宋本。
④ （晋）陈寿：《三国志》卷三十三蜀书三，百衲本景宋绍熙刊本。

动战事。

南中四郡名义上臣服刘备,实际上保持独立。蜀汉章武元年(221),蜀地"户二十万、男女口九十万"[1],南中四郡的人口未被纳入其中。八十年前,东汉顺帝永和五年(140),益州十二郡数据为,户一百五十二万余,口七百二十四万余。[2]八十年间,哪怕有自然灾害、瘟疫、战争等,益州人口也不可能从七百余万,急剧萎缩至九十万。

且蜀地在东汉末年,局势还算稳定,还有大量人口涌入。马腾、韩遂关中作乱,"南阳、三辅数万户流入益州"。扶风郡的法正,因为建安初年,天下饥荒,与同郡友人孟达一起入蜀依附刘璋。南郡董和,率亲族西迁,投奔刘璋。章武元年统计数据呈现出的蜀地人口锐减,唯一的原因就是——各郡大姓瞒报人口。

当时西南有三大地方反叛势力,分别是耆帅雍闿、越巂夷王高定、牂柯太守朱褒。耆帅雍闿是汉人大姓。所谓大姓,指东汉晚期在各地出现的一批实力强大的土豪,拥有私人武装"部曲",控制大量佃户,一直是半独立的存在。

南中地区也有大姓。东汉末年以降,中枢朝廷无力,对南

---

[1] (唐)房玄龄:《晋书》卷十四志第四,清乾隆武英殿刻本。
[2] (南北朝)范晔:《后汉书》卷一百十三郡国志第二十三,百衲本景宋绍熙刻本。

中的统治控制力衰退，南中大姓崛起。南中大姓，如焦、雍、娄、孟、量、毛、李、朱、爨（cuàn）、鲁、雷、兴、仇、高、霍等。南中大姓大部分是中原移民过来，融入当地的汉人，少部分则是汉化的当地人，都具有中原汉文化素养，过着汉人式的生活。如雍闿便是益州郡的大姓，其先祖系西汉开国功臣雍齿，封地在蜀地。

南中大族拥有私人武装部曲，力量强大，控制地方事务。被后世描述为"番王""南蛮王"的孟获，实际上也是汉人，属建宁八家"大姓"中的孟家。孟姓是较早迁入南中的大姓，在地方日久，被视为"蛮人"首领，到了元、明、清三朝，由于小说、野史的渲染而被定义为"南蛮王"。

耆帅雍闿骄横颠顶，公然否定蜀汉政权。刘备死后，李严曾给雍闿连送了六封书信，反复晓以利害。雍闿回复："盖闻天无二日，土无二王。今天下鼎立，正朔有三，是以远人惶惑，不知所归也。"[1]他又降于孙权，寻求外部支持，杀益州郡（郡治在滇池县）太守正昂，将蜀汉委派的益州郡新太守张裔绑送给吴国。[2]吴主孙权的战略是通过蚕食巴蜀，最终占领整个长江流

---

[1] （晋）陈寿：《三国志》卷四十三蜀书十三，百衲本景宋绍熙刊本。
[2] 张裔官声颇佳，为了说服地方民众，雍闿借"鬼巫"之口，说张裔长得如同瓠壶（葫芦形），外表善良，其实内心奸恶。到孙吴与蜀汉修好后，张裔被释放，继续得到诸葛亮重用。蜀汉建兴三年（225），益州郡改名建宁郡，郡治迁到味县（今云南曲靖）。

域。孙权雄心勃勃，怎会放过雍闿送上门来的大好机会？孙权立即封雍闿为永昌太守，又扶持原益州牧刘璋之子刘阐，试图恢复对益州的控制。雍闿被孙权任命为永昌太守后，真的领兵前去永昌郡了。

雍闿之所以急火火地去攻打永昌郡，是因为永昌郡是当时的贸易重镇，富甲一方。《后汉书》载，永和五年（140），永昌郡八城，"户二十三万一千八百九十七，口百八十九万七千三百四十四"[①]，这是惊人的数字，人口数仅次于南阳郡二百四十万，汝南郡二百一十万，排全国第三。永昌郡是第一等繁华所在，雍闿对这里已经觊觎很久了。

雍闿兵临城下，永昌太守直接逃跑，但永昌功曹吕凯、府丞王伉挺身而出，组织军队拦阻雍闿。吕凯所代表的是永昌郡的大姓势力，实力强大。雍闿打了三年，也未能攻下永昌郡。在这三年里，雍闿唯一的收获就是当地大姓孟获投奔了他，还煽动了一批部落追随。

越巂夷王高定也乘刘备病逝之机，攻杀郡将焦璜，带领本郡士兵反叛了。朱褒则以郡丞身份自署牂牁（郡治今贵州黄平南）太守，杀害李严派来巡视的常房，举郡响应雍闿。

牂牁之乱，背景复杂，牵涉南中大姓。刘备刚一去世，牂

---

① （南北朝）范晔:《后汉书》卷一百十三郡国第二十三，百衲本景宋绍熙刻本。

牂牁郡丞朱褒自封太守。作为外来户的蜀汉官员常房，南下至牂牁后，探知朱褒有叛心，将牂牁主簿抓了，拷问致死。牂牁主簿一职，都由南中大姓子弟担任，常房之举得罪了大姓。朱褒出自大姓朱氏，所以攻杀常房，还诬陷常房谋反。诸葛亮不由分说就诛杀了常房诸子，将其四弟发配到越巂。诸葛亮亲手制造了一起冤案，想用来绥靖地方大姓，没想到却没有起到绥靖的效果，只留下了难以抹除的污点。

西南一片混乱，威胁着蜀汉后方，更直接影响到北伐大计，蜀汉必须加以讨伐。要对西南用兵，诸葛亮面临颇多挑战，因为那里不仅有无边无际的原始森林和肆虐的蚊虫，还有让人畏惧的瘴气、出没无常的部落武装和散布的坚固堡垒。可为了安定大后方，为了大国之梦，为了北伐，诸葛亮还是决定出兵南征。

事实上，对于南中之役的困难，诸葛亮早有清醒认识："春夏多疾疫，利在疾战，不可久师也。"①从中可以清晰地看到，诸葛亮定下了此战的基调，就是速战速决，至于所谓七擒孟获，不过是后人的造说而已。

蜀汉建兴三年（225）三月，经过充分准备之后，诸葛亮亲率大军，平定南中之乱。这是诸葛亮生平第一次亲自主持大规模战事，蜀汉上下、曹魏孙吴，都注视着他。此次作战于春天

---

① （三国）诸葛亮：《诸葛武侯心书》，明黄邦彦刻诸葛武侯心书本。

开展,秋天结束,堪称速战速决,其中的重要考虑当然就是南方多发的疫病。

诸葛亮南征,兵分三路。东路马忠,伐牂牁,平朱褒。中路李恢,从驻地平夷出发,攻益州,剿雍闿。诸葛亮则自安上由水路入越巂,平越巂夷王高定,再南下与马忠、李恢会师益州。

东路马忠进军顺利,擒杀朱褒,收复牂牁。中路李恢进至昆明(滇东、黔西泛称),被各县叛军团团包围,局面不利。李恢示弱,借助谈判,麻痹叛军,发动突然攻击,与东西两路军取得联系。

诸葛亮所领西路军,则面对着高定设下的重重堡垒。高定在旄牛(今四川汉源南大渡河南岸)、定笮(今四川凉山盐源)、卑水(今四川凉山美姑)等处筑垒坚守。

诸葛亮不愿强攻堡垒,于是引诱叛军主力前来决战。高定将主力集中于卑水(今四川凉山昭觉东北),此时雍闿领兵前来助战,不想发生内讧,雍闿被高定部队击杀。原先投奔雍闿的孟获,此时走上前台,收纳雍闿余部,退向益州。[1] 雍闿是汉

---

[1] 汉武帝时设立益州郡,郡治在滇池县。《滇小记》谓:益州为成都府,武侯所称"益州疲"是也。然汉武帝以滇王国置益州郡,则今云南昆明、普宁一带以至大理是也。《汉志》分益州置永昌郡,亦是其地。滇之益州在先,蜀之益州在后,以道路梗塞,益州遂寄泊于蜀,自刘焉始以成都为治所。

人大姓，高定是本地夷帅，二人火并，也是大姓与夷帅矛盾的爆发。

诸葛亮利用叛军乱局，发动进攻，攻占了邛都（今四川西昌市西南），俘获高定妻子儿女及族众。高定失去了老巢，无计可施更无路可退，却不甘失败，又纠集两千人想和诸葛亮决一死战，结果被蜀汉军全歼，至此越巂大致平定。诸葛亮斩杀高定之后，随即领兵追击退往益州的孟获。虽然高定被剿，但地方上小股反叛势力依然存在，越巂太守龚禄上任后不久，就被斯都耆帅李求承所杀。

夏五月，诸葛亮领兵渡泸水（金沙江），"五月渡泸，深入不毛"。诸葛亮在味县附近生擒孟获。孟获在各部落中威望颇高，诸葛亮留其不杀，以安抚各部。《三国志》中并未记载孟获，在《华阳国志》中，出现了"七虏七赦"孟获的故事，可见"七擒孟获"是一个在历史中不断演绎的结果。

诸葛亮撤兵之后，各处夷人部落反复无常，不时反叛。蜀汉官员在镇压的同时，对夷人首领予以宽大处理，出现了对夷人首领的擒纵，也被后世附会到诸葛亮身上。事实上，诸葛亮五月渡泸水，至秋季便平定四郡，在滇池与李恢会师，一路不作过多停留，根本没有时间与孟获玩擒纵的游戏，"七擒七纵"也根本不符合诸葛亮速战速决的目标。

前文已提及，诸葛亮在南征中之所以决定速战速决，其中的重要考虑是为了避开南方多发的瘴气。郦道元在《水经注》

中就曾记载:"(泸水)时有瘴气,三月四月径之必死,非此时犹令人闷吐,五月以后,行者差得无害。"① 可以判断,诸葛亮于五月渡泸水,成功避开了瘴气高发时节。此年冬,诸葛亮回师,过汉阳(今贵州威宁),十二月抵达成都。

其实,所谓的"瘴",最早见于汉代,原写作"障",多见记录。如西汉王充《论衡》云:"有瘴(瘴)热之病。"② 西汉刘安在《淮南子》中论述了不同的地理环境对人的影响,其中提到了"障气多喑"③。

马援南征蛮夷之乱,军中感染疫病。在交趾时,发现食用"薏苡宝"能应对瘴气。于是班师回程的时候,马援特意装载了一车,打算运回中土栽种。光武帝建武二十四年(48),武陵蛮作乱,马援率军征伐。因为武陵蛮占据地利,战事拖延至酷夏,天气炎热,士卒多因疫病而死。马援也感染疫病,"遂困,乃穿岸为室,以避炎气"④。此处的炎气也是瘴气。

汉顺帝永和二年(137),区怜在日南、象林等地发动反叛,自立为王。次年,朝廷内部就是否出兵出现分歧。反对者认为,

---

① (南北朝)郦道元:《水经注笺》卷三十六,明万历四十三年李长庚刻本。
② (汉)王充:《论衡》论衡卷第五,四部丛刊景通津草堂本。
③ (汉)刘安:《淮南鸿烈解》淮南鸿烈解卷第四,四部丛刊景钞北宋本。
④ (南北朝)范晔:《后汉书》卷二十四马援列传第十四,百衲本景宋绍熙刻本。

南方瘴气多发,不利兴师,"死者十四五,必道路奔散不能禁"①。

古人一直有"瘴气独盛于广南"之说,认为岭南地区瘴气多发,中原士人被贬到岭南地区多九死一生。东汉末年,公孙瓒赴日南(今越南中部)侍奉旧主时曾说:"日南瘴气,或恐不还,与先人辞于此。"②公孙瓒慷慨悲泣,再拜而去,观者莫不叹息。

瘴病究竟指什么病?狭义上,多认为是恶性疟疾。早在汉武帝对南越用兵之前,淮南王刘安谈到南方的地形气候曾说:"南方暑湿,近夏瘴热,暴露水居,虫蛇疠多作。"③刘安论及了南方疾疫多发的原因,在于暑、湿、热、毒。暑热,即酷热的天气,各种细菌蚊虫易生。湿,即温热时节,在水中多生各类寄生病虫。毒,乃是西南地区的各类蛇虫。

汉至魏晋之间,对于瘴气,时人并未以怪力乱神之类加以发挥引申,只是客观描述瘴气的形态特征及危害。这也是发达的中原文明进入巫祝文化发达的南中地区后,反而能以客观的态度来对待当地的独特生态。南中一带,普遍信鬼尚巫。用兵之中,诸葛亮通过图谱形式,描述社会的等级秩序,以让各部服从统治,也为当时及后世,留下了许多演绎的内容。

---

① (晋)袁宏:《后汉纪》后汉孝顺皇帝纪卷十九,四部丛刊景明嘉靖刻本。
② (晋)陈寿:《三国志》卷八魏书八,百衲本景宋绍熙刊本。
③ (汉)班固:《汉书》卷六十四上,清乾隆武英殿刻本。

总体而言，帝国越庞大，组织越完善，早先所圈定的疆域就越来越不能满足其自身的需要。两汉之际，中原王朝对西南不断加以开拓，并将西南各民族纳入中原文明体系，希望加以同化。在此过程中，相当一部分汉人却融入当地，形成地方势力，成为中原文明开拓的阻力。

诸葛亮的南征也可以视为两汉对周边地区开疆拓土的延续。从马援到诸葛亮，对西南地区的开拓，都被当地的气候所阻滞，神秘的瘴气使得进入这片区域的开拓者们感染各类疾病，不得不延缓开拓的步伐。在此后的千余年间，中原文明对于南方的开拓仍然受到瘴气等疫病的阻滞，直到人类在医学技术上取得突破，方能有效克制各类疾病。

建兴三年（225）平定南中后，诸葛亮调整郡县，将原来南中四郡分为七郡，以庲降都督掌握南中七郡军政大权。[1]将郡区缩小，郡数增加，分而治之，以此防止地方势力割据的局面。庲降都督，"庲"通"徕"，庲降意乃招徕归降。

在地方治理上，由南中地方势力"土官"与蜀汉政权的"流官"共同参与。一方面，诸葛亮任用亲近蜀汉政权的当地大姓豪族，自行管理地方事务。在蜀汉政权支持下，南中地区的大

---

[1] 建兴三年（225），诸葛亮改益州为建宁，分建宁、越嶲置云南郡，又分建宁、牂牁置兴古郡，七郡为牂牁、越嶲、朱提、建宁、永昌、云南、兴古。

姓富豪出资，将"刚狠恶夷"收编为部曲，壮大了实力。大姓部曲武装由此合法化，原先依附于大姓的自耕农或佃农，从早先经济上的依附，转变为身份上的依附。实力扩张后的南中大姓，又可以进入仕途，成为蜀汉政权的助力。

诸葛亮特意选派熟悉南中当地情况、忠于蜀汉的官员担任地方主官，加以镇守。如以李恢（建宁俞元人）为建宁太守、马忠（巴西阆中人）为牂牁太守、张嶷（巴郡南充国人）任越嶲太守、吕凯（永昌郡不韦县人）为云南太守。李恢担任本郡太守，打破本郡人不任本郡太守的成规，也是特殊时期的特殊之举。原先南中地方上的大姓势力，首领则被内调至中枢任职，如大姓首领爨习任领军，孟获任御史中丞，孟琰任辅汉将军等，由此与地方上的联系被截断，清除其影响。

经略南中，是诸葛亮亲自主持的第一仗，打破了丞相只能辅政不能带兵的传言，培养了一批忠于自己的军事班底。对南中的征伐，暂时稳定了后方，此后南中大乱没有，小叛屡发。南中地区优秀的兵员，壮大了蜀汉的军事力量，组成了强悍的"飞军"。张嶷曾一次招募两千名獠人，布置在汉中。南中地区物产丰富，如战马、耕牛、金银、犀革、盐铁等，为蜀汉提供了充足的资源。对南中地区的屯田开发，既促进了当地经济的发展，也使蜀汉的军资有所出。

因为忙于北伐，又被瘴气所困，诸葛亮未对南中进行全部整合，只留下少部分士卒驻守便仓促撤兵。诸葛亮撤兵后，南中地区并未太平，各部的小叛乱频频爆发，但也达成了诸葛亮的军事目标，即在不留兵、不运粮的情况下，"纲纪粗定，夷汉粗安"。至于后世所说"自是终亮之世，彝不复反"[1]，只是司马光的溢美之词，并不完全可信。

诸葛亮的战略重心是北方，是北伐。对于南中，只求其不为大患即可。南征之战，只是战术上的一次清理叛乱，而不是战略上的全面治理。蜀汉方面因忌惮瘴气，未能全面深入整合南中，使蜀汉后方缺乏战略纵深。三十九年之后，邓艾伐蜀，兵临成都。刘禅想去南中躲避，大臣谯周劝阻，列出不可前去的理由，如南方久叛之地，本就不服中央，此时前去，必定速叛等。谯周所言，确是实情，刘禅无路可退，只好投降，由此蜀汉覆灭。

南中大姓经过多年发展，部曲实力强大。当蜀亡之时，镇守南中的蜀将霍弋自恃兵强马壮，静观曹魏如何对待刘禅。曹魏厚待刘禅，乃至乐不思蜀，霍弋方才投降，被曹魏任命为南中都督，继续镇守。后世孙吴交州发生变乱，南中大姓以部曲参战，一度占据交趾郡长达七年。吴主孙皓出动大军征伐，才得以取胜，南中大姓，十万部曲全军覆没，但南中大姓势力持续影响着南方。

---

[1] （宋）司马光：《资治通鉴》卷第七十魏纪二，四部丛刊景宋刻本。

三分天下：
交好孙权共画大饼

孙权的一双碧眼，在江东狡黠地窥探着天下。其父孙坚、其兄孙策，都是骁勇不可一世的英雄，如同吴越之民一般好勇善斗，喜用剑，轻死易发。与父兄相比，孙权却有些滑头，能左右摇摆，有些煽情，很会表演，少了几分狂妄，多了几分冷静乃至肃杀。后世史家赵翼评说，对待臣下，曹操以权术相驭，刘备以性情相契，孙氏兄弟以意气相投。[①]赵翼说对了一半，孙策以意气相投，孙权明面上义气，实际上更是以权术驾驭。

---

① （清）赵翼：《廿二史札记》（上），黄寿成校点，沈阳：辽宁教育出版社2000年版，第109页。

曹丕在黄初元年（220），刘备在章武元年（221），先后称帝。当曹丕、刘备称帝后，作为"三分天下有其一"的孙权身份有些尴尬，他是东汉朝廷册封的骠骑将军。大汉朝廷没了，朝廷封的将军却还在，野心更在燃烧。

孙权的父兄，为他打下了基础，他则进一步开拓。从建安五年（200）到建安十三年赤壁之战前，孙权在内部对占山为王、拒不从命的武装势力进行镇压或安抚；在外部攻破黄祖，平定六县。赤壁之战后，孙权拿下荆州两郡，刘备得了四郡。

曹操的图谋是一统天下，刘备的口号是匡扶汉室，与前二者相比，孙权的志向是据守江东，择机而动。当曹操大军南下，江东有失时，孙权联合刘备，合力击退曹操，双方进入蜜月期。孙权借荆州与刘备，又通过联姻进一步稳定了联盟。不过这种蜜月关系，早晚会崩裂，周瑜就认为："曹公在北，疆场未静；刘备寄寓，有似养虎。"①曹魏一方也看到，刘备、孙权早晚必有冲突，两家关系"外亲内疏"。

刘备既得益州，又不肯归还荆州，引发两家矛盾，一度陈兵荆南。只是因为曹操攻打汉中，威胁巴蜀，刘备不得不妥协，割湘水以东三郡让给孙权，才暂时平息冲突。当刘备取下汉中时，关羽领兵由荆州北进，一时兵势如虹，震动华夏。当刘备走向人生巅峰时，孙权给了他一记背刺，偷袭荆州，斩杀关羽。

---

① （晋）陈寿：《三国志》卷五十四吴书九，百衲本景宋绍熙刊本。

至此孙权初步实现了鲁肃当年为他定下的发展战略："竟长江所极，据而有之，然后建号帝王，以图天下。"①吕蒙拿下荆州后，孙权欣喜若狂，赐钱一亿。吕蒙、孙皎、蒋钦、潘璋四大将，是周瑜之后，孙吴的新兴名将，没想到在建安二十四年（219）大瘟疫中，四将去三，仅存潘璋。

为避免两线作战，孙权又主动向曹魏称臣，接受曹丕授予的吴王封号。当曹丕遣使至江东索取雀头香、大贝、明珠、象牙、犀角、玳瑁、孔雀、翡翠、斗鸭、长鸣鸡等珍宝时，孙权淡然自若，认为曹丕所求珍宝，于自己不过是砖瓦碎石而已。孙权追求帝业，哪在乎钱财，曾一次赏赐吕蒙一亿钱的孙权，对曹丕的索要全数与之。孙权如此卑躬屈膝，"一以却中国兵，二则假中国之援，以强其众而惑敌人"②。对曹魏的示弱，为孙权赢得了时间，避免了两面夹攻的危险，得以布置兵力，从容应对刘备来攻。

章武二年（222），刘备领兵讨伐孙权，结果被后生小子陆逊击败。孙吴大胜之后，曹丕对孙权寄语，希望他一举拿下蜀汉。孙权方面，将领如徐盛、潘璋等战意高昂，都主张进击，一战而下益州。孙权很是冷静，未被胜利冲昏头脑，不但未曾乘胜追击，反而回师停战。

---

① （晋）陈寿：《三国志》卷五十四吴书九，百衲本景宋绍熙刊本。
② （晋）陈寿：《三国志》卷十四魏书十四，百衲本景宋绍熙刊本。

刘备逝于白帝城，诸葛亮掌政后，重新恢复吴蜀联盟关系。建兴元年（223）十月，诸葛亮任命邓芝为中郎将，出使孙吴，修好孙权。此时孙权与曹魏之间，尚未断绝关系，还在藕断丝连中，故而拒绝接见邓芝。经邓芝上表，孙权才答应接见。在会面中，邓芝说中孙权心思，即孙权如果将太子交出作为人质，下一步曹魏必然要征调孙权入朝，一旦入朝，则全盘皆输。而孙权如果不交出人质，曹魏必然要讨伐。如果蜀汉也对吴用兵，则江南这片地区再也无法归孙氏所有了。邓芝将吴蜀联盟之利和吴归附曹魏之弊说清，孙权沉默良久之后，终于无奈地表示了认同。

弱者的选择，要么是向强者屈服，要么弱者联合起来共抗强者。屈服者付出沉重代价，祈求强者的宽容。可当涉及权力时，一切回归丛林状态，向强者低头，并不会削弱强者的吞噬之心。相比较而言，弱弱联合抗强，更为划算，只要彼此不背刺，在可能的情况下互相扶持，尚有生机。如果能一起扳倒强者，则收益翻倍。但弱者抱团，能否生存，取决于强者的实力。在自然法则下，实力决定一切，力量占据绝对优势的强者，哪里在乎弱者的联合。

建兴二年（224）四月，孙权派张温回访蜀汉，重建吴蜀联盟。此年九月，曹丕出兵广陵，预备渡江伐吴，只是被江水所阻。曹魏大军南下，吴人大骇。孙权对再次来使的邓芝讲述时局，希望蜀汉能明白自己的困难，双方不要产生误会。孙权建议，孙吴蜀汉联手灭曹魏后分割天下，邓芝则认为天无二日，土无二王，可灭魏后，两国再行争霸。孙权闻言大笑，夸奖邓芝乃是实在人。

孙权是表演型人格，喜好战功，每有大胜必有浮夸表演。黄武七年（228），孙权紧锣密鼓，策划称帝，迫切需要一场大胜提振士气，为自己登基营造气氛。鄱阳太守周鲂设计，称自己受到孙权打压，想要投降曹魏，以此引诱曹休南下，孙吴则布下重兵伏击。唯恐曹休不信，周鲂还在鄱阳郡城门之下，将头发剪掉，表示自己获罪于孙权，也是老戏骨了。久经战阵的曹休果然中计，率十万大军前来接应周鲂。

战前孙权淋漓尽致地表演了一番，他为陆逊赐黄钺，许他代行吴王权力，统御江东诸军。孙权又"执鞭鞠躬，以重陆公之威"，表演到位，足以打动陆逊。陆逊、朱桓、全琮各督三万人，在石亭设伏。此役孙吴大获全胜，斩获万余，牛马骡驴车乘万辆，曹休战后不久病死。陆逊大破曹休，孙权设宴狂饮，又是一番表演。酒酣之后，孙权命陆逊舞，又解所着白裘相赐。

孙吴黄龙元年（229），铺垫到位的孙权在武昌称帝，九月，移都建业。迁都建业，因此地乃扬州之中心，可以方便汲取军国资源，也便于对外与曹魏争夺江淮，对内平定丹阳山越问题。

孙权称帝后，以"黄龙"为年号，这是依据火生土、黄代赤的五行相生之说而定。孙权称帝后，派遣使臣前往蜀汉，要求承认孙权的合法地位。对自居汉室正统的蜀汉来说，孙权称帝,这无疑是乱臣贼子。蜀汉内部,多数朝臣认为,与孙吴联盟毫无益处,要求断绝联盟,乃至将孙权视为国贼。

诸葛亮头脑清晰,知道必须保持与孙权的联盟,若是断绝关系,则会出现四面树敌的局面。故而诸葛亮全力劝说蜀汉群臣:"孙权僭逆之心,已非一日,之所以加以容忍,求掎角之援也。今若断绝关系,必然结仇,就需移动大军至东部,与之角力,并其疆土,然后北伐。孙权手下贤才尚多,将相和睦,很难快速平定。大兵相持日久,得益者必然是国贼曹魏了。"

对于孙权的战略,诸葛亮看得清晰。孙权的战略主线,就是据长江天险,先守住自己的一亩三分地。当有余力,有隙可乘时再图谋扩张,拿下江淮,争夺天下。保持与孙权结盟,稳定东部,可牵制曹魏主力,更有利于蜀汉北伐。所以诸葛亮认为,孙权僭越之罪,也就算了。

陈震出使孙吴时,代表蜀汉与孙权规划未来灭掉曹魏后的领土分割:"豫、青、徐、幽属吴,兖、冀、并、凉属蜀。其司州之土,以函谷关为界。"[①] 这里提到的九州,加上益州、扬州、荆州、交州,正好是东汉十三州建制。有意思的是,东汉帝都洛阳,在函谷关以东,依据此划分方案,则洛阳属孙吴,明显与蜀汉"光复故都"的目标冲突。将洛阳划给孙吴,某种程度上也说明,在吴蜀关系上,孙吴一方占据了主动。

---

① (晋)陈寿:《三国志》卷三十九蜀书九,百衲本景宋绍熙刊本。

第二章 五手准备：打造安全的内外环境

分割领土的规划，不过是孙吴与蜀汉两国共同画了个大饼，目的是巩固联盟，所以怎么分、分多少，不过是一纸空谈，并不重要。重要的是，双方约定，勠力一心，同讨魏贼："若有害汉，则吴伐之；若有害吴，则汉伐之。各守分土，无相侵犯。"①

联盟之后，双方虽彼此警惕，但此后皆以曹魏为打击对象。在孙权统治江东的五十余年中，吴、魏之间先后交战十七次，其中曹魏主动进攻的有五次，孙吴主动出击的却有十次之多，另有两次是孙吴设计引诱曹魏来攻，其中又有六次是孙吴围攻合肥，孙权之后，更有诸葛恪对合肥的大规模攻击。黄龙元年（229），吴蜀盟约中，明确了彼此间有互相支援的军事义务。孙权多次出击，其中虽有配合蜀汉北伐的意图，但雷声大雨点小，未有什么战果。

在外部战略上，孙权机动灵活，如同一条泥鳅，时而称臣曹魏，时而结盟蜀汉，游动天下，挑动局面，寻找机会，狠狠咬下一口。在内部，孙权也是如此，不断发起一波波政治斗争，挑动一拨人斗另一拨人，在政治斗争中不断洗牌，以实现权力独尊。

孙吴内部存在不同的集团，主要是江北淮泗集团与江东大族集团。孙氏出自江东，但不是江东豪族，依靠淮泗地方势力支持，以武力起家。这批任侠无赖，后来成为孙吴军功集团核

---

① （晋）陈寿：《三国志》卷四十七吴书二，百衲本景宋绍熙刊本。

心，形成淮泗军功集团，其中人物如吴景、朱治、张昭、张纮、周瑜、吕范、程普、韩当、黄盖等。孙权时期也涌现出一大批江北豪杰，如步骘、鲁肃、徐盛、潘璋等，壮大了淮泗集团。孙吴时期，淮泗集团在孙吴核心权力层中，保持了绝对优势。

淮泗集团内部也存在着一定问题。在征战过程中，将领们各自招募部曲，各自统属，将领之下的部曲，又继续招募私兵，形成层级制的私人隶属关系。此种私人隶属关系，依靠亲情、友情、乡情维系，保持了凝聚力，也是孙吴集团战斗力所在。

孙吴集团内部，每个将领都在征战的过程中通过募兵、授兵或掳掠战俘、分检民人的方式扩大自己的部曲。由私人依附关系建立起来的部曲集团，在面临共同的威胁和目标时，会表现为"命运共同体"。[①] 这种命运共同体，基于共同利益，能爆发极大的战斗力，在与曹魏的争锋中，丝毫不落下风。

由此出现的问题是，兵为将有，形成私兵，部曲父死子继。出现世袭的将门，如步骘、步协、步阐三代人"袭业领兵"，皆为西陵都督。凌家三世领兵，凌统和他的儿子都在未成年时就开始领兵。孙吴名将韩当的儿子韩综，带领"部曲男女数千人奔魏"，投降曹休。曹魏授韩综为将军，封广阳侯。此后韩综数犯边境，杀害人民，令孙权切齿痛恨又头痛至极。内部的复

[①] 成祖明、张洪玮：《孙吴立国的结构性矛盾与文治化转型》，《南京大学学报（社会科学版）》2021年第6期。

杂情况，使孙权不得不采取制衡的方式加以控制，也是帝王心术了。

对实力强劲的军功集团，孙权借助江东大族加以打压。江东吴郡大族子弟张温享有盛名，连诸葛亮也对他赞赏有加。经张温推荐，同郡人暨艳担任选部尚书，负责审核人事。暨艳上任后，持续整肃军功集团，又将亲信安插进军队各个部门。就连丞相淮泗人孙邵也被逼得辞职请罪，最后孙权出面，令孙邵复职了事。

吴郡四大家"顾、陆、朱、张"之中，也不是全部支持暨艳如此作为。朱、陆两家都劝说暨艳，要宽厚容人，不要搞扩大化整肃，要把朋友搞得多多的，敌人少少的。至于江北淮泗集团，已是怨愤盈路，可能诱发军功集团的暴力反击。孙权果断出手，将暨艳杀掉，张温罢职为平民，平息此事。

江东大族集团，其代表如"顾、陆、朱、张"的吴郡四姓，"虞、魏、孔、谢"的会稽郡四姓，皆养有私兵，在地方上有强大影响力。在孙氏称霸江东的过程中，江东大族一直是强大阻力，遭到持续打击。原本江东大族一直被淮泗集团压制，至淮泗集团核心人物周瑜、鲁肃、吕蒙等去世后，陆逊迅速崛起，江东大族开始进入权力层，代表人物如陆逊、顾雍、朱据、潘濬等。夷陵之战后，陆逊身兼丞相、上大将军两职，权势显赫。

江东大族势力不断增长，引发孙权猜疑。在驾驭臣子上，孙权最爱玩弄的就是彼此牵制，彼此互斗。孙权担任车骑将军后，可以设置司马一人，可孙权一口气弄了三个。驻守各地的都督，他都要设置左右都督，互不统属，彼此牵制。淮泗集团出身的丞相孙邵病卒后，淮泗集团力荐张昭继任，但孙权选择了江东大族顾雍为相，也是为了牵制。

孙权试图通过培养代言人，使江东大族与淮泗集团进行激烈撕咬，除去统治集团内部可能出现的威胁。孙权一度通过出身淮泗集团的吕壹，对江东大族加以打压牵制。黄龙元年（229），孙权任命吕壹为校事官，通过审查文书等，发现官员政治经济问题，加以揭发。吕壹借此渐作威福，以各种手段构陷无辜，毁短大臣。吕壹乃是孙权推出来的"咬狗"，太子孙登虽再三陈述此人不妥，却不了了之。吕壹张狂时，群臣畏之侧目，却无可奈何。

对吕壹，孙权言听计从。吕壹诬告江夏太守刁嘉有诽谤罪，孙权就将刁嘉逮捕，但刁嘉坚持没有此事，虽遭酷刑也不松口，终被无罪释放。吕壹有股疯劲，咬人咬上了瘾，连咬江东集团的要人，如顾雍、陆逊、朱据、潘濬等。咬得急了，连淮泗集团的步骘、诸葛瑾等人，也被一起咬了。

虽然孙权不断挑起内部党争，但江东大族与淮泗集团并无大的利益之争，矛盾也不是不可调和。在面对外部威胁时，两派都能为了共同的利益，精诚团结，维护利益共同体。面对咬狗的追咬，两派更要携手打击。

潘濬原先在刘备阵营中，镇守荆州时与关羽不和，关羽被杀后，方才降了孙权，其表哥乃是在蜀汉主政的蒋琬。潘濬被咬得上火，计划宴请百官吃饭，在宴会上杀掉吕壹，吕壹得知后没敢赴宴。江东大族集团、淮泗集团联合反击，誓要除掉此患。潘濬每见孙权，都要痛陈吕壹之奸险，步骘上疏孙权，指责吕壹"吹毛求瑕，重案深诬，辄欲陷人以成威福"[①]。吕壹搞得火力太猛，孙权不得不收拾烂局，于赤乌元年（238）七月杀掉吕壹，引咎责躬，安抚统治集团内部。

在集团内部，孙权不断挑起斗争；在儿子中，围绕天子之位，他也不断挑起儿子们自相残杀。他培养长子孙登多年，似乎储君之位已明朗。可他又扶持二子孙虑，以其为镇军大将军、假节、开府、镇守半州，这是极大殊荣，对长子形成挑战。不想二子孙虑两年后去世，没有兄弟相残，这让孙权很是落寞。他很快推举出三子孙和，大加宠爱。长子孙登知道乃父之心，心中惴惴，常有让位之心，可乃父要的就是你们兄弟相争。赤乌四年（241），孙登病故，孙和胜出。

孙权不甘寂寞，继续玩弄手段，又推出四子孙霸来打擂台。二子共居宫中，不分品级，待遇、礼制相同，这是让二子公开竞争了。在太子孙和、鲁王孙霸之间，江东大族多支持孙和，淮泗集团多支持孙霸。孙权先是将陆逊逼得"愤恚致卒"，此后又打击陆逊之子陆抗。江东大族中的主要人物，或被流放交州，

---

① （晋）陈寿：《三国志》卷五十二吴书七，百衲本景宋绍熙刊本。

或被处死。不过过了几年，孙权的表演欲来了，又泪流满面地向陆抗认错忏悔。

血雨腥风中，最终鲁王孙霸被赐死，太子孙和被废，谁能说虎毒不食子？孙权"性多嫌忌，果于杀戮，既臻末年，弥以滋甚"①，对亲生儿子也是残酷无比。支持孙霸的淮泗集团主要人物却多安然无恙，这表明孙权对江东大族的提防之心更甚。淮泗集团的诸葛恪支持太子孙和，其子诸葛绰却依附鲁王孙霸。诸葛恪被孙权逼着毒死儿子诸葛绰后，才平安过关。

孙权时期，虽然持续挑起内斗，但仍能以其影响力操控全局。至孙权一死，孙吴的政治弊端显现——凝聚力缺乏，权臣当政，操控君主。至孙皓掌权后，又血腥杀戮，不断清洗，得罪了江东大族、军功集团。

后来西晋伐吴之战，王濬自蜀入吴，一路上兵不血刃，攻无不克，只因此时的江东大族、军功集团，都已放弃支持孙氏，转而投晋了。西晋陆机在《辨亡论》中，论及吴国为何灭亡时，不同意吴蜀唇齿相依、"蜀灭则吴亡"的说法。他认为以孙吴的"四州之地"，东负沧海，西阻险塞，足以自立，乃至争雄。之所以最后灭亡，乃是孙氏统治集团昏聩无能所致。

---

① （晋）陈寿：《三国志》卷四十七吴书二，百衲本景宋绍熙刊本。

诸葛成规：
宫府一体稳定内部

诸葛亮执政后，建立起一套政治运作模式，称为"诸葛成规"。在诸葛成规之下，相府权力独立于皇权之外，执掌国政军事。皇权并不过度干涉国事，而相权也无觊觎之心，乃中国传统社会中罕见的皇帝与士大夫共治天下（益州）之楷模。

建安十九年（214），刘备自领益州牧后，对益州原来的人马也加以任用。如董和、黄权、李严，原本是刘璋提拔起来的，吴壹、费观与刘璋有姻亲关系，彭羕、刘巴则是刘璋往日排斥嫉恨者，现在都被大用。吴壹之妹原是刘璋之兄刘瑁之妻，刘瑁病死后，其妹寡居。许多大臣劝刘备娶吴壹之妹，初始刘备以为刘瑁与自己是同族，有所顾虑。后经法正劝说后，刘备放下包袱，结了这门亲。

刘焉当初入益州时，地方豪强势力庞大，刘焉无法驾驭，便以入蜀时带来的属下为主，招募进入益州的南阳、三辅一带流民，编成数万人的"东州兵"，此即东州派的由来。蜀汉立国后，东州派以许靖、吴壹、法正、李严、孟达、董和、来敏等为主力人物，得到刘备青睐重用，成为蜀汉初期的主要军政力量。

东州派之外，尚有黄权、张裔、谯周等益州本土派，在益州影响力较大。以诸葛亮为首的荆州派，主力则有蒋琬、马良、费祎等人。最早追随刘备的一批人，如关羽、张飞、糜竺等，乃是元老派。

东州派势力最大，董和为掌军中郎将，与诸葛亮平起平坐。李严飞速崛起，担任犍为太守、兴业将军。法正青云直上，担任蜀郡太守后，往昔的些许仇怨，无不报复，擅杀数人。有人看不下去了，请诸葛亮提醒下刘备，抑其威福。诸葛亮苦笑道："主公昔日在公安，北畏曹公之强，东惮孙权之逼，近则惧孙夫人生变于肘腋之下。当斯之时，进退两难，法正辅佐主公，使得以展翅高飞。今日如何能抑制法正，使其不得快意恩仇？"[①] 诸葛亮对法正的快意恩仇也无可奈何。

虽然刘备加以招抚，可益州本土派对刘备集团还是比较

---

① （晋）陈寿：《三国志》卷三十七蜀书七，百衲本景宋绍熙刊本。

排斥。益州名士杜微，"及先主定蜀，（杜）微常称聋，闭门不出"①。益州本土派、美髯公张裕，早年与刘备围绕胡须有过口角之争，后来也被刘备任命为后部司马。建安二十三年（218），刘备想要争夺汉中，张裕认为："不可争汉中，军必不利。"刘备遣去攻打武都的吴兰、雷铜二将，果然全军覆没。张裕又私下对人说："主公刘备得益州，九年之后当失之。"②因为张裕精通图谶，颇有些影响力，让刘备很是警惕，再想起以前张裕讥讽自己下巴无须，一时怒火中烧，不顾诸葛亮劝说，将张裕下狱诛杀。

益州本土派的黄权，夷陵之战后投降了魏国，却得到刘备的原谅。刘备伐吴时，黄权劝告刘备，水军顺流而下，进易退难，故而请为先驱，刘备则在后方坐镇。刘备没听得进去，以黄权为镇北将军，督江北军，以防魏军。刘备在江南战败后，在江北的黄权成为一支孤师，进退不得，困守了一个多月后，不得不投降曹魏。黄权降了曹魏，妻儿是要被抓的，刘备却云："孤负黄权，权不负孤也。"待之如初。刘备厚待黄权家人，何尝不是安抚益州本土派？

刘备死后，蜀汉进入诸葛亮时代，如刘禅所云："政由葛

---

① （晋）陈寿:《三国志》卷四十一蜀书十一，百衲本景宋绍熙刊本。
② （晋）陈寿:《三国志》卷四十二蜀书十二，百衲本景宋绍熙刊本。

氏,祭则寡人。"[1]刘备并没有给诸葛亮留下太多遗产,诸葛亮自身也没有什么作战经验与战功。大概是不放心诸葛亮的军事水平,刘备在临终前还特意以李严主持军事,乃至成为对诸葛亮的羁绊。

后世描述的诸葛亮,被赋予太多的神圣光环,他的形象成为中国人数千年来的道德完人的象征。经过千余年不断加工后的诸葛亮,与真实的历史形象相去甚远。关于诸葛亮,后世学者有时又提出惊世骇俗的观点,如章太炎甚至认为关羽之死,是诸葛亮"借刀杀人"。他认为,在诸葛亮看来,关羽"功多而无罪状,除之则不足以厌人心,不除则易世所不能御"[2]。

毫无疑问,在权力场上锤打多年,最终成为蜀汉核心人物的诸葛亮,并不是单纯的道德家,并非不食人间烟火。他要实现光复汉室的目标,就要举兵北伐,在此之前需安定蜀汉内部。为了强调正统性,就必须对外作战,"以战立国"成为国策。要对外作战,就要树威于群臣百姓,峻法治国,加重征调;就要不断进行人事派系斗争,洗掉一批批文臣武将,首当其冲的便是李严、廖立、来敏等人。

刘备去世时,李严为尚书令、辅汉将军、中都护,统内外

---

[1] (晋)陈寿:《三国志》卷三十二蜀书二,百衲本景宋绍熙刊本。
[2] 章太炎:《章太炎全集》(三),上海:上海人民出版社1984年版,第83页。

军事,留镇永安,为丞相诸葛亮副手。李严此人素来性情孤傲,自视甚高,任犍为太守时,为了迁移郡治官邸,与郡功曹杨洪争执,最终杨洪辞职引退。没想到,此后杨洪得到诸葛亮的提拔重用,任为蜀郡都督,这也是借力打力了。

建兴二年(224),诸葛亮开府,领益州牧。

建兴三年(225),李严尚书令身份尚保留。刘备时期,尚书台总管政务,诸葛亮开府后,尚书台权力已被相府取代。中都护即护卫永安宫的禁卫,具有护卫皇帝的使命,李严本该在中枢守卫宫廷,此时却只能坐镇行宫永安宫。

建兴四年(226),李严转为前将军,调任江州都督,移屯江州(今重庆),兼领永安、江州两个督区。因为江州没有行宫,所以李严卸任中都护。江州地理位置重要,李严在此手握重兵,虽不能入中枢,但有军政实权,对此也无异议。李严之后,坐镇永安的永安都督,只作为军事要塞的长官,而不具备行政长官的身份,地位下降。在江州任上,李严扩张势力,与属下牙门将王冲发生冲突,王冲畏惧李严报复,叛逃降魏。

田余庆研究后认为,李严一度向诸葛亮提出,驻守永安的兵太少,申请扩军。诸葛亮则认为,永安之兵乃是精兵,如果嫌少,可以以江州兵增援。因为李严身份特殊,是刘备钦定的顾命大臣,诸葛亮也不好过度控制,只能让其在外领兵,还不断提高他的官爵乃至管辖区域。诸葛亮厚待李严,让群臣上下都满腹牢骚。

此期间二人关系融洽，诸葛亮致书李严称："吾与足下，相知久矣"[1]，乃至在信中谈及家财及"妾无副服"。诸葛亮后来说，早就知道李严有各种"小过"，却不加劝解，待以荣宠，示以亲密；亲密之中，隐藏暗防；荣宠背后，密布机心，至最后贬废李严。

建兴五年（227），诸葛亮以尚书陈震取代李严，担任尚书令。陈震曾对诸葛亮说，李严"腹中有鳞甲，乡党以为不可近"[2]，对李严意见颇大。所以，诸葛亮以陈震来制衡李严。正是这一年，诸葛亮秣马厉兵准备北伐时，李严趁机要挟，开出条件，要求以五郡组成巴州，由其担任巴州刺史，这等于划出蜀汉半壁江山交给他。诸葛亮如何能容，此后二人关系渐渐僵硬。

王芸生评论诸葛亮，认为"这个人甚有机心，是甚实际的人，义抑魏延、荣宠李严，都是深疑其人，故而为之阴抑或阳宠，都是机心的应用"[3]。建兴八年（230），诸葛亮以北伐名义，将李严从江州调离，再授予中都护之职，以示护卫相府，此时李严处于相府控制下，中都护成了虚职。

李严虽被诸葛亮压制，也是位高权重，得到重用。另一名被视为诸葛亮接班人的廖立，对此大为不满。建安十三年

---

[1]（三国）诸葛亮：《诸葛忠武侯文集》卷之一，清正谊堂全书本。
[2]（三国）诸葛亮：《诸葛忠武侯文集》卷之一，清正谊堂全书本。
[3] 王芸生等：《诸葛亮新论》，读者之友社1946年版，第5页。

(208),刘备自封荆州牧后,以廖立为从事,帮助自己处理公务。很快廖立就高升,调任长沙太守。廖立此时年不到三十,意气风发。孙权遣使通好诸葛亮,询问刘备集团中的人才时,诸葛亮云:"庞统、廖立,楚之良才,当赞兴世业者也。"①

　　建安二十年(215),孙权遣吕蒙突袭荆南三郡,廖立跑得快,从长沙一路逃去益州。廖立在外,不能抵抗孙权大军,刘备也没责怪他,反而任命他为巴郡太守。建安二十四年,刘备自立为汉中王,以廖立为侍中(秩比二千石),随侍左右,可谓刘备的嫡系亲信。刘备去世后,廖立护卫梓宫(棺椁),不知为何暴起杀人。

　　刘禅登基后,将廖立调任长水校尉,执掌宿卫兵,此调动乃是平调,且长水校尉职责重大。廖立本想以自己的才名,怎么也得是诸葛亮的副手,现在竟然连李严也不如,于是怏怏不快。蜀汉时期,几乎所有高级官员都加有"将军"称号。廖立以长水校尉,领将军。廖立愤愤不平,对诸葛亮抱怨道:"我何宜在诸将军中?当上表推荐入九卿,怎么能屈居五校呢。"②诸葛亮道:"九卿之职,李严也没得到呢,你就安心当五校吧。"刘

---

① (晋)陈寿:《三国志》卷四十蜀书十,百衲本景宋绍熙刊本。
② 五校指屯骑、步兵、越骑、长水、射声五校尉,均汉武帝置。

备时期，李严加辅汉将军、尚书令，此时尚未入九卿。[①] 建兴元年（223），在廖立发牢骚之后不久，李严才晋位为九卿，所任光禄勋，负责宫廷宿卫。

对诸葛亮的用人政策，廖立很是不满，某日遇到丞相府的蒋琬、李邵二人，就开始满嘴跑火车，先是吐槽刘备糊涂，去攻打孙吴，导致三郡失守。又责怪关羽当年作战无方，莽撞冒进，造成荆州失守。进而埋怨诸葛亮身边的幕僚都是俗人，不能经大事，又聚敛财物，使百姓疲敝，以至今日。这话传到诸葛亮耳中，不由大怒，写了奏章弹劾廖立妄自尊大、妄议朝政、诽谤先帝、祸乱朝纲。后有人说及国家将士训练有素、军纪严明时，廖立举头视屋，变色怒叱道："有什么值得称道的？"

诸葛亮南征在即，不想被人拉扯后腿，于是快刀斩乱麻，于建兴三年（225）春，以"不忠先帝"的罪名，将廖立废黜为平民，流放汶山郡，耕作为生。几十年后，姜维率领偏师过汶山，特意去看望廖立，此公在乡野劳作多年，却是意气丝毫不减，言谈自若。

廖立被打压后，接替他的是诸葛嫡系秦宓。此前刘备伐吴，秦宓大力反对，认为此战必无胜算，被关入狱中，释放后得到

[①] 东汉时以太尉（司马）、司徒、司空为三公。东汉时以太常、光禄勋、卫尉、太仆、廷尉、大鸿胪、宗正、大司农、少府为九卿，九卿为中二千石之官，多晋三公。

诸葛亮栽培。秦宓是益州广汉绵竹人，热衷占卜谶纬之类，其弟子谯周在天文学上也是颇有建树。建兴二年（224），诸葛亮领益州牧，大力提拔秦宓，一路升官，拜为左中郎将、长水校尉，执掌宫禁卫兵的一部分。

诸葛亮自己剖白："吾心如秤，不能为人作轻重。"[①] 为了北伐大局，诸葛亮不得不整肃一些要员，比如刘禅之师来敏。汉末大乱，来敏随其姊逃往荆州，姊夫黄琬乃益州牧刘璋祖母的侄子。刘璋遣人来迎黄琬之妻，来敏随同入蜀，成为刘璋座上宾。刘备定益州后，来敏被选为太子家令，教导太子刘禅。刘禅继位后，竟然以来敏为虎贲中郎将，执掌宫廷禁军。诸葛亮实在放心不下，于是在北征前夕以新人董允加以替代。

建兴五年（227），诸葛亮驻守汉中，准备北伐，调来敏担任军祭酒、辅军将军，却生出是非。在诸葛亮的描述中，来敏也属于满嘴跑火车的人物，弄得人人不快。来敏的职位被人取代，大为不满，发牢骚云："新人有何功德，而夺我荣资与之耶。诸人共憎我，何故如是？"这导致诸葛亮生出恶感，认为："来敏年老狂悖，生此怨言。"[②]

诸葛亮甚至认为，来敏大嘴带来的恶劣影响超过孔融，于是将之罢官。来敏是东宫旧臣，后来不断起复，因为牢骚太盛，

---

① （唐）吴兢：《贞观政要》卷第六，四部丛刊续编景明成化刻本。
② （三国）诸葛亮：《诸葛忠武侯文集》卷之一，清正谊堂全书本。

不断被罢职。来敏最大的优点是，活得足够长，堪为三国第一，活到了九十七岁。

诸葛北伐，成都空虚，最重要的武装力量就是禁军。诸葛亮挑选自己信任的董和之子董允执掌禁卫军，"领虎贲中郎将，统宿卫亲兵"。又以心腹向宠为中部督，统领宿卫亲兵。董允属于东宫一派，在官职上不属相府，却是诸葛亮所信任的人，能配合相府系统的工作。诸葛亮又以秦宓、杨洪等亲信执掌禁卫军各部，确保对宫廷乃至对成都的牢固控制。当诸葛亮领兵在外时，朝廷内外相安无事，上不生疑心，下不兴流言，内外一体。

如诸葛亮《出师表》所云："宫中府中，俱为一体，陟罚臧否，不宜异同。"建兴二年（224）诸葛亮开府，相府设有长史、司马、参军及诸曹椽属等。长史为相府诸官之首，品秩不高，但职权颇重。先后出任长史的有王连、向朗、张裔、杨仪、蒋琬，其中向朗、张裔同任长史，杨仪、蒋琬同任长史，这是因为诸葛亮领兵外出时，两名长史一留守成都，一随军参赞。

因为长史责权重大，关系国计民生，被官场所重视。廖立嫉妒长史王连，曾发牢骚，指责王连无能。王连却非无能之辈，曾一度劝阻诸葛亮不要冒险南征，诸葛亮由此推迟南征计划。王连去世后，诸葛亮方才南征，以向朗接任长史，留守后方。诸葛亮北伐时，向朗随军，张裔留守成都。张裔当年任益州太守时，曾被绑送给了孙吴，至双方修复关系后，被蜀汉索回。

建兴五年（227），诸葛亮北驻汉中，想以张裔为留府长史，驻守成都，询问杨洪意见。杨洪认为，张裔才能足以托付，但为人不公，不可专任，建议以向朗留守。杨洪、张裔原本是好友，当初张裔流放在孙吴时，杨洪至张裔儿子张郁任职处视察，因为小过失施加惩罚，丝毫不予照顾。待张裔回蜀后，深以为恨。

此时杨洪建议让向朗留守成都，以张裔随军，这让张裔更为不满。为此诸葛亮特意劝和，说杨洪并无私怨，一切出于公心，最终还是以张裔留守。张裔留守，大权在握，某次北上向诸葛亮述职时，沿途送行者车塞于途，昼夜接宾，不得宁息。风光无限时，张裔还矫情地发牢骚："疲倦欲死。"

经由诸葛成规，克服了一系列政治弊端。

东汉末年的政治问题，大体是因为宦官、外戚弄权，对此诸葛亮洞悉于胸。就皇帝而言，皇权必须紧握在手，哪里肯与官僚集团分享，可皇帝又必须依赖官僚集团帮助自己治理国家。于是，为了制约官僚集团，皇帝开始寻求支持。可以想见，皇室宗亲大抵是不能用的，因为这是最为野心勃勃的一批人。历史上，皇室自家对权力的争夺厮杀屡屡上演，故而历代皇帝对宗亲防范最紧。

皇帝一度也曾重用外戚集团，希望他们协助治理国家，保障皇权大一统。外戚不是皇室正统，但又是皇帝最亲近之人，自然可以大用。在皇帝看来，外戚构不成威胁。可权力却是腐蚀剂，外戚沾染之后，也会腐化，更威胁皇权。环顾四周，皇帝发现，自己所能重用的只有宦官。宦官常年陪伴在皇帝身边，乃是皇帝最为心腹之人；加之宦官生理上被阉割，没了子嗣，地位又低贱，无法威胁江山，这让皇帝很是安心。从维护皇权的角度而言，宦官哪怕贪财，也没什么，就当是皇帝补偿下忠实仆人。后世史家认为东汉国事，坏于桓、灵二朝。桓、灵朝政的混乱，初为外戚弄权，后又为宦官专权，导致政局崩坏，最终无可收拾。

诸葛亮阐述了他所理解的君臣关系："君以礼使臣，臣以忠事君。"[①] 君主待臣子以礼，臣子则以忠诚回报君主，君主勤于政事，臣子勤于辅政，配合无间，各司其职，如此便可实现国泰民安。在诸葛亮的政治设计中，君主的定位是"礼"，即作为象征性的存在，大事则托付给忠臣。诸葛亮开丞相府后，军政统一，归于相府，又以相府班底执掌宫廷禁军力量，这便是宫府一体。经由宫府一体，也避免了宦官、外戚弄权，使相府权柄独尊。刘禅在皇宫中当他的甩手掌柜，诸葛亮则整合社会资源，全力北伐，而不被内部的官僚事务所纠缠。

诸葛成规的形成与运作，依赖于诸葛亮的巨大威望与高尚人格。故而大权旁落于相府，刘禅却丝毫不忧；军政均由诸葛亮一手厘定，刘禅也信之不疑。这套体系的运作，需要皇帝与

---

① （三国）诸葛亮：《便宜十六策》，清刻诸葛武侯全书本。

相权之间信任无间,更需皇帝能够放权,为相者没有野心。纵观中国历史,肯放权的皇帝无几,无野心的臣子罕见,诸葛成规堪为独一份了。诸葛亮死后,他所建立的成规,依然能得到维系,历经蒋琬、费祎,之后随着老臣故去,成规褪色,蜀汉内部,生出各种变动,埋下了覆灭的种子。

强兵利器：
无当飞军诸葛连弩

弩，是古老的致命武器。先秦时期，各国争雄，大量装备弩，如《荀子》载："操十二石之弩，负服矢五十个"[1]。连弩，也很早就出现了，《六韬》中记录了"绞车连弩"。秦始皇至莱州芝罘岛时，以连弩射海中巨鱼。西晋时，镇南将军刘弘参观了诸葛亮故宅，看到了诸葛亮的各类发明创造，其中即有"神弩之功，一何精妙"[2]。

诸葛连弩、无当飞军，是诸葛亮北伐的武力所赖。

---

[1] （战国）荀况:《荀子》卷十，清抱经堂丛书本。
[2] （晋）陈寿:《三国志》卷三十五蜀书五，百衲本景宋绍熙刊本。

建兴六年（228），诸葛亮在二次北伐前，上《后出师表》，谈及此前北伐中遭到的损失。除了丧失良将外，更有精兵战死："突将、无前、賨（cóng）、叟、青羌、散骑、武骑一千余人，此皆数十年之内，所纠合四方之精锐，非一州之所有；若复数年，则损三分之二也，当何以图敌。"①

诸葛亮此处所说的便是蜀汉花费心血、精心打造的精锐骑兵将士。其中的"賨"，乃是賨人。賨人居住在今嘉陵江上游和渠江流域，以狩猎为主。賨人在战国时称"板楯蛮"，以木板为盾牌，故而得名。盾牌又称彭排，诸葛亮军令中有："帐下及右阵，各持彭排。"②

板楯蛮剽悍勇猛，骁勇善战，堪称天生的战士。秦惠文王更元十一年（前314），秦国西平巴蜀，板楯蛮助战，战后得到每人每岁只缴纳贡赋钱四十的优惠待遇，获得此种待遇的称"賨人"。秦昭襄王时期，賨人帮忙平定"白虎之患"③，被减免部分租赋，又称"白虎复夷"。

刘邦封为汉王时，统治巴蜀、汉中地区。阆中人范目知道刘邦要争夺天下，于是招募賨人助战。后賨人随刘邦出兵，争夺天下，其中许多迁居关中、甘肃、陕南及江汉流域者。关中

---

① （三国）诸葛亮：《诸葛忠武侯文集》卷之一，清正谊堂全书本。
② （宋）李昉：《太平御览》卷第三百五十七兵部八十八，四部丛刊三编景宋本。
③ 一说指以白虎为图腾的廪君巴人，反抗秦人统治。

既定,刘邦封范目为阆中慈凫乡侯,并免除所募七姓賨民租赋。[①]賨人剽勇,又善歌舞,刘邦特意令乐府学习,称"巴渝舞"。

在东汉时期,賨人善战,时常被调动协助汉军作战。如永初中期,羌人深入汉川,所向披靡,郡县遭到破坏,民众遭到屠戮。至板楯蛮出兵后,羌人死败殆尽,畏惧不已,称之为"神兵"。此后羌人畏忌賨人,再也不敢南下骚扰。延熹五年(162),车骑将军冯绲南征武陵,调板楯蛮助战,大获全胜。

东汉后期,政局不稳,朝廷横征暴敛,各地多有起义反抗,賨人也起兵抗拒。桓帝之世,板楯蛮举兵,蜀郡太守赵温以恩信对其进行镇抚。灵帝光和二年(179),巴郡板楯蛮复叛,劫掠三蜀及汉中诸郡。中平五年(188),巴郡爆发黄巾起义,板楯蛮乘机举兵,劫掠城邑。

建安六年(201),刘璋改永宁为巴郡、固陵为巴东郡、巴郡为巴西郡,合称"三巴"。巴西太守庞羲认为天下扰乱,郡中应有强大武力震慑,于是招募賨人为部曲,此举引起刘璋警惕,以为有所图谋。賨人多信奉五斗米道,亲近汉中张鲁,是张鲁的强大武力后盾。张鲁被曹操击败后,一度躲入巴中,寻求賨人庇护。张鲁选择投降曹操后,有一批賨人随同北迁,分散在

[①] (晋)常璩:《华阳国志》卷第一,四部丛刊景明钞本。

各地。①

建安二十年（215），张郃自汉中进军巴西郡宕渠县之蒙头、荡石，想要迁徙賨人，充实军力，被张飞击败。张飞收复三巴后，早先投降曹操的賨人领袖，转而投了刘备，是为"归义"之举。鉴于三巴多事，刘备在建安二十一年，分巴西郡，置宕渠郡，辖宕渠、宣汉（今达州）、汉昌（今巴中）三县。刘备又颁发"汉归义賨邑侯"金印，安抚招徕賨人。

賨人善战，自然被蜀汉格外重视，招募为兵，成为精锐。至于文中诸葛亮所云的"突将"，指突骑，纵横驰骋，冲锋决荡。诸葛亮南征之后，将所控制地区的强悍部落征募从军。《南中志》记载："移南中劲卒青羌万余家于蜀，为五部，所当无前，号为飞军。"② 所当无前，即不可抵挡。突将、无前，均是骑兵所向无前之意。

诸葛亮南征之后，一度"赋出叟、濮"③。由于负担过重，越巂郡的叟人多次反叛。诸葛亮所说的"叟"，是南中各部兵的统称，不是某部的特称。汉至六朝时，有蜀叟、氐叟、青叟、越

---

① 归附曹操的賨人中，有一人名李虎，率五百余家归之，被迁至略阳，与氐羌部落杂处，后人误称为"巴氐"。李虎后人李特，率流民入蜀，在成都割据称帝，史称"成汉"。
② （唐）骆宾王：《骆临海集笺注》卷十，清咸丰刻本。
③ （南宋）萧常：《续后汉书》卷第十五列传第十一，清文渊阁四库全书本。

㦬叟、苏祁叟、斯叟、牦牛叟等称谓，乃至信奉五斗米道的賨人，被称为五斗叟。

南中各部所出精兵，有时称"叟兵"。早在兴平元年（194），马腾、刘范谋诛李傕，益州牧刘焉遣叟兵五千人助之。刘璋曾将三百"叟兵"献给曹操。在蜀汉军中，也有由斯叟组成的部队。斯叟首领称"夷帅""叟帅"，其丁壮称"斯儿"。斯，通"徙"，即迁徙来的部落。"叟兵之名虽同，自其来源察之，则或为青羌，或为賨人，或为夷人，或为胡羌，其族类固不同也。"①

至于越巂牦牛羌，有时也称牦牛叟，常被与邻郡汉嘉郡的青衣羌相混淆。《后出师表》中所言的青羌，实际上就是越巂牦牛羌。

羌人是古老的民族，在甲骨卜辞中就有"羌"字，由羊、人两部分构成。商人不时对羌人发动战争，留下的"伐羌"记录颇多。有时羌人也主动攻击，"羌其侵于东"。羌人乃是商人的主要敌手，武丁伐羌，动员了一万三千人。"辛巳卜，贞。登妇好三千，登旅万，乎伐羌。"②商羌之战也被诗歌传颂，《诗经》云："昔有成汤，自彼氐羌，莫敢不来享，莫敢不来王。"

在商以后的历史中，受战争、气候等影响，羌人不断迁徙。

---

① 蒙默：《说"叟"》，《思想战线》1992年第2期。
② ［美］方法敛：《库方二氏所藏甲骨卜辞》第310片，白瑞华校，商务印书馆石印摹本1935年。

至两汉，羌人分散在今河湟、新疆、西藏、西南等地。《后汉书》记载，西羌分散南中各地，主要有越嶲牦牛羌、广汉白马羌、武都参狼羌。青羌，即青衣羌，居住青衣水（今青衣江）流域，不属南中，而属沈黎郡。

东汉时期，沈黎郡领有笮都、青衣、牦牛、徙、严道五县。天汉四年（前97），因沈黎郡并入蜀郡，置蜀郡西部都尉二人，一居牦牛，主管各部；一居青衣，主管汉人。因为青衣羌王子仰慕汉制，请求归附，汉顺帝阳嘉二年（133），改郡名为汉嘉，意思是"嘉得良臣"。汉嘉郡中，青衣羌与牦牛羌杂处，让人产生混淆，乃至外人将邻近越嶲郡的牦牛羌，也误会为青衣羌。汉嘉地方上的牦牛羌很是骁勇，甚至截断汉嘉至成都的道路百余年。

羌人骁勇绝伦，以战死为吉利，病死为不祥，乃天生战士，常被征调从军。早期蜀郡豪强贾龙作乱，刘焉就出动"青羌兵"迅速平叛，也是借助羌人之力了。诸葛亮调南中劲卒青羌万余家分散驻守在蜀地，分为五部，每两千家为一部，设都尉一人管理。蜀汉名将王平曾统领牦牛羌的五部飞军。朱提大姓孟琰，统领五部之一，后来参加了北伐之战。

五部飞军，以越嶲地区民众为主力。越嶲地区产马，后世称"建昌马""滇池驹"，为山地良种马，善于登山越岭，在出祁山的征途中也是特别适合。蜀汉所控制的地区，賨人、羌人善战，尤其精通马术，加上刘备集团原先的骑兵底子，组成了无当飞军。不过诸葛亮手中的骑兵数量很少，比较金贵，主要用作护卫侧翼及侦察。诸葛亮的布阵，以步兵阵为主，骑兵为辅，且不得远离步兵阵，主要用作两侧护卫。诸葛亮有令，当见敌大部时，便可以将骑兵遣出，进行侦察。因为骑兵较少，故而装备较好，诸葛亮曾经下令："作部作匕首五百枚，以给骑士。"[1]

与曹魏相比，蜀汉人力不足，兵源有限，在出祁山的过程中，交战地域多为山地峡谷，崎岖不平。而弓弩在山地峡谷地形之中，可以发挥其优势，备受诸葛亮重视。诸葛亮在《将苑·战道》说："谷战之道，巧于设伏，利以勇斗，轻足之士凌其高，必死之士殿其后，列强弩而冲之，持短兵而继之。"[2]

在今日各个旅游区常见的一种木制玩具，也被冠以"诸葛弩"之名，这与诸葛亮在军中所推行的连弩大为不同。诸葛亮当日改进连弩，称作元戎，"以铁为矢，矢长八寸，一弩十矢俱发"[3]。一般矢长在二尺至四尺左右，此连弩箭矢长度为八寸，合今日不到二十厘米。虽然长度缩短，但以铁为矢，重量增加，在短距离内能发挥威力。而北伐作战的地形，多在高山深谷，依山附涧之处，通过近距离内快速发射，能够形成打击优势。

---

[1] （三国）诸葛亮：《诸葛忠武侯文集》卷之一，清正谊堂全书本。
[2] （三国）诸葛亮：《诸葛忠武侯文集》卷之二，清正谊堂全书本。
[3] （三国）诸葛亮：《诸葛忠武侯文集》卷之三，清正谊堂全书本。

拿下南中，对于蜀汉政权的军事物资也有极大帮助。南中地区富饶的矿产资源，使蜀汉军队能够打造精良的武器。留府长史张裔就曾担任过司金中郎将，负责制作兵器与农器。崇宁县西六里有铁钻山，诸葛亮曾在此铸造军器。蜀汉对南中资源的掠夺，带有残酷的暴力色彩。定莋（今四川盐源县）盐铁资源丰富，越嶲郡太守张嶷率兵强行夺取，当地部落首领稍有不满，即鞭挞致死。

诸葛亮在《作刚铠教》中说："敕作部皆作五折刚铠。十折矛以给之。"[1]蜀汉军中大量装备各类铁制武器，如铁刀、铁箭镞、铁蒺藜等。铁匠郭达曾一夜造箭三千支，蒲元则造出削铁如泥的钢刀三千口。蜀汉武器制造业走上规范，1964年3月，在四川省郫县太平公社的一座晋墓中，出土了一件蜀汉铜弩机实物。铜弩机上刻有铭文："景耀四年（261）二月卅日，中作部左兴业刘纪业、吏陈深、工杨安作十石机，重三斤十二两。"[2]由弩机铭文可知，弩的制作已开始规范化。

连弩的使用，需要力量技巧，诸葛亮在《教令》中说"长者持弓弩"，也就是个子高的人持弓弩。为了训练弩手，诸葛亮从涪陵郡征调人员，训练连弩士。涪陵郡东接巴东，南接武陵，西接牂牁，北接巴郡。土地山险水恶，人多戆勇。此地男丁当

---

[1] （三国）诸葛亮：《诸葛忠武侯文集》卷之一，清正谊堂全书本。
[2] 沈仲常：《蜀汉铜弩机》，《文物》1976年第4期。

时被视为优质兵员，汉时赤甲军常从这里征募兵丁。诸葛亮北伐之前正是在这里征发劲卒三千人，训练为连弩士，移家至汉中，预备出征。连弩之外，蜀汉还有"侧竹弓弩"，很受吴国喜爱。交州之战时，有蜀人被俘至吴国，号称能制作此弓弩，吴主孙皓便将这人转为弓工。蜀汉在武器上加以革新，不只是诸葛亮一个人的智慧，更有一批技术人才参与其中。如蜀汉官员李撰，博好技艺，算术、卜数、医药、弓弩、机械等样样精通。

有了劲旅强兵和精良武器，诸葛亮北伐所缺的，就是钱财与米粮了。

财源何来：
军中之需全借于锦

大规模战争的前提是，必须有雄厚的经济实力加以支撑。战争一旦展开，便如同吞金兽一般，疯狂吞噬一国的资源、人力、物力等。诸葛亮执政后，虽是一手烂牌，但他找出了几条开拓财源的道路，使手中有牌可打，以所汲取的各类资源来支撑战争。诸葛亮的做法，一是盐铁国家专营，二是大力发展蜀锦生产，三是利用铜矿铸造货币。

要开拓财源，充盈国库，就要保证政权对经济领域的牢固控制，这就需要改变早先刘焉、刘璋时期相对宽松的经济政策。刘备打着宗室之后的大旗，实是真假难辨。刘焉却是正宗刘姓宗室之后，刘焉、刘璋父子统治益州时期，施行宽仁的政策，让民间休养生息。在东汉末年的乱局中，益州局势相对稳定，户口达到百万。由于蜀地富足，导致时俗奢侈。刘璋请刘备入蜀时，"以米二十万斛、骑千匹、车千乘、缯絮锦帛，以资送刘备"①，足见蜀地之富。

诸葛亮却认为，在刘焉、刘璋治下，益州长期德不举、刑不肃，上下无序，各行其是。至刘备占据益州后，一改往日宽容之政，严刑峻法，加强统治秩序，树立政权威信。诸葛亮、法正、刘巴、李严等人共同制定了《蜀科》法典，规定了"八务、七戒、六恐、五惧"等。在诸葛亮铁腕治理下，刑罚峻急，上下震恐，其所期待的目标是，威之以法，法行则知恩；限之以爵，爵加则知荣；荣恩并济，上下有节。通过严格的社会控制，将整个社会的资源纳入权力控制中，以服务蜀汉的国家大业——北伐。

就诸葛亮铁腕治蜀与持续北伐，后世颇多议论，有臧有否。西晋初年，扶风王司马骏（司马懿第七子）镇守关中，与属下们谈论诸葛亮，论者多认为诸葛亮北伐自不量力，使蜀民劳苦。金城人郭冲不以为然，认为诸葛亮权智英略，不能以成败论英雄。

郭冲又讲了诸葛亮五件事。其中一事，涉及诸葛亮严刑峻法过于刻剥，导致蜀汉上下全都怨叹不满。为此法正一度劝告

---

① （晋）陈寿：《三国志》卷三十一蜀书一，百衲本景宋绍熙刊本。

诸葛亮，刘备政权是"客"，益州本土势力是"主"，应当行宽容之治，与民休息："愿缓刑弛禁，以慰其望。"[1]

诸葛亮对此不以为然，认为刘焉、刘璋父子在社会治理上过于软弱，导致百弊丛生、民强国弱。通过一系列政治运动，诸葛亮对社会领域加强控制，增强政权对整个社会资源的汲取、掠夺能力，获得更多资源，供给军事，以助北伐成功，圆大国之梦。诸葛亮治国严苛，自身也是严格要求，公正不阿，赏罚分明，故而后世虽议论其治国手段严酷，对其人品却无争议，甚至视为完人形象。

自汉代实现盐铁专卖后，盐铁业历来被视为王朝禁脔，施以国家专卖。西汉所施行的盐铁专卖，在东汉和帝时发生改变，"罢盐铁之禁，纵民煮铸"[2]，遂使地方豪强得以介入盐铁贸易，获得暴利。蜀地盛产盐铁，地方豪强势力庞大，哪会放过盐铁这块肥肉。蜀郡广都县大豪强冯氏"有鱼池、盐井"，巴郡临江县"其豪门亦家有盐井"[3]。

至刘备入蜀后，重新施行盐铁政府专卖，设司盐校尉（盐府校尉），对盐铁加以专营。首任司盐校尉为王连，此后的历任司盐校尉都出任高官，"若吕乂、杜祺、刘干等，终皆至大官"[4]，

---

[1] （三国）诸葛亮:《诸葛忠武侯文集》卷之二，清正谊堂全书本。
[2] （南北朝）范晔:《后汉书》卷四，百衲本景宋绍熙刻本。
[3] （晋）常璩:《华阳国志》卷第一，四部丛刊景明钞本。
[4] （晋）陈寿:《三国志》卷四十一蜀书十一，百衲本景宋绍熙刊本。

可见此职位的重要性。

蜀地所产蜀锦,巧夺天工,一直是蜀地对外贸易的大宗商品。通过古丝绸之路,蜀锦很早就对外出口。张骞出使月氏,在西域古国大夏,就看到由蜀地出口的蜀布、邛杖。当代巴蜀地区,考古发现颇多具有胡人特征的人俑,具有深目高鼻、戴尖帽、束腰带、穿长靴、左衽等特征,也是丝绸之路来往密切的证据。

蜀汉时期,诸葛亮设锦官,通过蜀锦生产获得财利。诸葛亮甚至自己带头,在自家十五顷薄田上植"桑八百株"作为示范。《蜀都赋》描述了蜀锦的生产场面:"技巧之家,百室离房,机杼相和",可知在官方的鼓励之下,民间普遍从事蜀锦生产。成都贸易发达,出现了"列隧百重,罗肆巨千。贿货山积,纤丽星繁"的繁荣景象,这堆积如山的货物,自然就是蜀锦了。蜀锦生产量大幅提高,当蜀汉亡国时,库存尚有"锦绮彩绢各二十万匹"[1]。

蜀锦不但在西南地区畅销,也被销往北方,乃至更远地区,换取战马及其他物资。蜀锦也被用来与盟友吴国、敌国曹魏展开贸易,南朝山谦之《丹阳记》云"三国时魏则市于蜀,而吴亦资西道"。虽是敌国,蜀汉对曹魏也有蜀锦出口,不过品质并不稳定,至洛阳的品质都很一般。魏文帝曹丕曾经发过牢骚:

---

[1] (晋)陈寿:《三国志》卷三十三蜀书三,百衲本景宋绍熙刊本。

"前后每得蜀锦，殊不相似。"① 蜀地民间生产锦帛，并不是统一组织，故而存在质量差异，所以曹丕因为每次所得蜀锦质量不同而屡发牢骚。

蜀锦是当时的硬通货，常被皇帝用作国礼。曹操去世后，刘备策划进攻孙吴，特意遣韩冉前去给曹操吊丧，并献上蜀锦，缓和与曹魏关系。至孙吴、蜀汉关系恢复后，孙吴遣张温出使蜀汉，刘禅送给张温"熟帛五端"。对于蜀汉内部的亲信大臣，自然也有大量蜀锦赐下。诸葛亮生活简朴，不希望有过多蜀锦赏赐，曾对刘禅表示："若臣死之日，不使内有余帛，外有赢财。"②

蜀锦类物资也被随军携带，作为国家结算手段，用来犒劳将士。第一次北伐后，赵云率军有序撤退，损失不大，并保存了大量物资，其中就有锦帛之类。对赵云军中的大量物资，诸葛亮一度想要分赐将士，提振士气。赵云则认为，打了败仗，没有赏赐的理由。还是纳入府库，留待日后赏赐吧。诸葛亮深以为然。

蜀锦乃是蜀汉的战略物资，诸葛亮云："今民贫国虚，决敌之资，惟仰锦耳。"③ 蜀锦的功能不但是贸易、赏赐，更充当了货

---

① （唐）白居易：《白氏六帖事类集30卷》卷二，民国景宋本。
② （三国）诸葛亮：《诸葛忠武侯文集》卷之一，清正谊堂全书本。
③ （宋）李昉：《太平御览》卷第八百一十五布帛部二，四部丛刊三编景宋本。

币支付功能。"蜀汉政府为了从民间收购财物,临时增铸了已经被民间广泛接受的钱,而蜀汉政权运作所需的基本国家性结算手段仍然是布帛和谷物。"① 蜀汉政府从民间收购锦帛,用于国家支付及对外贸易,增强国家财力。

蜀锦之外,蜀国利用丰富的铜矿资源铸造铜钱,在当时影响颇大。两汉时期形成的货币经济,毁于董卓之手。汉献帝初平元年(190),董卓熔毁五铢钱,另铸小钱。董卓所铸小钱劣质且泛滥成灾,导致严重通货膨胀,谷一斛疯涨到钱五十万。于是两汉构建的货币经济被彻底破坏,民间退回到用谷帛进行实物交换状态。

建安十三年(208),曹操废小钱,复行五铢钱,但民间通行谷帛已久,排斥官方所铸五铢钱,不得不作罢。曹魏黄初二年(221),魏文帝曹丕再度尝试恢复五铢钱,推行了十个月就撤销,使百姓继续以谷帛交易,继续物物交换。曹魏两次货币改革都告失败,与其铜矿缺乏不无关系。至魏明帝曹叡时期,民间将谷子浇湿,将绢制薄,以求获利,虽处以严刑而不能禁,无奈之下,重新发行五铢钱。

因为缺钱,所以曹魏政权给大臣的赐钱较少。建安末期毛玠卒,曹操赐"棺器钱帛"。景初二年(238),魏明帝曹叡赐满

---

① [日]柿沼阳平:《蜀汉的军事最优先型经济体系》,《史学月刊》2012年第9期。

宠钱二十万。嘉平六年（254），曹魏表彰清节之士，赐徐邈谷二千斛、钱三十万。在曹魏政权的赏赐中，锦、谷所占比例极高，钱较少。比较起来，刘备入成都后，赐给诸葛亮、法正、张飞及关羽钱五千万。孙权一次就赐给吕蒙钱一亿。

五铢钱是两汉的象征。蜀汉政权铸造五铢钱，被视为恢复汉室的功绩，"势分三足鼎，业复五铢钱"。蜀汉地区铜矿资源丰富，《史记》载"巴蜀亦沃野，地饶卮、姜、丹沙、石、铜、铁、竹、木之器"。汉文帝时期，就派邓通在蜀严道铜山铸钱，也称"邓氏钱"。后世以刘备取帐钩铜铸钱为例，说明蜀地缺铜，可这是刘备博取人心之举，并不是蜀地缺铜的证据。

蜀汉时期，所铸钱币存世者有直百五铢、直一、直百、太平百钱、定平一百等。至于后世所云，蜀汉滥发货币，导致通货膨胀，忽视了蜀汉的硬通货——蜀锦。有充足的蜀锦作为支撑，发行的直百五铢之类，并不会过度冲击市场。后世据出土的蜀汉钱币，也可以一窥蜀汉的经济状况。诸葛亮执政时期，虽然数次北伐给蜀汉经济背上了沉重的负担，但还不至于使蜀汉经济走向彻底溃败。在这一阶段，蜀汉所铸，以"直百五铢"为主，也有制作比较精良的"太平百钱"[①]。

有了帛、有了钱，那么诸葛亮如何解决粮食问题？

---

① 安剑华：《蜀汉钱币探微——以武侯祠馆藏蜀汉钱币为例》，《成都大学学报（社科版）》2005年第6期。

一是屯田搞生产，二是进行贸易交换。

东汉末期，受战乱及大疫冲击，人口锐减，"是时天下户口减耗，十裁一在"[1]。田地荒芜，粮价暴涨。董卓之乱时，谷每石涨至五十余万钱，其价惊人。曹操破黄巾后，想要经略四方，苦于粮食不足。曹操认识到："夫定国之术，在于足兵足食。"所以争霸之时，曹操忙于吸纳人口，进行屯田。

建安元年（196），曹操在许昌招募流民屯田，当年即获得丰收，"得谷物百万斛"。曹操将屯田上升为国家战略，此后不断推广屯田。曹操屯田的根据地之一，乃是江淮，这里是曹操国力核心所在。合肥地处长江、淮河之间，位于巢湖西北岸，淝河之水川流而过，战略位置重要。曹操守住合肥，就可以在江淮进行大规模屯田，吸纳人力，发展经济。曹操在江淮屯田，将经济中心从中原扩张到江淮。因江淮地区的发展，曹操集团充实了人口与经济实力，在三国争霸之中拥有绝对的国力优势。

正始二年（241），司马懿采纳邓艾建议，在淮河南北广开漕渠屯田，此后"每东南有事，大军兴众，泛舟而下，达于江淮，资食有储而无水害"[2]。曹魏大规模屯田，天下仓廪充实，百姓殷足，乃至出现了谷贱的现象。曹操能统一北方、巩固统治，最后晋室一统天下的关键，就是屯田。

---

[1] （晋）陈寿：《三国志》卷八魏书八，百衲本景宋绍熙刊本。
[2] （晋）陈寿：《三国志》卷二十八魏书二十八，百衲本景宋绍熙刊本。

孙权一方面争夺合肥，以取得江淮；另一方面在江东征服山越，掠夺人口，增强国力。今南方江苏、安徽、浙江、江西、福建等地山区，秦汉时期一直居住着"椎髻鸟语"的山越人。山越人"依阻山险，不纳王租"，聚集起来抗拒官方征派。对被征服的山越，孙权采取"强者为兵，羸者补户"，即将强壮的男人编入军队，对老弱、女人编为自耕农。建安八年（203），陆逊入孙权幕府时，曾任海昌屯田都尉（今浙江海宁盐官镇），主管农业工作。黄武五年（226），陆逊以所在地方粮食匮乏，上表请令诸将屯田。孙权认为此举甚善，由此开始屯田。青龙三年（231）春，孙权遣兵数千家，至江北屯田。

刘备治蜀时期，忙于征战，无暇屯田。刘备死后，蜀汉国力较弱，故而暂时偃旗息鼓，闭关劝农。诸葛亮与杜微分析后认为，曹丕登基后事务繁多，无暇顾及蜀国。蜀汉利用此段时间，闭境勤农，育养民物，等国力恢复之后，等待机会，进行北伐。

为解决粮食问题，诸葛亮推行"游户自实"，把流离失所的"游户"，安置在土地上耕作。成都附近的荒地，被分给无地民众，"令安居复业，然后可供役调"①，又移民二万人，充实汉中。在南征之后，诸葛亮推行"移民耕种"，将山林夷民，徙居到平地，命人教导耕作技术，耕务农桑。在农业设施上，都江堰影

---

① （晋）陈寿：《三国志》卷三十六蜀书六，百衲本景宋绍熙刊本。

响着成都平原的农业收成，诸葛亮认为，都江堰是农本，是蜀汉农业发展最重要的倚仗，专门调配了一千二百人的队伍进行守卫。

在出兵南中后，诸葛亮虽然说过"不留兵，不运粮"，但在南中还是驻有部队。诸葛亮南征时，庲降都督李恢领军作战，战后留守南中，庲降都督麾下便有一定规模军队。之所以不需要运粮，是依靠军屯供给，"以分兵屯田，为久驻之基"。

建宁郡味县一带，在雍闿乱后，荒芜土地颇多，李恢在此军屯，被称为"屯下"。此外还迁徙民众过来作为农户进行屯田，如迁永昌郡"濮民数千，落于云南、建宁界，以实二郡"[①]。濮民，乃西南地区的部落之一。李恢开发南中，推广生产，得到各部民众拥戴。建兴九年（231），李恢去世，各部流涕尽哀，为之立庙祠祭。

屯田之外，蜀汉也以本国的特产蜀锦、铸币、马匹等，对外换取粮食。

蜀汉政权虽然闭境劝农，鼓励生产，但粮食短缺一直是大问题。诸葛亮特意颁布禁酒令以节约粮食。对酿酒者严惩，凡酿酒者处以刑罚，家有酿酒器具者"与作酒者同罚"[②]。虽然蜀汉也推广屯田，但相对缺乏屯田的优良土地。曹魏在江淮平原

---

① （晋）常璩：《华阳国志》卷第四，四部丛刊景明钞本。
② （晋）陈寿：《三国志》卷三十八蜀书八，百衲本景宋绍熙刊本。

大规模屯田，解决了粮食问题。孙吴所控制区域，如太湖平原、江汉平原，都有适合屯田的肥沃土地。在屯田的规模和数量上，魏国最大最多，吴国次之，蜀国又次之。曹丕敢停行五铢钱，以谷帛为币，底气正是屯田的收获。

蜀汉拥有蜀锦、铜钱，缺的是粮食。陈寿推崇诸葛亮，却从来没有说过在诸葛亮治下，蜀汉粮食丰足。至于后世引用的"亮之治蜀，田畴辟、仓廪实"[①]，乃是西晋袁准所云。袁准是诸葛亮的狂热崇拜者，此说并不足信。

曹魏粮食多，但曹魏是敌国，自然不可能大量卖粮给蜀汉。蜀汉进行粮食交易的对象，只能是盟友孙吴。而孙吴所缺，正是钱帛。孙吴嘉禾五年（236），孙权仿王莽钱大泉五十，铸当五百大泉（钱）。

赤乌元年（238），孙权又铸造当千大泉（钱），乃至大泉二千、大泉五千。由滥造大钱，引发了严重的通货膨胀，赤乌九年，孙权不得不废掉大钱。孙权之所以搞出各类币值的大钱，是因为孙吴没有足够的铜料以铸造铜钱。当代考古发现，孙吴时期的各个墓葬中，有大量的蜀汉钱币。

蜀汉出口钱帛至孙吴，交换什么呢？蜀汉曾以马二百匹、

---

① 王瑞功主编：《诸葛亮研究集成》（上册），济南：齐鲁书社1997年版，第370页。

锦千端，与孙吴贸易，"吴亦致方土所出，答其厚意焉"[①]，可知双方交易，是以物易物。孙吴时期，随着北方先进农耕技术的传入，江南粮食产量大幅提高。左思《吴都赋》描述东吴地方，"其四野，则畛畷无数，膏腴兼倍"[②]。蜀汉产锦、铜钱，孙吴国内有大量粮食出产，故而粮食也是孙吴与蜀汉交换的重要物资。由于锦帛能换取各类物资，特别是蜀汉所需要的粮食，所以诸葛亮云："军中之需，全借于锦"[③]。

钱有了、粮有了、兵有了，诸葛亮信心满满，开始了北伐的征程。第一次北伐，他选择了出祁山。

[①]（晋）陈寿：《三国志》卷四十七吴书二，百衲本景宋绍熙刊本。
[②]（南北朝）萧统编，（唐）李善注：《文选》卷五，胡刻本。
[③]（明）曹学佺：《蜀中广记》卷六十七，清文渊阁四库全书本。

第三章

复兴汉室：出祁山的梦想与现实

在出祁山北伐之前，诸葛亮亲自布局，拉拢已投降曹魏的孟达，试图开拓战略空间。孟达早年降魏，原因错综复杂，与诸葛亮之间又有一段恩怨。孟达展露反意后，司马懿用兵如神，迅速平定。孟达之死，背后原因扑朔迷离，是否有诸葛亮致命一刀？诸葛亮连续五次北伐，其中最主要的是第一次、第四次、第五次。第一次北伐，由于马谡街亭之战失利，无功而退。第四次北伐，由于李严谎报军粮匮乏，导致撤军。第五次北伐，诸葛亮与司马懿在渭水对峙，最终身殒五丈原。诸葛亮死后，魏延被杀。魏延并无反意，其人被杀，乃蜀汉内部权力斗争的结果。

前奏曲：
孟达之死的真相

曹魏黄初七年（226），这一年是蜀汉建兴四年，孙吴黄武五年。

夏秋之际，身处曹魏阵营的孟达，在房陵城内，突然收到了一封来信，这让他惊诧万分，喜忧参半。信来自敌对阵营的丞相诸葛亮，信中表达了问候之意，化解了往日的嫌隙，笔下涂蜜，更希望"孟子东来"，共创大业。

早在六年前的建安二十五年（220），孟达潇潇洒洒，挥手辞去，从蜀汉阵营叛离，投奔曹魏。此年发生了一系列大事，正月，曹操去世，曹丕继承魏王爵位。三月，曹丕改元延康，紧锣密鼓策划称帝。秋冬之际，蜀将孟达，突然率部曲四

第三章 复兴汉室：出祁山的梦想与现实

千家，投降曹魏。叛离之前，孟达给刘备上表，言辞颇是感人："臣每闻交绝无恶声，去臣无怨辞，臣过奉教于君子，愿君王勉之也。"①

孟达来投，无疑给曹丕登基称帝添光增彩，故而曹丕厚待孟达。曹丕特意遣使者先去考察一下孟达此人才识，使者约是得了孟达好处，也是迎合曹丕心意，一致恭维孟达为"将帅之才"。曹丕正值千金买马骨之际，大肆吹捧孟达，让他安排好部曲家人，然后徐徐轻骑前来。

曹丕如此厚爱，孟达怎会怠慢，当即至谯地谒见曹丕。作为名士法正的同乡好友，名门之后孟达颇有才华，也喜欢写文字，文章做得华丽极了。当曹丕接见时，孟达表现出色，"进见闲雅，才辩过人，众莫不瞩目"。一次外出时，曹丕边拉着孟达的手，边轻抚其背，开玩笑道："卿得无为刘备刺客邪？"②玩笑开罢，邀请孟达一同乘车。

曹丕看重孟达，拜以高官，加拜散骑常侍。曹丕将房陵、上庸、西城三郡，合为新城郡，以孟达为新城太守，镇守西南。时曹魏众臣都以为，待孟达过于优厚了，不宜让其坐镇一方。刘晔明确表示："（孟）达有苟得之心，而恃才好术，必不能感

---

① （宋）程遇孙辑：《成都文类》卷十八，清文津阁四库全书本。
② （晋）陈寿：《三国志》卷三魏书三，百衲本景宋绍熙刊本。

恩怀义。新城与吴、蜀接连，若有变态，为国生患。"①另一实力人物司马懿，对孟达观感极差，认为他言行轻巧，不可信任，劝说曹丕不可重用之。

曹丕则信誓旦旦云："吾保其无他,亦譬以蒿箭射蒿中耳。"②曹丕的这句话，第一句，曹丕自信满满，认为重用孟达没有问题；第二句，蒿箭，是用蓬蒿做的箭，用蒿箭射入蓬蒿，百发百中，也就是孟达绝不会反叛。孟达得了曹丕背书，又与朝中实力人物如桓阶、夏侯尚等相友善，自以为富贵长久。

孟达雄踞一方，意气风发，乃一方势力。新城所辖西城、房陵、上庸，在汉中之东，蜀汉一直称之为东三郡。东三郡地跨今陕东南、鄂西北，被群山所环绕，在地理上呈现封闭状态，与外界相对隔绝。三郡之间，通过沔水联系。蜀汉得东三郡，可威胁曹魏南线中部要地宛城及襄、樊，失东三郡，则蜀汉前方汉中盆地之侧翼，处于曹魏威胁之下。

投魏之后，孟达实际上保持着半独立状态，乃是曹魏与蜀汉之间政治、军事情报工作的前沿，人员来往的通道。刘备伐孙吴失败后，蜀将黄权领了一支孤军留在江北，进退不得，最终通过老同事孟达联系，投降了曹魏。蜀汉牙门将王冲与李严闹翻，投奔曹魏时，也是通过孟达。曹操去世后，刘备遣使韩

---

① （晋）陈寿:《三国志》卷十四魏书十四，百衲本景宋绍熙刊本。
② （晋）陈寿:《三国志》卷三魏书三，百衲本景宋绍熙刊本。

冉，前去吊唁，也是通过孟达。韩冉称疾，在上庸停留，由上庸传递书信。孟达四通八达，各方往来，长袖善舞。

曹丕虽重用孟达，可时局不断发生变化，打击了孟达的豪情壮志。黄初二年（221），曹魏从新城郡析出原西城属地，设魏兴郡，以申仪为太守，封员乡侯，屯洵口（今陕西旬阳）。此后孟达的新城郡，只剩下房陵、上庸二地。就在此年，孟达所依靠的桓阶去世。桓阶乃是曹丕心腹，被视为寄命之臣，担任尚书令。他的死令孟达在朝中失一强援。

在东三郡，孟达乃是外来户，与地方豪强申氏兄弟的关系相当复杂，诚有必要加以交代。申氏兄弟本是上庸一带的豪族，在西城、上庸间聚众数千家，投靠了汉中张鲁。建安二十年（215），张鲁投降曹操，申耽也随之归顺，领上庸都尉。此年曹操划分汉中，分汉中郡之安阳、西城二县为西城郡，置太守；分钖、上庸二县为上庸郡，置都尉，申耽是第一任上庸都尉。

建安二十四年（219），刘备攻略汉中，孟达领兵攻取上庸三郡。此时申耽已经升任上庸太守，又投降了刘备。申耽为表诚意，特意将家人送给刘备当作人质，得到信任。刘备以申耽任上庸太守，加征北将军，其弟申仪任建信将军、西城太守。黄初二年（221），申仪起兵，再投曹魏，击败刘封，被任命为魏兴太守。其兄申耽没了选择，只得跟着投奔曹魏，因为没什么大功劳，被迁居南阳郡闲居。

孟达在刘备阵营时，曾领兵攻打上庸三郡，与申氏兄弟有过武力冲突。同在刘备阵营后,孟达与申氏兄弟关系不和。当孟达投降曹魏后,又曾与夏侯尚、徐晃一起领兵攻打申氏兄弟,刀枪上见过血。总体而言,孟达与申氏兄弟矛盾重重,在东三郡这一亩三分地中争夺。

孟达降了曹魏,儿子孟兴留在蜀汉,没有被惩戒,还继续做官。都督邰揖,随同孟达一起投降,被任命为中书令史。邰揖之子邰正留在蜀汉做官,从秘书吏做到了秘书令,虽然官不过六百石,却免于忧患。三国时期,各方之间关系千丝万缕,做事也不会做绝,做人留一线,日后好相见。

桓阶死后,曹魏朝廷政坛不断洗牌,司马懿如日中天,不过曹丕很信任孟达。孟达上表曹丕,请赐给弓弩、马匹等物,这些都是军国利器,司马懿以为不可轻易赐下。曹丕大度云:"吾为天下主,义不先负人。"[1] 乃拨给弓弩、马匹等,过其所求。

虽有曹丕的信任,可一想起阴冷狠辣的司马懿和对自己充满敌意的申仪,孟达心怀忐忑。孟达明白,他之所以能保持半独立的状态,是因为曹魏此时主要兵力被孙吴所牵扯,无暇顾及自己。一旦曹魏腾出手来,自己的半独立小王国就将烟消云散,未来命运难卜。

观望良久后,孟达决定两边下注,暗中安排,待时而动。可孟达要想再回蜀汉,又有当年孟达攻打房陵时,杀了诸葛亮

---

[1] (晋)常璩:《华阳国志》卷第二,四部丛刊景明钞本。

姐夫房陵太守蒯祺及亲姐的这层过节，无法化解。孟达决定，试探诸葛亮的心思。

建兴三年（225），诸葛亮南征，至秋天结束战事，领兵返回成都。行到汉阳县时，有人求见，自称李鸿，是从曹魏一方过来的。诸葛亮接见了李鸿，时蒋琬、费诗在座。李鸿说起一件事，却说蜀汉内部，当年李严手下有名牙门将王冲，得罪了李严，畏惧报复，就投奔了曹魏。

孟达所在之地此时乃是曹魏、蜀汉的中间地带。王冲路过孟达处时，与孟达聊起往事，说诸葛亮对孟达恨之入骨，曾经打算杀掉孟达留在蜀地的妻儿，幸亏刘备没有听从。孟达却认为，诸葛亮了解事情前后经过，定然不会那样做，没有听信王冲的话。李鸿又云："孟达不信王冲之言，敬仰明公（诸葛亮），无以复加。"[1]李鸿的来意，此时已经清晰，即借王冲所云之事，刺探诸葛亮是否还记恨当年杀亲之仇。

诸葛亮闻言很是感慨，对蒋琬、费诗道："等回到成都，还是要写封信给孟达，互通下有无。"费诗当场表示反对："孟达这小子，过去侍刘璋时就不忠，后又背叛先主刘备，反复之人，何必来往。"诸葛亮闻言，默然不答，心中另有盘算。

建兴四年（226），诸葛亮致书孟达，劝说重归蜀汉。诸葛亮给孟达的信虽然短，信息量却很大。其一，信中特意首先提

---

[1] （三国）诸葛亮：《诸葛忠武侯文集》卷之一，清正谊堂全书本。

到了当年李鸿求见之事，吹捧孟达不是为了虚荣而背叛的人。其二，将当年孟达叛走归咎于刘封欺凌过度，无奈投魏，这是言公，化解孟达叛离的尴尬。其三，又说起王冲当年，云诸葛亮要杀孟达妻儿，孟达不为所动，这是言私，化解诸葛亮与孟达之间的私仇。最后诸葛亮诉说衷肠："追平生之好，依依东望，故遣有书。"①孟达得了诸葛亮书信，自以为诸葛亮已经放下公私之仇，乃数次通信，馈赠礼物，判断是否要重归蜀汉。

不但如此，孟达在蜀汉的好友，同属东州派的李严，也写信给他："吾与孔明俱受寄托，忧深责重，思得良伴。"②李严所云，忧深责重，不单单指蜀汉对外部环境，也是坦陈自己在蜀汉政权内部面对的压力，希望得到好友的支持。诸葛亮知道二人的关系，在给孟达的信中也恭维李严，夸赞李严主政一方，能力过人，以此招徕孟达，如若来投，也是一方大员。此时的孟达，尚在观望之中。

曹魏黄初七年（226）五月，曹丕去世，桓阶、夏侯尚相继陨落，孟达朝中没了奥援，长期戍守边疆，与魏兴太守申仪又有仇隙，司马懿对他充满敌视，心中不安感越发加深。蜀汉建兴五年（227）三月，诸葛亮上《出师表》，随后领兵至汉中，准备北伐。

---

① （三国）诸葛亮：《诸葛忠武侯文集》卷之一，清正谊堂全书本。
② （晋）陈寿：《三国志》卷四十蜀书十，百衲本景宋绍熙刊本。

第三章 复兴汉室：出祁山的梦想与现实

此年孟达决议叛魏投蜀。可此时的孟达奇货可居，吴王孙权也对其加以招徕。孟达多方下注，与孙吴暗中联络，脚踏两只船。此事被诸葛亮知晓后，厌恶其反复多端，又担心其成为祸患。更让诸葛亮忧虑的是，蜀汉顾命大臣李严权力欲极强，与诸葛亮已有摩擦，如果孟达回归，则李严得一强大臂助，无疑将牵绊诸葛亮北伐。诸葛亮老谋深算，乃出一计，借刀杀人。

孟达与魏兴太守申仪之间，积怨已深，势如水火。诸葛亮乃遣一人，名郭模，向曹魏诈降。郭模过魏兴时，故意向申仪泄露孟达要叛离曹魏的消息。孟达与诸葛亮之间，此时书信频发，礼物馈赠也多，如孟达书云："今送纶帽、玉玦各一，以征意焉。"诸葛亮至汉中驻军后，孟达馈赠了一些礼物，诸如玉玦、织成、障汗、苏合香之类。由此郭模告诉申仪，据诸葛亮所云："玉玦者，已决；织成者，言谋已成；苏合香者，言事已合。"[①]

是时司马懿驻军宛城（今河南南阳），申仪赶紧将此事奏报。司马懿很是沉稳，先遣参军梁几前来查探，又要调孟达入朝。司马懿出手试探，孟达精明之人，知道消息泄露，大为惊惧，准备举兵谋反。司马懿唯恐孟达迅速发动，来不及镇压，乃写信加以安抚，大意是蜀国人人痛恨你孟达，诸葛亮更想破坏你和魏国之间的关系，所以派郭模前来。郭模所说的都是军国大

---

① （宋）李昉：《太平御览》卷第三百五十九兵部九十，四部丛刊三编景宋本。

事，诸葛亮怎会如此轻易让他泄露？这分明就是离间计。孟达看了信，心中稍安，在是否要举兵反叛之间，又摇摆不定。

司马懿却是杀伐决断之人，在暂时稳住孟达后，立即调兵遣将，准备进剿。司马懿手下将领们却认为，孟达与蜀汉、孙吴二方均有勾结，宜观望再三，待机而动。司马懿嗤之以鼻，认为："孟达无信义，此时正犹豫之际，应当机立断，立刻解决。"① 司马懿从宛城出兵，昼夜行军，八日即出现在房陵城下。

司马懿为了此番用兵，特意抽调了个人——州泰帮忙。州泰是南阳人，与邓艾友善，好立功业，善用兵。州泰在荆州刺史裴潜手下任从事，多次来往东三郡，熟悉山川河谷、道路里程。司马懿在宛城时，与州泰有过接触，知道他熟悉地形，故此次用兵，以州泰为向导。

司马懿用兵神速，让孟达措手不及。早先孟达在给诸葛亮通信时分析局势，认为宛城至房陵之间，路途遥远。司马懿得到自己举兵的消息后，先要上书奏报天子，再领兵前来，至少要一个月时间。此期间，孟达可以做好充分准备，严阵以待。孟达又以为，房陵城所在，地形险峻，司马懿不会亲自前来，其他人来领兵，则不足为患。不想司马懿亲领大兵，迅速来攻，孟达顿时乱了阵脚，乃向诸葛亮求援。

房陵城三面环水，孟达又于城外筑木栅巩固城防，本以为

---

① （宋）曾公亮：《武经总要》后集卷九，清文渊阁四库全书本。

能坐待援兵。司马懿久经战阵，渡水破掉木栅，直扑城下。此后丝毫不停，分兵八路，全力围攻，根本不在乎伤亡，也不给孟达任何喘息之机。司马懿指挥大军，持续十六天攻城，孟达外甥邓贤、部将李辅等开城门投降。孟达被擒获斩首，传首京师。

孟达乃名门之后，其父孟佗曾以蒲桃酒一斛，贿赂中常侍张让，获得凉州刺史一职，是为"蒲桃一斛得西凉"。由乃父身上，孟达学到了权术运用，学会了政治投机，他自陈自己是真小人。孟达颇有些术士气质，他所交友人，如狂士彭羕，因大骂刘备而被杀。再如法正，也是擅杀之人，且睚眦必报。在乱世之中，孟达这类世家子弟，以父辈营造的人际关系及本身的文学素养，游走各方，步步崛起。孟达之兴，在于摇摆不定；孟达之亡，亦是左右摇摆。

此战司马懿速战速决，俘获万余人，威名显赫，战后迁孟达余众七千余家至幽州，自己则回师宛城，继续大搞经济建设。后来司马懿解释，之所以要快速攻城，一是己方兵力充沛，乃是孟达军的四倍；二是军中粮食不足，司马懿所领将士数是孟达军的四倍，军粮只够一个月，孟达手头的粮食却足以支撑一年。"以一月图一年，安能不速？"①

再说孟达所在新城郡，辖房陵、上庸二县。房陵乃新城郡

---

① （唐）杜佑：《通典》卷一百五十三兵六，武英殿刻本。

治所在，司马懿攻城之战便是此地。不想到了唐代，《晋书》将此战作战地点与郡治所在搞错，认为司马懿所攻乃是上庸城。造成这种错误的原因在于，商周时期，房陵、上庸同在庸国境内，后世常以上庸指代房陵、上庸所在地区。

解决了孟达，魏兴太守申仪也不是省油的灯。申仪盘踞地方，擅作威福，飞扬跋扈，假传旨意，私刻印章，授予部属。孟达既诛，申仪难免物伤其类。是时各地郡守，以朝廷取得大胜，纷纷祝贺。战后申仪至宛城见司马懿时，司马懿劝说他去京师朝贺。既至京师，如鸟入笼，申仪拜仪楼船将军，此后挂个虚名，再无豪强气势。将申仪拿下后，司马懿布局东三郡，将之纳入自己控制之下。由布局荆州始，司马氏图谋天下。

建兴五年（227），诸葛亮对孟达回归蜀汉的应对，着实让人不解，特别是郭模离间之计，诚有违诚信。诸葛亮如果希望孟达归降，则在出兵汉中的同时，也应在上庸一线有所安排，加以策应。一旦孟达举兵，则迅速出兵，攻袭申仪，占据西城（魏兴郡），打通汉中至上庸的通道。即使司马懿对孟达用兵，也好进一步加以援救。设若上庸等地归蜀，则蜀汉可以改变战略局面，拥有更多战略空间，在北伐时，不致如此被动。

田余庆认为，诸葛亮之所以借曹魏之手除去孟达，原因之一，是蜀汉政权内部新旧问题的再次泛起。孟达问题乃是数年前刘封、孟达纠葛的余波，诸葛亮本想利用孟达，制衡曹魏，又恐新旧问题有棘手之处。原因之二，约降孟达事件，恰在诸

第三章 复兴汉室：出祁山的梦想与现实

葛亮调李严北上，以解决李严问题的关键时刻，除掉孟达有助于解决李严问题。[①]至于诸葛亮与孟达之间的私人恩怨，却是无法考证了。此外，诸葛亮此时已准备出祁山，通过孟达事件，可以调动司马懿主力，牵制曹魏精锐。

建兴三年（225），费诗在汉阳县时，劝诸葛亮不要理会孟达。诸葛亮当时"默然不答"，其中别有深意，非费诗所能体会。于举手投足之间，除仇敌于千里之外，实是世间第一等谋略了。民国年间，卢弼在北京藏书楼中批注诸葛亮与孟达书时，注曰"书词动人，诸葛亦谲矣，其默然不答，非费诗所能知也"[②]。

[①] 田余庆：《秦汉魏晋史探微》，北京：中华书局2004年版，第227页。
[②] 卢弼：《三国志集解》卷十三，北京：古籍出版社1957年版，页十四。

失街亭：
北伐第一战的重创

建兴五年（227），诸葛亮带领大兵，进驻汉中。

刘备死后，蜀国数年寂然无声，曹魏也放松了警惕，将主力投放在江淮，与孙权争夺合肥一带，双方你来我往，打得有声有色。建兴五年（227），当蜀军进屯汉中后，曹魏方面不但没有惊慌，反有窃喜之感，多有认为可趁机发大兵，讨伐蜀汉者。曹魏有大臣甚至主张应该主动出击，一举歼灭蜀军主力，攻取益州。

曹丕闻言颇是意动，询问散骑常侍孙资意见。孙资被后世称为决胜于千里之外，颇有战略眼光。对蜀汉屯兵汉中，孙资认为，如果现在出兵，前往南郑讨伐，道路险阻，需要调动南方各地精兵。用兵之外,所用夫役三倍于士兵,主动进攻,劳民伤财,旷日持久,天下骚动,耗费太大。孙资建议,不妨对蜀汉采取守势战略,在各处要隘驻兵防守:"分命大将据诸要险,威足以震撼强寇,镇静疆场,将士虎睡,百姓无事。"[①]

此后曹魏在面对蜀汉北伐时,大战略是依托要隘固守,择机反击。

此年诸葛亮四十七岁,刚刚得子诸葛瞻。此前诸葛亮无子,以兄长诸葛瑾次子诸葛乔过继。诸葛亮待诸葛乔如亲生,但严格要求,驻屯汉中时,诸葛乔也参与军粮运输工作。"今诸将子弟皆得传运,思惟宜同荣辱。今使乔督五六百兵,与诸子弟传于谷中。"[②]此年诸葛乔在运输军粮途中去世,原因不详。

建兴六年(228)春,在经过充分准备后,诸葛亮第一次北伐。此次北伐,分兵两路,主力出祁山,偏师走褒斜道。战前诸葛亮大肆张扬,要由褒斜道进军,以吸引曹魏主力。此路偏师,由老将赵云、邓芝统领。赵云为人刚正不阿,虽能力超卓,却一直未得大用,暮年之时才独立领一方偏师,即今白发如霜草,壮志未酬人已老。

蜀汉大兵突然杀入,一时陇右沸腾,南安、天水、安定三郡民众举兵叛魏,投奔蜀汉。蜀汉控制了南安郡全境及天水郡

---

① (晋)陈寿:《三国志》卷十四魏书十四,百衲本景宋绍熙刊本。
② (三国)诸葛亮:《诸葛忠武侯文集》卷之一,清正谊堂全书本。

大部分属县。安定郡有民众杨条等起兵响应，占据郡治月支城，但尚未被纳入蜀汉军队控制中。

北伐开局，局势一片大好，但在天水郡，蜀汉却面临两个硬钉子，一是祁山堡，二是上邽城。祁山堡位于一座小山之上，临近西汉水，由将领高刚镇守。如果拿下祁山堡，则可以进至上邽附近肥沃的河谷盆地，方便获得粮食补给，进而进入陇右之地，开辟更大战场。诸葛亮调集大兵攻打祁山堡多日，未能攻克。祁山堡被围后，双方厮杀惨烈。最后曹魏守将高刚无法坚守，准备投降时，不想诸葛亮突然撤兵，遂得以保全。

上邽县，由于雍州刺史郭淮的一次出巡，成了诸葛亮难以拔除的硬钉子。据《三国志》的记录，诸葛亮军出祁山时，天水太守马遵正陪雍州刺史郭淮外出巡视，带了姜维、功曹梁绪、主簿尹赏、主记梁虔等人随行。郭淮、马遵听闻蜀军来袭，诸县响应，怀疑姜维等人有异心，连夜偷偷逃至上邽县坚守。姜维等人发现郭淮等人离去后，一路追到上邽，城门紧闭，不让进入。姜维等人只得再去天水郡首府冀城，此时冀城已经举兵反魏，也不让进入。姜维等人走投无路，只好投奔了诸葛亮。

《魏略》记录了另一个姜维投蜀的版本，应该更可信。雍州刺史郭淮、天水太守马遵，带了姜维等人在落门视察，听说诸葛亮已到祁山，郭淮立刻东去上邽布防。马遵觉得冀城很可能已经投降，也要跟着郭淮一起去上邽。姜维劝说马遵，作为父母官，应当返回郡治冀城。马遵不肯返回，撂下一句狠话："卿诸人叵复信，皆贼也。"①意思是你们这些家伙都不可靠，都是反贼。

曹魏政权对雍凉大族一直缺乏信任，姜维等人是雍凉大族代表，因此不被马遵所信任。姜维的妻儿都在冀城，放心不下，乃自行返回。冀城民众果然已叛魏，见姜维回来，大喜过望，推举姜维去找诸葛亮搬取援兵。形势逼人，姜维迫不得已，只好去找诸葛亮。诸葛亮见了姜维大悦，只是还未派兵去冀城，街亭已失。

不管怎样，雍州刺史郭淮、天水太守马遵，抢先领兵进入上邽，拦阻了蜀汉军的攻势，为曹魏大军来援争取了时间。上邽是兵家要地，西可取陇西郡，北可夺天水郡，东阻由关中进入陇西的关陇古道，诸葛亮是志在必得。诸葛亮大兵围攻祁山堡、上邽县，需要赶在曹魏援兵到来之前拿下。

在陇西郡郡治襄武，太守游楚据城固守，并一针见血地指出，诸葛亮大兵能否截断由关中进入陇右的通道，阻断曹魏援军西进，乃是此战关键所在。蜀汉大兵突然出击，曹魏被打了个措手不及，没了原先的张扬，"卒闻亮出，朝野恐惧"②。回过神来之后，曹魏方面的应对是，以大将军曹真都督关右（关西）诸军，驻在郿县，迎击赵云偏师；以右将军张郃，率步骑兵五

---

① （晋）陈寿：《三国志》卷四十四蜀书十四，百衲本景宋绍熙刊本。
② （晋）陈寿：《三国志》卷三十五蜀书五，百衲本景宋绍熙刊本。

万，进军陇右，迎战诸葛亮主力。

此时在天水郡与安定郡之间，还隔了个广魏郡，诸葛亮要进入安定郡接收地盘，则需要打通交通线，而街亭乃是关键。后世就街亭在何方，有各种说法。街亭有两个战术上的价值，一是拦阻魏军入陇右，二是打通至安定郡的通道。符合这个条件的，只有古略阳（今甘肃秦安陇安镇一带，非后世陕西略阳）。

入陇的主要大道陇山道，就在略阳地区。要实现"断陇"的目标，就要在此迎战曹魏大军。

诸葛亮大营设在西县，位于上邽县西南。诸葛亮身边，时有宿将魏延、吴壹等人，均可作为先锋，独当一面。此次北伐的主要领军人物分为几派，诸葛亮、向宠、马谡属"荆州派"，李严、吴壹属"东州派"，魏延、赵云乃"部曲派"，李恢为"益州派"。诸葛亮选择了缺乏军事经验的马谡，且是不顾众人的反对。马谡属于诸葛亮为首的"荆州派"，乃是重点培养的对象。诸葛亮此年已四十八岁，在政务上已经培养了蒋琬，军事上却未有接班人。在北伐之战中，马谡若是能统领一军，立下战功，则可以进一步提拔，作为未来军事上的接班人。

诸葛亮评价马谡"好论军计"，是有一定军事理论的，南中之战中，也曾为诸葛亮出谋划策。街亭此战只要固守险要，拦阻魏军即可，难度不大，故而由马谡领兵。马谡意气风发，与王平、高详、张休、李盛、黄袭等将领统领一万大军渡渭水，抢占街亭，阻击曹魏援军，为陇右战场争取时间。

第三章 复兴汉室：出祁山的梦想与现实

街亭又名街泉亭，因城中有泉水而闻名，由西汉时街泉县得名而来，东汉属略阳县（今甘肃秦安陇城镇）。据史料记录，此地依山傍水，且有城池可以固守。① 当代学者研究认为，略阳古城就是街亭，地势险要，控扼出陇山的大道，且南边依山，北临河水，东西两侧均有较大的开阔地，便于大军作战。②

街亭设有要塞，东汉初年，刘秀与隗嚣（wěi áo）在此爆发略阳争夺战。在王莽乱局中，各地群雄崛起，隗嚣占据陇右地区。依托略阳城，隗嚣试图堵塞刘秀大军入陇通道。建武八年（32），名将来歙出奇兵，攻占略阳。隗嚣亲率数万大军，试图夺回略阳，双方在此交战数月。

街亭有作为军事据点的城塞，但马谡"依阻南山，不下据城"③，也就是上南山，不依城塞防守。今甘肃省秦安县陇城镇南，有起伏不平的南山，绵延延伸，其中有一山，名"百顷原"，其山顶为平原，大军可安营扎寨。王平建议，不要上山，在山下依托城塞打阻击战。马谡不听，决定"舍水上山"，另分兵一千给王平，在山下另建营寨接应。

就分兵之后马谡的举动，《三国志·诸葛亮传》载："谡违

---

① （略阳）川水又西经略阳道故城北。浥渠水出南山，北经泥峡北，入城。参见（南北朝）郦道元：《水经注》卷十七，清武英殿聚珍版丛书本。
② 徐日辉：《街亭考》，《兰州大学学报》1983年第3期。
③ （晋）陈寿：《三国志》卷十七魏书十七，百衲本景宋绍熙刊本。

亮节度,举动失宜。"《三国志·王平传》载:"谡舍水上山,举措烦扰。"

诸葛亮给马谡的命令是依城固守,打阻击战。马谡求功心切,想要证明自己,将阻击战改为击溃战,改变了诸葛亮的军事意图。与阻击战相比,击溃战更加漂亮光鲜,更能为马谡加分。为了打击溃战,马谡选择在南山扎营,吸引魏军来攻,再依托山险,加以击溃。魏军的任务是快速进军,援救陇右。因为强调速度,所以魏军必须走大道,必须过街亭,必须攻马谡。

马谡上山之后,一番忙碌部署,准备应对张郃来攻。马谡不是没有考虑水源问题。在他看来,魏军抵达后,定然会迅速出兵攻山。且南山有水道,一旦魏军来截水道,就可以加以反击。《三国志》中并未提及马谡在山上驻军因为缺水而发生混乱,马谡的安排从军事上讲也没有大错,只是他是个自视甚高的文人,而不是披坚执锐的杀伐之将。

就在马谡在南山上一片忙碌,士兵抱怨时,张郃一路强行军抵达街亭。张郃是战场老手,果然选择了截断水道,此时马谡领兵从山上出击,结果反被魏军击败。马谡之败,在于他根本不会冲锋陷阵,也缺乏勇气,战败之后即逃跑。溃兵四散奔逃时,得到王平接应,才退回祁山大营。史书上吹嘘了张郃此战大胜,"虎臣逐北,蹈尸涉血"。

此战中表现最为优异的,当属雍州刺史郭淮。一听到诸葛亮出兵的消息，他就前往要地上邽城固守。上邽城至陈仓（今陕西宝鸡）之间，有一条傍渭水而行的陈仓渭水道（渭水狭道），穿行于西秦岭中。此条道路狭窄难行，曹魏大军出动，不会走此条道路，而会选择走街亭一线的陇山道。

陈仓渭水道沿途，有数段狭窄水道，且两岸山崖险峻，不利于大军行进，但作为消息往来的通道，却是最为快捷。当蜀汉军队在陇右占据主动之后，郭淮通过此条道路与陈仓保持联系。当张郃在街亭与马谡决战时，郭淮得了消息，出兵配合，领兵突袭高详所驻守的柳城，高详战败退走。上邽城在被围困中，郭淮仍能出击，只有两个可能：一、诸葛亮未全力攻打上邽城；二、郭淮手中兵力宽裕。不管哪种可能，诸葛亮在指挥部署上都存在问题。

此时诸葛亮在哪里？诸葛亮大营设在西县（今甘肃礼县盐官镇），此地距离上邽不远，可以就近指挥。姜维来搬兵时，也是在西县找到诸葛亮的。至于后世所谓的诸葛亮准备前去接应马谡，并不存在。在上邽城、祁山堡未克时，诸葛亮准备分兵去接收冀城，不想此时街亭失守，也未来得及遣军队去冀城。

街亭失守造成的局面是，曹魏大军进入陇右，原先蜀汉的有利局势不复存在。此时上邽未克，祁山堡未下，陇西郡在交战，诸葛亮进无所据，只好带了前来搬兵的姜维等人及西县千余家撤军。蜀汉军队一撤，曹魏收复三郡。

此时曹魏也在安排，预备断诸葛亮后路。当诸葛亮寇天水时，卫臻上奏："宜遣奇兵入散关（陈仓道），绝其粮道。"[1]魏明帝曹叡乃以卫臻为征蜀将军，假节督诸军事，准备由陈仓道入汉中，截断诸葛亮后路。卫臻刚到长安，诸葛亮就已退兵。

此战失败后，诸葛亮要杀马谡，以安抚军心。李邈劝阻，失去诸葛亮信任，被调回蜀地任职，由此衔恨诸葛亮。至诸葛亮去世后，李邈上书诋毁，被坐罪处死。蒋琬后来至汉中见诸葛亮时，也明确表示反对杀马谡："天下未定而戮智计之士，岂不惜乎。"[2]就马谡而言，其人自有该杀的理由，但不听王平建议，在山上驻军，尚不致死。

马谡在被张郃击溃后，选择了逃跑。随军长史向朗与马谡素来友善，包庇此事，被诸葛亮免职。马谡战败，可以免死，逃跑却难免一死。且马谡是诸葛亮亲自选定的主将，如果不加以处理，则无法给李严、魏延、吕壹等将领以交代。如此，马谡必须死。

马谡之外，将军张休、李盛被杀，将军黄袭被免职。王平在街亭处置得当，收拾残部，避免了更大的损失，此后得到重用，统领蜀汉精锐无当飞军。高详所驻柳城被郭淮突袭，这是因为诸葛亮的部署出了问题，故而未被处分。诸葛亮引咎请辞，贬为右将军，行丞相事。

---

[1] （晋）陈寿：《三国志》卷二十二魏书二十二，百衲本景宋绍熙刊本。
[2] （晋）陈寿：《三国志》卷三十九蜀书九，百衲本景宋绍熙刊本。

蜀汉军主力在祁山一线未能突破,偏师赵云褒斜道一路,兵力虽弱于曹魏,但其任务是吸引曹魏兵力,不求决战。赵云领兵,在箕谷一线,依险固守,本不应有大损失。箕谷应靠近褒斜道北口斜谷,能威胁曹魏控制的郿县。但赵云在此也遭到挫折,据诸葛亮云:"至有街亭违命之阙,箕谷不戒之失"[1],也就是防守不当,导致失败。可以推测,曹真利用赵云防守上的漏洞,加以突袭。曹真打败赵云之后,迅速北上,进兵安定郡,收复月支城。

当赵云、邓芝退兵时,后勤物资都得以保全,又将褒斜道赤崖以北栈道焚毁。这一段栈道,依水而建,"缘谷百余里,其阁梁一头入山腹,其一头立柱于水中"[2]。后来诸葛亮加以修复,但水大且急,无法安柱,改为"千梁无柱",在悬崖上横向插入上千根木梁,横梁下方没有立柱支撑。

战后赵云主动上表刘禅,自贬为镇军将军,次年赵云即去世。赵云在蜀汉政权中,乃是独特存在。他虽然很早就追随刘备,可长期在刘备身边担任执掌禁卫,没有领兵在外开拓的机会,一直职位较低。由于职位较低,乃至蜀汉大臣一百二十人联名上劝进表,请刘备称汉中王时,他都没有列入。他为人淡泊名利,个性坦荡。刘备入成都后,群臣众将都想着分房子、

---

[1] (三国)诸葛亮:《诸葛忠武侯文集》卷之一,清正谊堂全书本。
[2] (南北朝)郦道元:《水经注》卷二十七,清武英殿聚珍版丛书本。

分土地,只有他泼了一盆凉水,加以劝阻。赵云的这种性格,不苟且于世,只能称为超脱于俗。

诸葛亮第一次北伐,除军事上的挫败之外,他也失去了自己军事上的继承人马谡。可他有意外的收获,这就是从天而降的天水姜维。姜维当时的处境很无奈、很尴尬,他的父亲姜冏为曹魏尽忠战死,他从小是作为烈士后人被重点培养的。不想,遇到了不信任天水土著的太守马遵,又被造反的乡亲们逼着去迎请诸葛亮。

到了诸葛亮大营,恰逢街亭战败,诸葛亮看到二十七岁的姜维,英姿勃发,一见心许,各种夸赞:"忠勤时事,思虑精密""敏于军事,既有胆义,深解兵意。人心存汉室,而才兼于人"。[①] 挥泪斩了马谡,诸葛亮将姜维作为军事接班人培养,辟为仓曹掾,加奉义将军,封当阳亭侯。姜维稀里糊涂地入了蜀汉阵营,完全不是他的本意。也正因为此,曹魏政权没有追究他的家人。他的老母亲与妻儿都留在了冀城,曹魏收复冀城后,"亦以维本无去意,故不没其家"[②],把她们作为人质保护起来。

此年曹魏在西线取胜后,在东线兵分两路,对孙吴发动攻伐。荆州战线由司马懿主持,江淮战线由司马曹休主持,击败

[①] (晋)陈寿:《三国志》卷四十四蜀书十四,百衲本景宋绍熙刊本。
[②] (晋)陈寿:《三国志》卷四十四蜀书十四,百衲本景宋绍熙刊本。

第三章　复兴汉室：出祁山的梦想与现实

马谡的张郃也被调回荆州，对孙吴作战。此年八月，孙吴部署重兵，在石亭一带设伏，曹休大败。至十一月，诸葛亮得到曹休战败的消息后，忍耐不住，决定出兵。

建兴六年（228）冬十二月，诸葛亮第二次北伐。此次他没有走陇右大道，而是走陈仓故道。此年在陇右与曹魏大战时，卫臻建议由陈仓道入汉中，截断蜀汉后路的计划，让诸葛亮脊梁发寒，故而此战目标是攻下陈仓（今陕西宝鸡东）。

曹魏方面已有准备，陈仓守将郝昭筑城坚守。郝昭为人雄壮，臂力过人，能左右驰射，镇守河西十余年，民夷畏服。郝昭守军不过千余人，诸葛亮领兵数万，自以为攻之必克。诸葛亮使用云梯冲车、挖地道，昼夜不停攻打，持续二十余天，损失惨重。郝昭为了守城，将城内坟冢尽数挖开，取其砖木制作守城器械。

魏文帝曹叡急召张郃，催促带领援兵去救陈仓。张郃对此战看得清晰，认为诸葛亮没有足够粮草，"屈指计亮粮不至十日"，等自己领兵赶到，诸葛亮应该已经退兵。果然曹魏援军赶来时，诸葛亮粮草将尽，只得退兵。诸葛亮退兵时，郝昭领兵一路追杀，靠着魏延等拼死护卫，才得以脱身。

魏将王双率骑兵追击时，因为太过激进，被蜀汉设伏，用弓弩射死。后曹叡说及此事："昭率军追击，几俘获亮。盖因王双之过，致亮返，惜哉。"战后曹叡召见郝昭，得知他与中书令孙资是老乡后，大喜过望，认为"有此良将，朕复何忧"。曹叡正欲大用郝昭，不想郝昭突然病亡。诸葛亮得知郝昭去世后，竟犒赏三军，甚至认为郝昭亡故，实"天不亡我大汉也"，可见陈仓之战带给诸葛亮的心理阴影。

频岁攻：
割麦陇上会战卤城

建兴七年（229）春，诸葛亮第三次北伐。

建安六年（228）年末，对陈仓用兵未果后，诸葛亮经陇右大道，再次北伐，目标是武都（今甘肃陇南武都区）、阴平（今甘肃陇南文县）二郡。此二郡对曹魏来说过于偏远，非兵家必争之地，曹魏未予重视，只是象征性地纳入版图而已。后世邓艾伐蜀时，偷渡阴平小路，七百里无人烟，可知此地之偏僻。

武都郡对蜀汉来说极为重要，其地处于汉中、陈仓之间，乃出祁山必经之路。刘备时期，就曾经争夺过二郡，据《华阳国志》载："刘先主之入汉中也，争二郡不得。"[1]此事当在建安二十四年（219），刘备遣将军雷同、吴兰攻取武都郡，被魏将

---

[1] （晋）常璩：《华阳国志》卷第二，四部丛刊景明钞本。

曹洪所破杀。

因为此二郡距离曹魏核心统治区较远，可以算是鸡肋。在刘备攻取汉中后，曹操迁武都郡氐部五万人口，移居扶风、天水。曹魏未派驻大兵屯守武都、阴平，加之人烟稀少，不受重视，故而诸葛亮第一次北伐能轻易穿过此地。蜀汉第一次北伐后，曹魏意识到了二郡的价值，乃派兵驻守，这就威胁到蜀汉未来用兵，必须加以拔除。

此次诸葛亮遣将军陈式攻打武都、阴平二郡。雍州刺史郭淮领兵来救，诸葛亮则领兵至建威，试图对郭淮形成包抄。郭淮也是久经战阵，查探到诸葛亮的意图后，未敢深入，领兵撤退。陈式此人所存史料不多，在刘备攻打汉中时曾带领十余营，负责断绝马鸣阁道，被徐晃击败，死伤惨重。

此战蜀汉占据武都、阴平二郡，取得了北伐以来名义上的第一次大胜。战后诸葛亮留兵守卫二郡，招抚氐、羌族人，自己领兵返回汉中。由于此番北伐有功，诸葛亮复丞相位。此年赵云病逝，在死后三十二年，后主刘禅追谥赵云为顺平侯。

蜀汉虽对曹魏采取攻势战略，但在汉中也筑有牢固防线。汉中东部防御的第一道防线是黄金围、兴势围、赤坂围。魏延在汉中时期，大力修筑外围要塞。以兴势围（今陕西汉中洋县汉王山）防范傥骆道进攻之敌，以赤坂围（今陕西汉中洋县龙亭）、黄金围（今陕西汉中洋县酉水乡城山梁）防范子午道进攻之敌。

第三章 复兴汉室：出祁山的梦想与现实

建兴七年（229）冬，诸葛亮筑汉、乐二城。这两座城池的修建有攻防一体的作用，成为蜀汉进攻魏国的桥头堡，蜀汉可以在这里屯兵、囤粮，乃是汉中防御的第二道防线。汉城（今陕西勉县）防御褒斜道，支援扼守褒斜道南口之褒谷口，乐城（今陕西城固小河口）支援"兴势围""黄金围"。

蜀汉建兴八年（230），曹魏太和四年，因为诸葛亮持续北伐，且夺取武都、阴平二郡，引发曹魏政坛内部舆情风暴。尚书令陈矫、仆射卫臻认为，"往者贼亮，缩藏窟穴"[1]，犹有畏惧。现在一年之内就三次来袭，边陲战火漫天，由此观之，不可忽视。曹魏方面，自曹休在太和二年（228）去世后，魏国最高军职大司马空缺达两年，至此年才由曹真接任大司马。曹真也被蜀汉挑衅激怒，决定发动四路大军，攻打汉中。

诸葛亮持续用兵，导致曹魏在东西两线作战，国力损耗巨大。诸葛亮北伐，曹魏边军无法应对，不能制敌，要从长安乃至对孙吴的战场上调集人马增援。军队频繁调动，造成巨大的后勤压力，耗费无数。三国之中，曹魏虽国力最强，但也无法忍受长期两线作战，故而此次决定解决蜀汉在西线的牵绊。

四路大军，第一路为曹真，八月由长安出发，从子午道南入汉中。第二路为司马懿，从宛城出发，沿汉水上溯，经过此前孟

---

[1] （唐）虞世南：《北堂书钞》卷第一百五十八地部二，清光绪十四年万卷堂刻本。

达、申仪所控制的新城、魏兴二郡,攻入汉中。第三路为张郃,走褒斜道入汉中。第四路为费瑶、郭淮,从武都郡入汉中。

"失汉中乃家门之祸",蜀汉方面不敢懈怠,进行全面动员。诸葛亮急令江州都督李严率兵二万,增援汉中,加上此前在汉中的驻军,蜀汉军主力达十余万人,这已是兵力极限。李严此前坐镇江州,主要是应对孙吴。

李严开出条件,要求置巴州,任刺史,开府。此时战事紧急,诸葛亮给了优惠条件,提升李严为骠骑将军、加中都护,另由其子李丰接替江州都督,李严这才领兵来援。此年李严改名为李平。至于李严开府,诸葛亮怎么也不会同意。

曹魏四路大军齐发,气势如虹,一场国运之战,就在眼前。不想此年九月,大雨持续三十余日,"伊、洛、河、汉水溢"。各处河流水位暴涨,冲垮栈道,阻滞后勤运输。

曹真一路,先锋夏侯霸经由子午道,进至兴势围,安营曲谷之中,被蜀军包围,双方陷入苦战,"霸手战鹿角间"。所幸魏军后路迅速赶至,方才解围。诸葛亮以大军驻扎在城固、赤坂围,严阵以待,预备迎战。此时大雨连绵不绝,魏明帝曹叡忧虑栈道断绝,乃召曹真回师。

司马懿一路,由魏兴郡的西城县出发,崇山峻岭中,"斫山开道,水陆并进"[①],再溯汉江而上,进入汉中盆地后,虽取得战

---

① (唐)房玄龄:《晋书》卷一帝纪第一,清乾隆武英殿刻本。

绩，但受大雨所阻，艰辛万分，此时也领命退回。

张郃一路所行的褒斜道，在诸葛亮第一次北伐时，由于赵云偏师后撤，一把火烧了百余里栈道。张郃行军时，大雨持续，加上栈道受损，行军更加艰难，也无奈回师。

将军费瑶、雍州刺史郭淮一路，计划由武都南下。蜀汉派遣魏延主动出击，在阳溪大战，魏延大破郭淮等，军威大振。

曹魏出动主力，发动声势浩大的国运之战，在暴雨冲刷下，草草收场。此次出动大军，后勤物资消耗巨大，无数民夫奔走于途，"牛马骡驴多死，民夷号泣道路"。此年的暴雨造成了大规模饥荒。战后诸葛亮趁机将李严所统两万江州兵留下，也将李严留在汉中任职，"以中都护署府事"。作为顾命大臣，李严的地位身份原本与诸葛亮并列，现在可好，成了下级，心中愤懑不平。

建兴九年（231），大司马曹真病逝。诸葛亮得到消息，认为乃是契机，决定再次北伐，这一次他将遇到一个强大的对手——司马懿。

建兴九年二月，诸葛亮第四次北伐，再出祁山。

此次北伐，主要分三个阶段，分别是"陇上割麦""卤城之战""木门伏杀"。

蜀汉出兵之后，如同第一次北伐一般，面对祁山堡、上邽城两个硬钉子，贾栩、魏平守卫祁山堡，郭淮被魏延击败后，退入上邽城内防守。

对祁山堡，蜀军继续加以围困，因此山驻军不过千余人，守有余，攻不足，重点是北上寻找曹魏主力决战。此战中，诸葛亮还布了一个局，联合鲜卑首领轲比能，自东北方向夹击曹魏。此次北伐中，轲比能出现在北方郡石城，但没有进一步南下，而是观望。①

魏明帝曹叡命大将军司马懿西屯长安，都督雍、梁二州军事，统车骑将军张郃、后将军费曜、征蜀护军戴陵、雍州刺史郭淮等迎战蜀汉大军。司马懿以费曜、戴陵领兵四千，走陈仓渭水道，急行军增援上邽。司马懿与其余各将，带领主力，沿陇山道行军，经隃糜（今陕西千阳），出陇山，于街亭，入陇右。

"若趣祁山，熟麦千顷"②，祁山一带，是陇右难得的肥沃之地。

四月左右，诸葛亮大军围祁山堡，至上邽周边，此时陇上冬小麦将熟。自去年以来，气候反常，先是持续暴雨，导致曹魏退兵。"自去冬十月至此月（三月）不雨"。此后又出现了长期干旱，造成粮食歉收，双方都面临后勤补给问题。如果在上邽抢割到麦子，可以大大减轻后勤补给压力。

上邽守兵得到增援后，为了阻碍蜀军抢麦，郭淮、费曜带兵出城主动交战。诸葛亮在击退郭淮之后，抓紧时间抢割麦子。

---

① 青龙三年（235）中，幽州刺史王雄，遣勇士韩龙刺杀轲比能，更立其弟。

② （晋）陈寿：《三国志》卷二十八魏书二十八，百衲本景宋绍熙刊本。

第三章　复兴汉室：出祁山的梦想与现实

诸葛亮出兵后，曹魏内部有人认为，蜀军无辎重，粮必不继，不击自破，不必劳动大兵征伐。为断绝蜀军粮食，乃至可以自行将上邽附近的麦子提前收割。但魏明帝曹叡没有听从，持续增兵，又下令遣兵护送麦子。

司马懿主力行至隃糜，听闻诸葛亮已开始收割上邽之麦，诸将皆惧，担忧自身粮草问题。司马懿安抚众将，说诸葛亮虑多决少，过于保守求稳，必安营自固，然后割麦。司马懿又吹嘘，日夜兼程，只要两日即可赶到上邽。

但由此地，经大路行军，至上邽也要多日。诸葛亮在上邽击败郭淮后，留下部分兵力割麦，自己则领兵入广魏郡，恰与一路疾行而来的司马懿在上邽之东相遇。司马懿长途行军，倍加疲劳，只好避而不战，择险要休整了一段时日。因为曹魏大军"敛兵依险"，诸葛亮也没有发动攻势。

此时麦子已收割大半，诸葛亮开始后撤。司马懿一度遣轻骑试探虚实，双方才一接触，诸葛亮就领兵后退，一路退至卤城，依托选好的阵地防守。司马懿则紧紧跟随，加以逼迫，却不交战。

诸葛亮曾描述："今上（邽）县之战，更在贼门，战地平如案。"[①]诸葛亮不愿意在上邽周边作战，因为这一带地势较平，利

[①]（唐）虞世南：《北堂书钞》卷第一百五十七地部一，清光绪十四年万卷堂刻本。

于曹魏发挥骑兵优势,且"更在贼门"[1],处于上邽城的威胁之下,退至地势险峻的卤城山区,更有利于蜀军。司马懿一路跟进,也收割了上邽剩余的麦子,但数量有限,杯水车薪。

卤城成了双方交战的中心点。《水经注》载,西汉水"水北有盐官(卤城),在嶓冢西五十许里"。《地理志》载:"祁山在嶓冢之西七十许里,山上有城",以此推算,卤城距离祁山堡二十里。诸葛亮至卤城后,司马懿又追了上来,也是占高点,挖堑壕。

此后发生的卤城之战,谁胜谁负,各方记录不一。

据《晋书》载,司马懿大获全胜。司马懿一路追至祁山,诸葛亮屯卤城,据南北二山,断水为重围。司马懿发动攻势后,诸葛亮畏战,夜间逃遁。司马懿纵兵追击,大破之,俘斩以万计。

据《汉晋春秋》载,诸葛亮大获全胜。司马懿畏惧诸葛亮,登山掘营,不肯交战。坚守祁山堡的贾栩、魏平联系上主力后,胆气大壮,数次请战,司马懿不许,众将议论:"公畏蜀如虎,奈天下笑何。"至五月,司马懿、张郃终于出击,南北夹击卤城,结果大败。诸葛亮大胜,"获甲首三千级,玄铠五千领,角弩三

---

[1] (唐)虞世南:《北堂书钞》卷第一百五十七地部一,清光绪十四年万卷堂刻本。

千一百张"①。

历史记录中的矛盾之处，在于这是两场战役。

第一战，诸葛亮占据南北二山，分设营垒，在西汉水"断水为重围"。司马懿出击了一次，"攻拔其围，亮宵遁"，至于俘斩万计，则不可信，乃中国古代文人一贯的浮夸计数。也有一种可能，诸葛亮故意示弱，引诱司马懿来攻。

诸葛亮前军与司马懿交战失利后，诸葛亮收缩兵力，祁山堡之围被解。司马懿则驻军卤山之北，守卫祁山堡的贾栩、魏平与魏军主力南北呼应。诸葛亮将自己置于合围之中，还有一个因素，等待轲比能从更北方夹击。但轲比能至北地郡后如何行动，史书无载。

第二战，此时的格局是，诸葛亮陷于曹魏南北包围之中，故而曹魏将领纷纷求战。特别是祁山堡守将贾栩、魏平不断求战，要求夹击卤山诸葛亮。主将司马懿面对这个局面，内心狐疑，一向求稳的诸葛亮，冒险将自己置于合围之中，其中必有后手。故而司马懿不肯出战，"病之"了一段时日。

至五月，考虑到粮草供给问题，司马懿不再坚守，决定进攻。司马懿进攻魏延、高翔、吴班三将防守的北围，张郃进攻王平防守的南围。此战司马懿在各方面都占尽优势，却被早有准备的蜀汉击败，损失惨重。战后司马懿主力往上邽方向撤退，

---

① （晋）陈寿：《三国志》卷三十五蜀书五，百衲本景宋绍熙刊本。

也好补给粮草。贾栩、魏平再回祁山堡固守。

诸葛亮乘胜北上,威逼上邽,寻找机会再进行主力会战。司马懿大败之后,已无心再战,此阶段双方在上邽附近对峙了将近一个月。

司马懿在上邽所得麦子,终究有限,限制了他的军事行动。是时,"陇右无谷",曹魏一度计划从关中运粮,但路途遥远,耗费人力巨大。还是郭淮有办法,恩威并施,逼迫羌、胡等部捐粮,方才解决军粮问题。

总体而言,此时蜀汉军占据主动,保持了北进的态势,但由于突然出现的粮草将尽问题,全军攻势不得不停止。六月,蜀汉全军经木门道回撤。回撤途中,在卤城之北,爆发了木门伏击战。

蜀汉大军撤退后,司马懿命张郃领兵追击。张郃很是不满,认为"归军勿追",且此前已有王双追击被杀的教训。但司马懿不听,此前的大败让他需要一场胜利挽回颜面,所以坚持己见。张郃无奈,只得领兵追击。

诸葛亮在军法中就指出:"依山附涧,高林深谷,此弓弩之地"[①],木门一线,正符合了弓弩之地的特征。撤退途中,蜀汉军在狭长的木门(青封)两边高处设伏,张郃追击时,遭到伏击。

---

① (三国)诸葛亮:《诸葛忠武侯文集》卷之二,清正谊堂全书本。

第三章　复兴汉室：出祁山的梦想与现实　　163

蜀汉伏军，"乘高布伏，弓弩乱发，矢中郃髀"①。此时乃是夏六月，张郃大腿中箭后，伤口感染，于当年七月去世，曹魏五子良将至此全部落幕。司马懿折了张郃，名义上击退了蜀汉大军，也是额外的收获。

张郃的意外陨落，为诸葛亮第四次北伐，获得了可以炫耀的战绩。诸葛亮之所以退兵，是因为粮草不足；之所以粮草不足，因为后方的李平（李严）没有配合好。此年诸葛亮出兵时，李严已改名为李平，负责督运粮草。此年春，诸葛亮出兵时，曾告知李平自己对曹魏的作战计划："上计断其后道。中计与之持久。下计还住黄土。"②下策便是，粮草不足时撤兵。

入夏之后，持续阴雨，道路泥泞，导致蜀汉运粮至前方很是艰难。负责运输军粮的李平，遣参军狐（马）忠、督军成藩，至前方"喻指，呼亮来还"③。也就是告知诸葛亮，受天气影响，粮草难以运到前方，建议撤兵。一说认为，"喻指"，乃是假传后主刘禅旨意，令诸葛亮回师。接到军粮将断的消息后，诸葛亮不得不放弃此前获得的优势，领兵撤回汉中。

但诡异的一幕出现，李平听闻诸葛亮撤兵后，却表示惊讶："军粮饶足，何以便归？"随后李平上表刘禅，认为："军伪退，

---

① （晋）陈寿：《三国志》卷十七魏书十七，百衲本景宋绍熙刊本。
② （晋）常璩：《华阳国志》卷第七，四部丛刊景明钞本。
③ （三国）诸葛亮：《诸葛武侯文集》卷之一，清正谊堂全书本。

欲以诱贼与战。"① 即诸葛亮退军，乃是诱敌之计，与自己无关。

李平如此混乱的表现，让后世史家瞠目结舌，这其实是李平与诸葛亮矛盾的总爆发。李平带领两万江州兵入汉中后，兵权旁落。李平此前提出的要置巴州、开府等条件都没实现，手中的军权又被剥夺，如何能甘心？于是玩起了阴招，给诸葛亮穿小鞋。

诸葛亮在《公文上尚书》中大骂李平："平为大臣，受恩过量，不思忠报，横造无端，危耻不办，迷惘上下，论狱弃科，导人为奸，情狭志狂，若无天地。"② 诸葛亮对李平可谓恨之入骨、咬牙切齿了，与二十多位将领代表联名上书，请将李平废为平民。

在真相暴露后，李平一度想要逃跑，先称病跑回沮县（今陕西勉县茶店镇）。诸葛亮军至沮县，李平再逃至沔阳（今陕西勉县），经参军狐（马）忠劝阻，方才没继续逃跑。诸葛亮返回成都后，在朝堂上当面对质，李平还想抵赖。但诸葛亮将李平前后的手疏都拿出来，李平词穷情竭，只得叩首谢罪。

秋八月，都护李平废为平民，徙梓潼郡。李平到底是刘备临终选定的顾命大臣之一，诸葛亮虽然痛恨，也不好下杀手。李平之子李丰，兵权被夺，在相府任从事中郎，江州军政大权

---

① （晋）陈寿：《三国志》卷四十蜀书十，百衲本景宋绍熙刊本。
② （三国）诸葛亮：《诸葛忠武侯文集》卷之一，清正谊堂全书本。

被诸葛亮所控制。

至于曹魏方面,自然大肆吹嘘胜绩,魏明帝曹叡遣使者犒军,增封邑。军师杜袭、督军薛悌认为:"明年麦熟,亮必为寇",陇右无谷,应提前准备。曹叡却认为,诸葛亮四次北伐无功,此后再出,必定不会攻城,也不会经陇右,当求野战,必在陇东。曹叡判断:"亮每以粮少为恨,归必积谷,以吾料之,非三稔不能动矣。"①

三年之后,诸葛亮果然来了。

---

① (唐)房玄龄:《晋书》卷一帝纪第一,清乾隆武英殿刻本。

说功业：
大星陨落五丈原

建兴十二年（234）二月，诸葛亮发动第五次北伐，也是他最后一次北伐。

诸葛亮此年已五十四岁，儿子诸葛瞻才八岁，本可晚年安享天伦之乐。可横亘于胸中的抱负，改变蜀汉不利战略格局的目标，兴复汉室的理想，使他再一次领兵出征。出征之时，诸葛亮在给兄长诸葛瑾的信中说起儿子："瞻今已八岁，聪慧可爱，嫌其早成，恐不为重器耳。"[1] 宠爱不舍之情，满溢字里行间。

为了这一次出击，诸葛亮做了两年多的充分准备。

---

[1] （三国）诸葛亮：《诸葛忠武侯文集》卷之一，清正谊堂全书本。

第三章　复兴汉室：出祁山的梦想与现实

汉中气候温和，河流众多，水源丰富，适合发展农业。建兴十年（232），诸葛亮在汉中大力发展耕作，"休士劝农"，组织士兵屯田，招募各地流民迁至汉中，垦荒种田。诸葛亮发展水利，整修"山河堰"，扩大土地灌溉面积。诸葛亮又教兵讲武，打造兵器，排练八阵，大幅提升军队的战斗力。

"世上俗儒宁辨此，高台当日读何书"，汉中今日犹存诸葛读书台，云诸葛亮处理完公务后，闲暇之时，于此读书小憩。诸葛亮凭借个人的超凡魅力和复兴汉室的伟大旗帜，虽然施行各种征调，也仍能激发出蜀汉内部的激情与斗志，使人们服从于北伐此项宏伟目标。

建兴十一年（233），诸葛亮积极筹划北伐，调用人力，运输大量粮草至前方，又建"邸阁"，相当于储存粮食、武器的仓库。赤岸邸阁距汉中更近，斜谷邸阁则靠近曹魏关中，便于战时物资供应。

为了安心北伐，诸葛亮派兵平定南中叛乱。此年南中豪帅刘胄起兵反蜀汉。时任庲降都督张翼严苛治理地方，与南中豪族关系紧张。刘胄举兵之后，张翼出兵讨伐失利，诸葛亮以马忠代替张翼出征。马忠在南中斩杀刘胄，平定此次叛乱。马忠，本名狐笃，也称狐忠。马忠军事才能出色，在诸葛亮南征时，负责攻打牂牁郡，立下战功。

诸葛亮驻屯南中后，马忠担任丞相参军，辅助长史蒋琬处理相府事务。在第四次北伐中，李平派遣马忠至前方，告知诸葛亮军粮难以运送，导致诸葛亮退兵。此后在李平逃跑时，经由马忠劝说，未曾酿成大患。

虽有各种变动，此期间诸葛亮练兵颇有成果，曾自负云："八阵既成，自今行师，庶不覆败。"①诸葛亮所练八阵，被后世各种神化，各种天花乱坠，无所不能。其实八阵在当日不过是各个军种协同作战而已。曹魏骑兵强大，在野战中占尽优势，故而诸葛亮一直挑选合适的战阵，以压制骑兵优势。诸葛亮所练出的八阵，乃是通过车阵、弓弩等组合，克制骑兵优势。

八阵并不是诸葛亮首创。早在东汉，窦宪攻打北匈奴时，就用过八阵。据班固《封燕然山铭》碑文，"云辎蔽路，万有三千余乘""勒以八阵，莅以威神"，以成规模的车阵应对匈奴骑兵。②诸葛亮也认为，遇到骑兵来犯，用车阵应对。

至西晋时，马隆依八阵图，造偏箱车，对付鲜卑骑兵。其战法是，地形开阔则设鹿角车营，"路狭则为木屋施于车上，且战且前，弓矢所及，应弦而倒"③。诸葛亮也提出，"地狭者，以锯齿而待之"④，可见马隆受诸葛亮影响。北魏时期，重臣高闾曾建议朝廷，选用六万士卒，"采诸葛亮八阵之法，为平地御寇之

---

① （南北朝）郦道元：《水经注》卷三十三，清武英殿聚珍版丛书本。
② 2017年8月15日，在蒙古国中戈壁省德勒格尔杭爱县，发现班固所书《封燕然山铭》。
③ （隋）杜公瞻：《编珠》卷四，清康熙三十七年刻本。
④ （三国）诸葛亮：《诸葛忠武侯文集》卷之一，清正谊堂全书本。

第三章 复兴汉室：出祁山的梦想与现实

方"[1]，也是以车阵对付骑兵。

此次北伐，没有走陇西大道，而是走褒斜道，出斜谷口，向东可以威胁长安，向北过渭水则可截断关中与陇右通道。此次未经陇右出祁山，也是汲取了此前的教训。陇西地区自然环境恶劣，后勤补给困难，且此地相对贫瘠，大军进入后，难以在当地取粮。出斜谷后，进入关中平原，则更为富庶，也可就地取粮。赵云在世时就认为："早图关中，居河、渭上流以讨凶逆，关东义士必裹粮策马以迎王师。"[2]赵云已去，关东义士也无存矣，人世变代，空存嗟叹。

得到蜀汉出兵消息后，主持关中、陇右军事的魏大将军司马懿，先期率大军赶至渭水之北。在战前会议上，诸将多主张驻军渭水北岸，结阵以待，司马懿则认为："百姓积聚，皆在渭南，此必争之地也。"[3]司马懿留一部分军力驻于渭北，在渭北阳遂、北原等要隘建立围守，自己亲率大部渡过渭水，在渭水南岸背水为垒。

司马懿结合诸葛亮求稳不求险的性格，对蜀军的动向加以预判：诸葛亮如果不求稳，则过武功水往东进攻，冒险直扑长安，杀入关中，如此很难应对。如果求稳，则会选择驻兵五丈

---

[1]（南北朝）魏收：《魏书》卷五十四列传第四十二，清乾隆武英殿刻本。
[2]（晋）陈寿：《三国志》卷三十六蜀书六，百衲本景宋绍熙刊本。
[3]（唐）房玄龄：《晋书》卷一帝纪第一，清乾隆武英殿刻本。

原，如此则不足为患。

蜀汉受国力限制，最大动员兵力不过十余万，此次诸葛亮号称出兵十万，实际上不足此数。曹魏内部对于此次诸葛亮领大兵北伐，很是紧张。司马懿在给弟弟司马孚的信中，先是吹嘘一番，再加以安慰："(亮)虽提卒十万，已堕吾画中。"[①]

魏明帝曹叡虽为人奢淫过度，却有着出色的军事才能。此时他还需要警惕东线的孙吴，故而只给了司马懿两万援兵。不过曹叡对此战很有把握，指示司马懿："但坚壁拒守，以挫其锋，彼进不得志，退无与战，久停则粮尽，虏略无所获，则必走矣。走而追之，以逸待劳，全胜之道也。"[②]曹魏乃是内线作战。保持守势，持续耗下去，则内线作战在后勤上的优势会不断增加。

在陇右，曹魏方面也做了充分准备。此前每次诸葛亮北伐，边兵不足以应对，要长途抽调精兵增援。此时已经预选精锐步骑二万，部署在陇右。又因关中持续遭遇战火，谷帛不足，所以遣冀州农丁五千，屯田于上邽，秋冬习战阵，春夏修田桑。

建兴十二年（234）夏四月，诸葛亮兵出斜谷，屯驻渭南五丈原（今陕西岐山）。褒斜道"斜谷阻险，难以进退"，诸葛亮大军花费近两个月时间，方才全军走出山谷。

五丈原（塬）在渭河之南，武功水之西，乃是一块凸起的

---

① （唐）房玄龄：《晋书》卷一帝纪第一，清乾隆武英殿刻本。
② （晋）陈寿：《三国志》卷三魏书三，百衲本景宋绍熙刊本。

第三章　复兴汉室：出祁山的梦想与现实

黄土台塬，海拔七百余米，险峻异常。五丈原，横亘在黄土高原上，北是渭水，东为武功水。武功水从斜谷流出，注入渭水，将渭水南岸又分为东西岸。

五丈原上地势平坦，可以大量驻军。诸葛亮将大本营设在五丈原，试图北渡渭水，直入关陇交接地带，以实现占领陇西的目标。五丈原地势优越，大军驻扎，易于取水，也可隔河防守。此地距离斜谷口不远，也方便粮草运输。诸葛亮至五丈原，分兵屯田，为久驻之基。蜀汉士兵与渭水当地民众一起耕作，百姓安定，军无妄动。

司马懿占据渭水南岸，扎营在渭水与武功水交汇之处。不管诸葛亮是渡渭水还是武功水，都处于司马懿监视范围之内。在武功水之东，马冢高地上也有魏军驻扎。

诸葛亮与司马懿在渭水之滨对峙。后世传说，诸葛亮乘舆，葛巾，持白羽扇，指挥三军，如仙似幻。此时诸葛亮乘舆而不骑马，约是此时身体状况已很差，不能骑马了。白羽扇的主要功能是战时指挥作战，而非名士清谈。羽扇指挥作战，很早就有记录。楚国令尹孙叔敖高枕而逍遥，会理忘言，执羽扇而自得，使敌国不侵，折冲千里之外。

北原位于渭水北岸，乃是关中平原上地势较高的台地，面积广阔。诸葛亮如果突然过渭水，抢占北原，则会断绝前往陇西的通道。郭淮虽然屡吃败仗，可对自己的根据地陇西很是关心，建议加强后方北原的守卫："若亮跨渭登原，连兵北山，隔绝陇道,摇荡民、夷,此非国之利也。"[1]

司马懿支持郭淮的想法,由郭淮领兵至渭水北岸驻屯,修建堑垒。堑垒未成,蜀兵果然渡过渭水来袭,被有所准备的郭淮击退。诸葛亮过渭水后,又领兵西进,将领们判断是要进攻西侧的魏军营地。但郭淮判断,诸葛亮这是在引诱魏军,真实目标是攻击东边的阳遂。近代学者卢弼认为,阳遂在渭水以北、积石原以东。一说认为,阳遂乃今陕西眉县或是扶风县境之渭河北岸。

此外,司马懿也早就判断诸葛亮将渡渭水发动攻击,提前遣将军周当屯驻在阳遂。司马懿以周当为诱饵,等着诸葛亮上钩,诸葛亮却很有耐心,反向西运动。司马懿判断,诸葛亮一直不攻阳遂,乃声东击西,阳遂才是真正目标。司马懿遣将军胡遵、雍州刺史郭淮加强阳遂守卫。后诸葛亮大军果然前来,双方于阳遂积石原,临原而战。蜀汉军不得进,退还于五丈原。

关于诸葛亮第五次北伐的记录,相对比较混乱、简单。从仅存的记录来看,蜀汉军占据主动,以攻势为主,曹魏军比较被动,以防守为主。此次战事中,曹魏一方的主动攻击很少,在武功水东的一次攻势,可以说是此番双方最大的一场战事。

---

[1] (晋)陈寿:《三国志》卷二十六魏书二十六,百衲本景宋绍熙刊本。

渭水支流流经武功县，故称"武功水"。诸葛亮早先就已遣虎步监孟琰，领兵据武功水之东，警戒马冢高地上的魏军。马冢地势较高，很难攻打下来，是故一直不攻。孟琰出自南中大族孟氏，乃孟获的族弟，也是老于战阵，此次独当一面。

至夏季时，秦岭雨水下流，注入渭水、武功水，水位暴涨。在武功水东的孟琰与诸葛亮主力隔绝，成为孤军，司马懿把握到了战机。司马懿下了重注，出动骑兵万人，来攻孟琰军营。一次出动骑兵万人，也可见曹魏军事实力。诸葛亮苦心经营数年，不过打造出了千余人的骑兵部队，这也就能理解为何诸葛亮避免与魏军在开阔地带交战。

面对曹魏骑兵大军，武功水东岸的孟琰孤军危急。诸葛亮发挥自己的理工天赋，一方面迅速营造竹桥，遣兵过武功水增援。一方面则命将士，用强弓劲弩，隔着武功水密集射击，阻滞骑兵冲击。曹魏骑兵遭到箭雨杀伤，且竹桥已成，司马懿无心恋战，引兵退回。

此战，是诸葛亮亲自指挥的最后一战，战后双方继续对峙。

诸葛亮数次挑战，司马懿坚守不出。《魏氏春秋》云：诸葛亮使出大杀招，馈赠司马懿"巾帼妇人之饰"。隐忍阴狠是司马懿的底色，怎会被此刺激。不过司马懿军中群情激愤，为了平息众将怒火，司马懿将球踢给了魏明帝曹叡。战前曹叡给他定下的战略就是"坚壁拒守，以挫其锋"，慢慢耗尽蜀汉军粮。司马懿装作很愤怒地上表请战，曹叡也很配合，派出骨鲠之臣辛毗为大将军军师，持节至前方军营，阻止魏军出战。硬骨头辛毗一到，六军皆肃，莫敢违反。

司马懿有曹叡支持，激情表演。诸葛亮再来挑战时，司马懿表现得勇不可当，若猛虎出山，领兵准备出战。此时辛毗持杖节，立于军门之前阻止，司马懿心中暗笑，装作无奈退兵。司马懿演技过人，后与曹爽争权时，装老年痴呆，一装两年，骗过了曹爽。姜维听到辛毗杖节入魏军后，很是失望，对诸葛亮道："辛毗杖节而到，贼不复出矣。"诸葛亮对司马懿的表演却看得清楚："彼本无战心，所以固请者，以示武于其众耳。"①

七月，东线战局发生变化。曹叡亲自东征，与孙权在合肥会战。孙权久战无功，撤军而去。孙权大兵十万来攻，却无功而返，后世送了一个雅号"孙十万"。取胜后，有大臣建议曹叡，乘胜西狩长安，督军击溃诸葛亮。曹叡在军事上的眼光比较老辣，认为司马懿足以对付诸葛亮，不必增援。

得了东线胜利的消息后，司马懿大喜过望，命二千余人在军营东南角，高声狂呼"万岁"。虽在敌对阵营，不影响往来，诸葛亮很是好奇，派使者至魏军大营，询问狂呼缘由。司马懿回复汉使："吴国有使至，请降。"诸葛亮听后，挖苦司马懿："卿是六十老翁，何烦诡诳如此？"② 司马懿年长诸葛亮两岁，将

---

① （唐）杜佑：《通典》卷一百五十兵三，清武英殿刻本。
② （唐）杜佑：《通典》卷一百五十兵三，清武英殿刻本。

近六旬矣。

不过狡猾的司马懿,从前来刺探消息的汉使口中,反而捕捉到了重要的信息。汉使得意炫耀,云诸葛亮衣食简单,"每日不过食米三四升",诸葛亮事必躬亲,夙兴夜寐,"二十罚已上皆自省览"[1]。司马懿判断:"孔明食少事烦,其能久乎"[2],更加坚定了避战。

对战局影响最大的变数果然出现,诸葛亮病重。

诸葛亮日常忙碌,心力交瘁,饮食极少,出兵五丈原持续百余日,战事、后勤、屯田、人事等,无一不亲自操劳,他已是油尽灯枯。诸葛亮生前,一切操控于己手,以北伐的坚强信念支撑着一次次战事。诸葛亮从不行险,应变将略,非其所长,其在军事上的持稳,使其虽无大胜,也无大败。可理念支撑下的长久冲突,在消耗了蜀汉国力的同时,也耗尽了诸葛亮的生命力。

八月,诸葛亮自感身体不适,将不久于人世,给后主刘禅上表,交代身后事。刘禅当了这么多年甩手掌柜,一看大厦将倾,也是心惊,赶紧派尚书仆射李福到五丈原探望。诸葛亮托李福转告后主,死后遗骨不必运回成都,就近葬于沔阳定军山下,靠山造坟,一切从简,墓中不设随葬器物。

---

[1] (唐)房玄龄:《晋书》卷一帝纪第一,清乾隆武英殿刻本。
[2] (唐)杜甫:《九家集注杜诗》卷三古诗,清文渊阁四库全书本。

临终之前,诸葛亮饱含着父爱,给儿子留下了不朽名篇《诫子书》:

> 夫君子之行,静以修身,俭以养德。非淡泊无以明志,非宁静无以致远。夫学须静也,才须学也,非学无以广才,非志无以成学。淫慢则不能励精,险躁则不能治性。年与时驰,意与日去,遂成枯落,多不接世,悲守穷庐,将复何及。

建兴十二年(234)八月下旬,在与司马懿相持一百多天后,诸葛亮病逝于军中,享年五十四岁。诸葛亮葬在沔阳定军山,"因即地势,不起坟垄"。沔阳乃是诸葛亮北伐的后方基地,葬于此地,也是北伐未了、汉室未兴,存遥望中原之心了。是故,后世认为诸葛亮虽行法家之术,却存儒家王道之心。

秋风掠过五丈原,大星陨落王道崩。当蜀汉军退去时,民众奔走相告,司马懿出兵追击,此时领兵断后的长史杨仪在姜维建议下,反旗鸣鼓,似欲交战。司马懿本就无心恋战,见蜀汉军有异动,乃坐视蜀汉军退去。待蜀汉军退尽,司马懿才入五丈原大营,带着满腔好奇与对诸葛亮的崇敬,观摩蜀汉军营垒,又收获了各类文书及大量粮谷,由此可知蜀汉军此次粮草供给充足。

此时司马懿判断,蜀汉军中,必有大变,下定决心追击。

第三章 复兴汉室：出祁山的梦想与现实

辛毗认为，蜀汉军中是否有变，尚未可知，还需谨慎。司马懿反驳："粮草乃军家所重，岂会轻易舍弃？宜急追之。"魏军急追，关中道路多有蒺藜，司马懿命军士二千人，着软材平底木屐前行，将蒺藜用木屐踩尽，然后马步军快速追击。一路追到赤岸邸阁，才知诸葛亮已去世，曹魏这才退兵而去。

蜀汉处境之艰难，诸葛亮心中深知。可他一次次领兵，发动北伐，试图改善提振蜀汉的战略格局，最终陨落五丈原。后世常叹息诸葛亮早逝，遂使北伐无望。若诸葛亮不早逝于五丈原，则蜀汉格局就能改变？后世史家评论："盖以内忧言，以转轮言，以士气言，以实力言，蜀之将亡，固兆孔明出师之际。然使孔明老寿，至于八十九十，其能免于亡国之辱，败师之痛乎？亦未必也。"[1]

对诸葛亮持续北伐，后世争议不断。非议者认为，诸葛亮罔顾蜀汉实际情况，连年兴师动众，屡战无功，劳累民众，乃是必然失败。赞成者认为，诸葛亮以攻为守，通过持续北伐，高举复兴汉室的大旗，震慑了曹魏，北伐是得多于失、利大于害。但持续战事，需要加大对民间的征调，是故"西土苦其役调"[2]。

---

[1] 陈登原：《蜀汉后主刘禅评》，《金陵学报》1932年第2卷第1期，第47页。

[2] （宋）佚名：《三国文类》卷四十论，清文津阁四库全书本。

诸葛亮鞠躬尽瘁，试图力挽狂澜，兴复汉室。可汉室之兴，与万千底层民众之间，又有什么关系？谁做皇帝，都是凌驾万民之上，以天下供养一人，区别不过是盘剥程度多少罢了。至蜀汉覆灭时，谯周走出了蜀汉大国迷思，他力主投降，兴亡与否，百姓皆苦，汉家运祚，随他去了，干百姓何事？

未了案：
魏延真的谋反了？

在后世历史的不断层累创造中，魏延被加工成了一个天生"反骨仔"的形象。在实际历史中，魏延能力超群，很得刘备欣赏，乃至被重用，坐镇战略要冲汉中，而这一点在后世的演义故事中被有意识地淡化。

魏延原属刘表帐下，后刘表亡故，曹操南征，刘琮将荆州献于曹操，魏延转投了长沙太守韩玄。赤壁之战后，刘备攻取荆南四郡，韩玄等投降，魏延也随之成为刘备属下。之后魏延率领自己的部曲，随同刘备入蜀。魏延鞍前马后，一路征战，随着刘备一起打下益州。

在此过程中，魏延的能力足以给刘备留下深刻印象。建安十六年（211），魏延"随先主入蜀，数有战功，迁牙门将军"。此时，虎将赵云不过是牙门将（相当于千夫长，中级军官），足见魏延在刘备心中的地位。

建安二十四年（219），刘备夺取汉中，要选一重将镇守汉中。汉中地处关中与巴蜀之间，"北瞰关中，南蔽巴蜀，东达襄邓，西控秦陇，形势最重"[①]，乃益州屏障，是刘备北伐的前进基地。

此时关羽坐镇荆州，众人都以为，宿将张飞才是不二人选。张飞自忖，必属自己。不想刘备行出人意料之举，以牙门将魏延担任督汉中镇远将军、领汉中太守，一军尽惊。此时赵云则留在后方，驻守成都。

刘备重用魏延，问其如何应对曹操大军来攻："今委卿以重任，卿居之欲云何？"魏延的回答豪迈逼人："若曹操举天下而来，请为大王拒之；偏将十万之众至，请为大王吞之。"[②] 拒吞之间，真有气吞万里如虎之势。魏延此等豪言乃是基于实力与自信而发，刘备闻之称善，众咸壮其言。

从建安二十四年（219）至建兴五年（227）诸葛亮出屯汉中前，魏延担任汉中都督长达八年。

魏延都督任内，"实兵诸围，以御外敌"。在汉中期间，魏

[①]（清）顾祖禹：《读史方舆纪要》卷五十六，清稿本。
[②]（晋）陈寿：《三国志》卷四十蜀书十，百衲本景宋绍熙刊本。

延利用张鲁留下的防御堡垒，修整围堡，抵抗曹魏大军。魏延所筑兴势围，依兴依山而建。延熙七年（244），王平依托此围抵拒曹爽，取得大胜，乃蜀汉战略性的军事要隘。魏延所修缮、修建的系列堡垒，将汉中盆地打造成一体防御体系。

诸葛亮出屯汉中后，汉中防御牢固，只是做了一些完善，在汉中盆地西头筑汉城、东头筑乐城。景耀元年（258），姜维提出"敛兵聚谷"战术，即收缩兵力，依托汉中盆地内的重点围堡进行防御。

魏延在汉中都督任上，政绩显著，一向刻薄的杨戏后来也称赞他，"折冲外御，镇保国境"。魏延有能力，有野心，遇到赏识他的主子，自然能一展拳脚。迨刘备一死，刘禅软弱，诸葛亮大权独揽，魏延就不太受重用。作为文臣的诸葛亮原本与武将关羽不和，而魏延性格又与关羽类似，自然要加以警惕。

文武不和在蜀汉集团中不是个例。刘封个性刚猛，颇具武力，不被诸葛亮所喜，唯恐刘备一死，难以控制。诸葛亮劝说刘备将刘封赐死。文臣刘巴就瞧不起武将张飞。诸葛亮做工作，劝说刘巴："张飞虽实武人，敬慕足下。"实是给足了刘巴面子。不想刘巴丝毫不理，云："大丈夫处世，当交四海英雄，如何与兵子共语？"[①]"兵子"二字，鄙夷之气，直冲云霄。

不但文武不和，文人集团内部也有倾轧。彭羕恣意骄傲，

[①]（晋）陈寿：《三国志》卷三十九蜀书九，百衲本景宋绍熙刊本。

多所轻忽，刘璋时任书佐小吏，被诽谤受髡刑，沦为徒隶，后经庞统、法正的推荐，得到刘备重用。成都既定，刘备提拔彭羕为治中从事。彭羕平步青云，形色嚣然，很是自得。彭羕能得刘备赏识，自有其能力所在，刘备数次命彭羕宣讲军事、指授诸将，都表现出色。乃至马超对彭羕说："主公相待至重，谓卿当与孔明、孝直（法正字）诸人齐足并驰。"

彭羕的崛起引发了一个人的警惕，这就是诸葛亮。诸葛亮明面上与彭羕交好，私下却多次向刘备告密，说彭羕坏话，如"心大志广，难可保安"[1]。刘备被诸葛亮吹了耳边风，乃调彭羕为江阳太守。

彭羕心中不满，大骂刘备："老革荒悖，可复道邪！"古者以革为兵，有兵革之说；老革者，老兵痞也。彭羕还游说马超："卿为其外，我为其内，天下不足定也。"此语被马超告发，将彭羕收入狱中。彭羕在狱中写信给诸葛亮，自己狂悖失言，"负我慈父，罪有万死"，请求诸葛亮宽恕。诸葛亮虽号称"服罪输情者虽重必释"[2]，却没有原谅彭羕，将其诛杀，时年三十七岁。

建兴五年（227），诸葛亮以魏延为督前部，领丞相司马、凉州刺史，也就是统领前军了，镇东将军赵云则随诸葛亮驻汉中。

---

[1] （晋）陈寿：《三国志》卷四十蜀书十，百衲本景宋绍熙刊本。
[2] （晋）陈寿：《三国志》卷三十五蜀书五，百衲本景宋绍熙刊本。

第三章 复兴汉室：出祁山的梦想与现实

建兴六年（228）正月，诸葛亮在南郑召开军事会议，讨论北伐战略。会上魏延建议，由他统领精兵五千、民夫五千，经子午道，不过十日，可到长安。诸葛亮率主力出褒斜道，两路人马夹击长安。曹魏长安守将夏侯楙之妻为曹操的女儿清河公主，由此登上大位。夏侯楙勇而无谋，性无武略，却喜欢赚钱，又好色如命，多蓄伎妾，为此还和公主闹翻。魏延判断，一旦蜀国大兵突至，夏侯楙不敢战，必乘船逃走，如此一战而下长安。

南宋陈造评说，"向令魏延之策见用，长安或为亮有"[1]，也是书生空做雄论。子午道确实是抵达长安最近的道路，但问题在于，子午道沿线险峻，仰首高山耸峙，低头河流湍急，险峻无比，一些路段在悬崖峭壁上，凿出栈道，架设木桥通行。曹真伐蜀时曾走过子午道，花了一个月还没走到一半。

魏延此策，风险高，回报也高，如同一场豪赌——赌赢了，则拿下长安，赌输了，蜀汉军力大损。此时魏国的政治中心乃是洛阳，拿下长安，只能收复长安以西。诸葛亮平生仔细谨慎，认为此策风险过高，"不如安从坦道，可以平取陇右，十全必克而无虞"[2]，故不用魏延之策，也是有他的道理。

诸葛亮的选择是，大军出陇右，走陇西大道，这条道路最

---

[1] （宋）陈造：《江湖长翁集》卷二十四，明万历刻本。
[2] （晋）陈寿：《三国志》卷四十蜀书十，百衲本景宋绍熙刊本。

为遥远，但路况相对较好，行军容易，且有水道可资利用。但出陇右，绕道千里，后勤是巨大问题，"常千里负粮以邀一战，不以败还，即以饥退"①。且诸葛亮不信任魏延，第一次北伐时，将守街亭的重任交给马谡，导致街亭失守。不论魏延之策管用与否，诸葛亮选择的另外一条道路，被证明了是行不通的。

至于魏延，每随诸葛亮出征，迫切想要表现，要求独自领兵万人独行。诸葛亮一生谨慎，对魏延锋芒毕露的性格加以约束。魏延则以为诸葛亮胆怯，心中腹诽，只恨不得一展才华，彼此之间，也有芥蒂。

建兴八年（230），曹魏大兵，分四路攻蜀。魏延终于能一展身手，领兵出境，西入羌中，主动迎击陇右魏军。因为持续大雨，导致栈道中断，其他三路魏军退回，只有魏延与魏国大将郭淮、费瑶在阳溪交战。郭淮乃魏国老将，久经战阵，为人老成，威望颇高。羌中多为起伏山地，且曹魏主力乃凉州骑兵，魏延在外线战场上，化被动为主动，在阳溪大破郭淮。

魏延此战，在蜀汉一方中却没有详细记录，只是寥寥一句而已，盖因日后魏延举兵被杀，蜀汉一方视之为叛徒，不想过多提及。大军回师后，魏延因此战大胜，功封"前军师、征西大将军，假节，进封南郑侯"，已有蜀汉军方第一人的姿态。

东汉爵制，郡王为第一等，县侯、乡侯、亭侯为第二等，

---

① （宋）何去非：《何博士备论不分卷》，清嘉庆留香室刻本。

列侯大者食县，小者食乡、亭，此外还有级别更低的关内侯。蜀汉沿袭此制，魏延所得便是县侯。蜀汉国力有限，对于爵位控制得比较紧，加以限制，重要功臣多限于封乡、亭侯，赵云至死不过永昌亭侯。封县侯有迹可考者只有三人，即魏延、王平、姜维。

魏延领兵作战，智勇兼备，善养士卒，勇猛过人，乃大将之才。但魏延的个性孤傲，负地矜才，又被诸葛亮压制，对于文官也不是特别尊敬，遇上了个同样恃才傲物的杨仪。在刘备时代，杨仪与刘巴二人同为尚书，不想刘巴随后取代法正，升迁为尚书令。杨仪愤懑于胸，少不得各种怨言，由此"左迁遥署弘农太守"。后来杨仪得了诸葛亮器重，委以长史要职，却本性不改。魏延"性矜高"，杨仪"性狷狭"，二人针尖对麦芒，关系紧张，"每至并坐争论，延或举刀拟仪，仪泣涕横集"。

魏、杨二人争执激烈时，费祎入其座间，加以调解。不过《华阳国志》对《三国志》常有修改。杨仪、魏延之间关系，《三国志》描述为"延或举刀拟仪"，到了《华阳国志》中改为"延常举刀拟仪"。或，是偶尔；常，是经常。

杨仪、魏延不和，传播四方。费祎、董恢出使吴国，孙权喝醉，问起杨仪、魏延二人不和之事。孙权酒一多，话也多，认为二人乃"牧竖小人"，又提醒："若一朝无诸葛亮，必为祸乱矣。"此事传到诸葛亮耳中，诸葛亮大为赞叹，深以孙权有识人之能。诸葛亮早知道二人矛盾极深，一直扮演着老好人的角色，长期和稀泥，却未采取措施，平息矛盾。

建兴十二年（234）秋，领兵北伐途中，诸葛亮病逝。

此时魏延为前锋、前军师、征西大将军，假节，封南郑侯。杨仪在军中担任丞相长史，加绥军将军，"军戎节度，取办于仪"[1]。

杨仪与魏延的矛盾，在诸葛亮死后总爆发。据《三国志》的记录，诸葛亮生前的安排、死后事件的发展，存在着颇多谜团。

其一，诸葛亮生前，绕开重要军事长官魏延，安排杨仪执掌全军，不合常理。

据《三国志》，诸葛亮秘密与长史杨仪、司马费祎安排身后之事。作为军方要人的高级将领魏延则被排斥在外，无疑这是不合规矩的，这只是小圈子的一场权力密谋。诸葛亮死后，从能力、威望、功绩、官品各方面而言，都应当由魏延统领全军。但不可思议的是，诸葛亮却将军队交给与魏延水火不容的杨仪。

诸葛亮知道魏延在军中的地位，也明白如此安排，魏延必然不服。诸葛亮的应对是什么？诸葛亮对杨仪、费祎、姜维等人说："若延或不从命，军便自发。"[2]也就是，不管他了，你们领兵自己回去吧。军国大事，如此安排，实让人目瞪口呆。诸

---

[1] （晋）陈寿：《三国志》卷四十蜀书十，百衲本景宋绍熙刊本。
[2] （晋）陈寿：《三国志》卷四十蜀书十，百衲本景宋绍熙刊本。

葛亮的昏聩安排，后世小说家写作时无法解释，只好提前给魏延安置上了一块反骨，乃至诸葛亮如神一般，在死前安排好对付叛将魏延。

其二，诸葛亮死后，魏延得知杨仪掌权，竟然还先礼后兵，要发布公告，劝说众将。

据《三国志》，诸葛亮一死，杨仪掌权，秘不发丧，安排撤军，由魏延负责断后。杨仪故意委托费祎，去刺探魏延想法。魏延竟然不怀疑费祎，直抒胸臆，认为丞相虽亡，相府官员可先运送棺椁还葬，自己则领兵继续作战，"何以一人死废天下之事耶"。魏延又云："且魏延何人，当为杨仪所部勒，作断后将乎？"

魏延很客气地挽留费祎，留下来一起行动，写好文告，共同署名，再去通告将领遵从魏延的命令。这表明，魏延不想以武力解决问题。费祎找了个理由："我先回去，将你的想法告知杨长史。杨长史是文吏，不懂军事，必不会违命。"费祎出门驰马而去，魏延之后似乎突然开窍，改变了主意，要通过武力来解决问题。

其三，据《三国志》载，杨仪领兵急退，昼夜兼行。不想魏延后发先至，占据南谷口，烧绝褒斜谷栈道，截断归路。栈道被烧后，杨仪寻找小路，"槎山通道，昼夜兼行"[①]，赶到谷口。

---

① （晋）陈寿：《三国志》卷四十蜀书十，百衲本景宋绍熙刊本。

杨仪撤兵先行，魏延随后领兵追击，一路焚烧栈道，竟然能在狭长难行的褒斜谷中，超过杨仪军队，堵住谷口，这根本不可能。且杨仪能在栈道被焚烧后，还能昼夜前进，也不符合常理。二人还各自上书朝廷，指控对方乃是叛逆。一日之中，文书同至，让后主刘禅也看不懂。

其四，最关键的问题是，诸葛亮的棺椁是谁运送的？丞相身故，第一要务自然是将棺椁平安送回，可各种记录中都未提及此。

就诸葛亮死后，蜀汉军中发生的变故，《魏略》中文字虽少，却是最可靠的真相。诸葛亮去世之前，曾对魏延等人云："我之死后，但谨自守，慎勿复来也。"诸葛亮"令延摄行己事，密持丧去"。[1] 据此记录，诸葛亮在生前安排魏延主持撤退，并改变战略，此后以守为主，轻易不要再发动攻势。

据此可以推断，魏延遵循诸葛亮的命令，带领大军撤退，并护送棺椁先行，以杨仪在后方掩护。行至褒谷口，方才发丧。此时由魏延主持军事，长史杨仪与魏延长期不和，畏惧将要被害，乃借口魏延要举众投降曹魏，发兵来攻。魏延本无投降之心，又无心恋战，"不战军走，追而杀之"[2]。

据《汉晋春秋》载，诸葛亮死后，断后的乃是杨仪、姜维，

---

[1] （晋）陈寿：《三国志》卷四十蜀书十，百衲本景宋绍熙刊本。
[2] （晋）陈寿：《三国志》卷四十蜀书十，百衲本景宋绍熙刊本。

在二人主持下,"反旗鸣鼓",吓退司马懿,"于是仪结陈而去"[①]。《晋书》的记录也是,司马懿"以穷寇不之逼,于是杨仪结阵而去"[②]。后世史家常以为这是误记,但这恰恰是真相,杨仪、姜维负责断后,惊退司马懿后,追上领兵先行退去的魏延,将之击杀。

杀魏延乃是一场密谋,参与者还有杨仪、费祎、蒋琬、吴壹等人。

诸葛亮死前,蜀汉内部派系又开始分化,形成了新旧势力,分别是以诸葛亮、魏延、杨仪等为代表的旧臣势力,这是刘备留下的力量。此外还有新人势力,分别是以诸葛亮幕府为中心的相府派新势力,代表人物如蒋琬;以刘禅东宫为中心的东宫派新势力,代表人物如费祎、董允。蒋琬、费祎、董允等,又同属荆州派。新旧势力交替之际,旧势力内部首先发生冲突,新势力自然是不会加以调和的,而是乐观其成。

费祎虽是东宫派势力,但交好相府派新旧势力,结成联盟。在杨仪密谋铲除魏延的过程中,费祎出了大力,乃至有了《三国志》中记录费祎前去刺探魏延动向之举。蒋琬乃是诸葛亮指定的政治接班人,自然不希望大权旁落,视魏延为竞争对手。诸葛亮死后,杨仪、魏延互相指责对方叛乱时,刘禅询问侍中

[①] (晋)陈寿:《三国志》卷三十五蜀书五,百衲本景宋绍熙刊本。
[②] (唐)房玄龄:《晋书》卷一帝纪第一,清乾隆武英殿刻本。

董允、留府长史蒋琬意见，二人都力挺杨仪忠诚，咬定魏延叛逆。

由各方的记录也可以看出，姜维与杨仪关系较好，诸葛亮死后，为其出谋划策，惊退司马懿。姜维虽是诸葛亮选定的军事接班人，但在蜀汉根基势力不稳，静观其变。一说以为，魏延的副手吴壹起到了关键性的作用。吴壹的妹妹嫁给了刘备，刘禅七岁丧母后，得到吴夫人的养育，至刘禅登基后，封吴夫人为太后，乃至形成了大臣之妻朝贺太后的习惯。吴壹可以视为刘禅东宫一派，与费祎自然有联系，在此关头利用自己在军中的影响力，使魏延属下将士无心追随。

在后方的刘禅禁军宿卫营，本由东宫派董允统领，此时也转交由相府派蒋琬控制，也说明相府派与东宫派结盟。蒋琬统领宿卫营，紧急驰援杨仪，以防不测。

魏延无心反叛，部属各自散去，魏延与其子数人逃亡，奔往汉中。杨仪哪肯放过魏延，遣马岱追击，斩杀魏延。当魏延的首级献到杨仪面前时，杨仪的小人本相毕露，跳起来用脚踩踏，口中骂道："庸奴！复能作恶不？"[1] 又杀掉魏延三族，残酷如斯。事后吴壹接替魏延汉中都督，晋升车骑将军。

正因为这是一场合谋，几方势力联手铲除了魏延，自然要编造出魏延谋反的故事。而魏延谋反的故事，就连陈寿撰《三

---

[1] （晋）陈寿：《三国志》卷四十蜀书十，百衲本景宋绍熙刊本。

国志》时，都觉得其中疑点颇多，乃至认为魏延并无投降曹魏之意。蜀汉一方掩盖了此次密谋，曹魏阵营却获得了相对可靠的真相，留下了一些记录，也被史家所忽略。

历史自有公论，魏延死后七年。延熙四年（241），杨戏在《季汉辅臣赞》中，评价魏延："文长刚粗，临难受命，折冲外御，镇保国境。不协不和，忘节言乱，疾终惜始，实惟厥性。"是为的论。吕思勉评论："然亮死后，蒋琬、费祎才力，皆不足以图中原。使延犹在，当不至此，其才究可惜也。"[①]

作为胜利者，杨仪领军返回成都。此番诛杀魏延，杨仪自以为功勋最大，可以继承诸葛亮衣钵，主持政务。不想诸葛亮生前所选中的接班人却是新人蒋琬。蒋琬出任尚书令、益州刺史，杨仪弄了个虚职，拜为中军师，无所统领。杨仪自以为资历老，功劳大，才能高，不想却屈于蒋琬之下，愤恨难平，"于是怨愤形于声色，叹咤之音发于五内"[②]。

诸葛亮生前，在人事布局上存在问题。丞相人选，关系国本，本应在规则框架内，拿到台面上商量决定。可诸葛亮的做法却是私下给后主刘禅上了个密表，称若是自己死了，"后事宜以付琬"。暗中确定了接班人蒋琬，又不对外公示，这非政治家堂堂正正之举，自然激化了矛盾。

[①] 吕思勉：《秦汉史》上册，上海：上海古籍出版社1983年版，第424页。
[②] （晋）陈寿：《三国志》卷四十蜀书十，百衲本景宋绍熙刊本。

诸葛亮既然以蒋琬作为自己的接班人,则应让他在前方坐镇,辅佐自己统领大军,一旦诸葛亮身死也可以立即接班,如此众人无话可说。可在诸葛亮身边的却是杨仪,杨仪杀掉魏延,目标就是执掌大权,结果却发现自己又不是接班人,如何能平胸中丘壑?

杨仪睚眦必报的性格,狭隘的心胸,对新势力的不满,最终招来杀身之祸。在诸葛亮死后,费祎协助杨仪铲除了魏延,二人也算是患难与共。杨仪对费祎很是信任,曾私下怨言:"往者丞相亡没之际,吾若举军以就魏氏,处世宁当落度如此邪!令人追悔不可复及。"费祎向朝廷告密,先将杨仪废黜为平民,流放汉嘉郡(今四川名山北)。杨仪更不甘心,上书诽谤朝廷,言辞激烈,被抓捕入狱后自杀身亡。至于东宫新势力费祎,在蒋琬死后接替他的位置,担任尚书令、益州刺史、大将军。

内藤湖南说及赤壁之战时云:"一切世局之动荡,只是少者与老者之争斗耳。"[①]何尝赤壁之战,后世各种阴谋动乱,多为新旧势力之争斗,魏延、杨仪之死亦如是。

杨仪如此下场,旧臣刘琰也如此。刘琰在前方与魏延发生冲突,被诸葛亮调回成都。回到成都后,刘琰与后主刘禅又发生矛盾。建兴十二年(234)正月,刘琰妻胡氏入宫,拜贺吴太

---

① [日]内藤湖南:《诸葛武侯》,南京:江苏人民出版社2019年版,第120页。

后。吴太后将胡氏留在宫中，经月乃出。胡氏貌美，刘琰怀疑其与后主有私，让手下抽打胡氏耳光，自己也用鞋底踩踏胡氏面孔，然后将胡氏休掉。胡氏遭此等耻辱，告至官府。这本是私事，结果却是刘琰下狱，最后被以荒唐的理由诛杀。刘琰之死，乃是后主刘禅及新人集团铲除老臣的一刀而已。

李平（严）乃刘备死前亲自选定的托孤大臣，地位崇高，后获罪被废为平民。作为旧臣集团中的代表人物，若诸葛亮尚在，哪怕不被起用，至少性命无忧。可诸葛亮一死，旧臣集团再无空间，还要遭到打压清理。听闻诸葛亮死讯后，李平惊惧之下，发病死。

一个谎言需要一百个谎言来掩盖。造出魏延谋反的谎言后，就需要后世不断加工，让谎言更圆满，可不管怎么加工，谎言还是不够圆满。于是，魏延被加工成了脑后有反骨，天生一个反贼形象。更加工出了诸葛亮在帐内设七星灯，魏延误以为劫寨，奔入帐中报信，将本命灯踏灭，导致诸葛亮身死，于是人人切齿魏延。演义之中，谋反之后，魏延得意忘形，高呼着："谁敢杀我？"这样的反贼，一刀飞过，人头落地，万众呼好，群情沸腾，善恶彰显，此时谁还会去追求历史的真相？

第四章

诸葛之后：从守土安民到姜维九伐

诸葛亮死后，蒋琬、费祎相继执政。二人当政期间，修改了诸葛亮往日的主动进攻战略，改为保境安民，对外保持守势，对内发展生产。为了安抚内部的主战派，蒋琬、费祎都需要摆出北伐的姿态，如遣姜维北上开拓凉州等。在内部，对资源丰饶的南中，蜀汉腾出手来后，加以重点经营，平定各种不安因素，以此壮大国力。至蒋琬、费祎去世后，原先的诸葛成规被打破，军政分开，姜维专注于军事，并陷入姜维迷思中，持续发动北伐，引发内部反对，不得不前往沓中（今甘肃丹曲）种麦避祸。

邦家合一：
蒋琬执政转攻为守

在诸葛亮的万丈光芒下，就连后主刘禅也没了存在感，只能当个甩手掌柜。至诸葛亮去世后，蒋琬继承了他的衣钵，承袭着诸葛成规，打点着蜀汉小江山，执政小心翼翼，不敢轻易言战。在蒋琬时期，蜀汉政权度过了一段太平时光，内部保持团结，对外抗拒曹魏。

诸葛亮临终前，密表后主刘禅云："臣若不幸，后事宜以付琬。"[1] 诸葛亮所选定的接班人蒋琬，乃零陵湘乡人。赤壁之战后，刘备占领武陵、零陵、长沙、桂阳等江南四郡，招纳人才，

---

[1] （晋）陈寿：《三国志》卷四十四蜀书十四，百衲本景宋绍熙刊本。

此期间蒋琬投奔刘备。

入蜀之后,蒋琬担任广都(今四川双流)县令时,或是受无为之治的影响,或是自负大才,治理一县不过是牛鼎烹鸡,于是不大理会政务,整日喝酒,可知也是有些豪气的人物。一次刘备未提前通知,到广都巡视,查岗时发现蒋琬正喝得酩酊大醉。刘备勃然大怒,因为县令、县长都是由他亲自任命,代表他是对本县域实施社会治理的最高官员。刘备认为蒋琬辜负了自己的期望,乃至想将他杀掉。

诸葛亮很是看重蒋琬,帮助求情:"蒋琬,社稷之器,非百里之才也。其为政以安民为本,不以修饰为先,愿主公重加察之。"[1] 得了诸葛亮力保,蒋琬只是被免了职务,命被保了下来。因为诸葛亮垂青,帮他说情,不久又任什邡县令。建安二十四年(219),刘备称汉中王,任命蒋琬为尚书郎,进入决策中枢。

刘备去世,诸葛亮执政后,蒋琬得到重用,担任丞相东曹掾,主管二千石长吏及军吏的升迁任免。此后又被提拔为丞相参军。建兴五年(227),诸葛亮出屯南中,以长史张裔留守,蒋琬辅佐张裔处理相府公务。

建兴八年(230),张裔去世,诸葛亮提升蒋琬为丞相留府长史,加抚军将军。诸葛亮出征时,由蒋琬坐镇后方,处理一应事务,为北伐提供后勤支援。随着官阶的不断提升,此后的

---

[1] (晋)陈寿:《三国志》卷四十三蜀书十三,百衲本景宋绍熙刊本。

蒋琬再无豪气饮酒的一面,更多的是持盈守成,小心翼翼。对蒋琬,诸葛亮无比信任,称赞他"托志忠雅,当与吾共赞王业者也"①。

当诸葛亮去世后,建兴十二年(234),根据诸葛亮生前的安排,刘禅任命蒋琬为尚书令,总统国事,此后加行都护、假节、领益州刺史。建兴十三年,蒋琬迁大将军、录尚书事,封安阳亭侯,主持蜀汉军政事务。对蒋琬,刘禅给予了足够的信任,而蒋琬此后的表现,也对得起诸葛亮的托付与刘禅的信任。

诸葛亮新丧,大敌环伺,内外皆危。此时蜀汉的战略格局很是不利,司马懿统领曹魏大军,驻屯渭南,虎视眈眈,进则直取汉中。盟友孙吴不怀好意,在巴丘(今湖南岳阳)驻军万人,待机而动。蒋琬坐镇中枢,出类拔萃,既无戚容,又无喜色,神色举止,有如平日,由是内部人心安稳。针对外敌,蒋琬从容部署,以吴壹为车骑将军、假节,督汉中,严密布防。司马懿无隙可乘,只得退军。在白帝城一线,蜀汉增加兵力,严备孙吴,又遣右中郎将宗预,拜见孙权,重申双方联盟。

待局势稳定后,蒋琬将国家治理的重点,放在恢复蜀汉国力上。此时刘禅在位已经多年,政务也算娴熟,但还是尊重诸葛亮生前的安排,将一应国事交给相府处理。蒋琬执政时期,强调安民为本。

---

① (三国)诸葛亮:《诸葛忠武侯文集》卷之一,清正谊堂全书本。

第四章 诸葛之后：从守土安民到姜维九伐

建兴十四年（236）夏四月，因蒋琬之邀，刘禅出巡，至湔（都江堰玉垒山）视察，登临观阪，看汶水（今岷江）之流，旬日还成都。除了察看水利工程等建设事务外，刘禅也支持蒋琬安置依附的氐、戎等部移民。在用人上，蒋琬大胆使用与自己意见相左者，如原先诸葛亮所不喜的来敏也被起用，以团结内部。

蒋琬执政后，保境安民，虽然边境上偶有小冲突，却没有爆发大规模的战事。蜀汉内部，君臣则多有被诸葛亮"天下有变"，"率益州之众出于秦川"的战略所影响，以为曹魏政权内部一旦有变，则可趁机北伐。而蜀汉内部的强硬北伐派有着巨大影响力，这影响到蒋琬的保境安民战略。如建兴十三年（235），马岱就曾主动出击，司马懿"遣将军牛金击走之，斩杀千余级"[1]。

延熙元年（238），蒋琬受命以大将军开府，加大司马。蒋琬虽无丞相之名，但由大将军、大司马、录尚书事等职，执掌军政，而有丞相之实。此年司马懿出兵，攻打辽东公孙渊。蜀汉内部的强硬派认为这是"天下有变"，正是北伐契机。就连甩手掌柜刘禅也激动了，命蒋琬入驻汉中，筹划北伐事宜。

强硬北伐派阴平太守廖化率先出击，攻"守善羌侯宕蕈（xùn）"营。守善羌侯宕蕈，原是羌人部首领，受了魏国册封。

---

[1] （唐）房玄龄：《晋书》卷一帝纪第一，清乾隆武英殿刻本。

郭淮派魏太守王赟、南安太守游奕率兵迎战，游奕被廖化击败，王赟为流矢所中死。

蒋琬出屯汉中后，设立大本营，却未急着出兵北伐。蒋琬在汉中，反而采取守势，闭关锁道，魏、蜀一时相安无事，边境无虞，邦家合一。为了安抚住蜀汉内部的强硬派，蒋琬也不是被动防守，也有主动出击，这就是派遣姜维至凉州开拓。

对诸葛亮名义上的军事传人姜维，蒋琬大力培养，提升姜维为右监军、辅汉将军，统诸军。延熙三年（240），蒋琬派遣姜维出陇西。此次军事行动，主要目的是试探并联络陇右各部。曹魏方面，地头蛇郭淮闻讯之后，领兵追击，一路追至强中（今甘肃岷县西南），姜维方才退兵。郭淮趁机讨伐羌部头领迷当，又招抚柔（然）、氐等部三千余人，迁徙至关中。

蒋琬遣姜维西出开拓，安抚主战派的同时，在内部调整战略，将大本营逐渐由汉中转至涪县（今四川绵阳）。延熙五年（242）春正月，为配合蒋琬未来的战略调整，监军姜维领兵自汉中屯于梓潼郡涪县。涪县毗邻汶山郡，蜀汉大臣廖立早年因为牢骚话太多，被诸葛亮发配至汶山，率妻子耕植自守。时任监军的姜维领兵路过汶山时，特意前去拜访，廖立意气自若，丝毫不改。

蒋琬虽转攻为守，但不是绝对的保守。他总结经验，认为昔日诸葛亮数次北伐，都是取道秦川，道险运艰，久战无功，不若乘水东下，拿下曹魏的魏兴、上庸二郡，改善蜀汉的战略格局。延熙五年（242）始，蒋琬持续造舟船，欲由汉水、沔水东下，攻袭魏兴、上庸。就在蒋琬准备出征时，恰逢旧疾发作。

蜀汉内部对此攻略也表示反对，认为顺水而下，取胜则无忧，可一旦攻势受阻，逆水而归，"还路甚难，非长策也"。蜀汉内部朝臣皆以为不可，此时安南将军马忠还朝，刘禅特意派马忠到汉中宣旨，让蒋琬停止东征。蜀汉大规模造船让盟友吴国很是警惕。孙吴将领步骘、朱然等上疏孙权，认为蜀汉多造舟船，且曹魏大兵南下，蒋琬不出兵增援，反而在汉中筹划，其中必有蹊跷，不可不防。身体原因、内部反对、盟友警惕等多重因素，使蒋琬放弃了东征战略，抑或他的大张旗鼓本身就只是个姿态，是为了安抚内部主战派。

延熙六年（243），蒋琬正式将大本营由汉中迁至涪县。之所以如此，是因为涪县水陆便捷，四通八达，一旦汉中等处有变，通过水路可以快速支援，而水路运输更可以节省人力财力。将大本营迁至涪县，也是蒋琬对诸葛亮北伐战略的修改。

对此时三国之间的关系与战略，蒋琬有清晰认识。此年他上表认为，曹魏实力强大，跨带九州，根蒂滋蔓，未易消灭。对曹魏的战略，应该从大规模的主力会战，改为逐渐蚕食，削弱曹魏势力，壮大自身。他也意识到，盟友孙吴虽然对曹魏持续保持攻势，但并无什么成效，让人寝食难安。

蒋琬与费祎商议之后，定出新战略，放弃原先"率益州之众出于秦川"的战略，重点经营凉州，增强自身实力，故而建议以熟悉凉州的姜维为凉州刺史。如果姜维北进，战事顺利，控制河西，则蒋琬亲率大军作为后援，进一步开拓。

随着战略的调整，蒋琬将大本营转至可以迅速支援凉州攻势的涪县。据此战略，延熙六年（243），以姜维为镇西大将军，领凉州刺史，联络羌、胡等部。

南宋时，郭允蹈在《蜀鉴》中，认为蒋琬的镇涪战略是避敌退让、战略保守，乃蜀亡之主因，"蜀之不竟，琬之罪也"[①]，又是空发议论。蒋琬是荆州派，属相府新人派，诸葛亮起用他，是看重他的能力与性格，能守住江山事业。至于他能否进一步北伐，以诸葛亮的睿智，自然清楚意识到，蒋琬很难完成。

蒋琬对诸葛亮是真诚拜服的，在有可能的前提下，他也希望实现诸葛亮的北伐遗愿。可现实是，曹魏在击溃辽东公孙渊后，实力日益壮大。所谓的天下大变、战略拐点，不知何年何月才出现？而内部的强硬北伐派，又不断发出呐喊，乃至主动挑起战事。

蒋琬的心态是矛盾的，他不得不做出一些动作，如派遣姜维出凉州，造船策划攻打魏兴郡之类，以宣告不忘恢复中原来宽慰自己，安抚诸葛丞相的忠实属下。更有可能，他的造船东征只是一个姿态，明知不可为而为之，让强硬北伐派也觉得难以做到，主动提出不要兴兵。

[①] （宋）郭允蹈:《蜀鉴》卷三，清文渊阁四库全书本。

蜀汉内部就是否兴兵，各有算计；曹魏一方，已是按捺不住，要来伐蜀了。蜀汉延熙七年（244），曹魏正始五年，曹魏大将军曹爽领大军，自骆谷口出兵攻入汉中。

此年曹爽发动攻势，也是曹魏内部政治斗争的结果。早先南阳邓飏等人不被魏明帝曹叡所喜，一直被打压。至曹叡去世后，以司马懿、曹爽为顾命大臣。司马懿保持了一贯的隐忍，虽在战场上不断斩获，却不与曹爽在政坛上争长短。

曹爽把持大权后，重用邓飏，赖为心腹。曹爽身居高位却无寸功，邓飏等心腹欲令曹爽立威名于天下，乃怂恿伐蜀。曹爽大为心动，司马懿反对无果，于是坐视曹爽表演。三月，曹爽抵达长安，集合大军，总兵力十万余人。此前曹爽之父曹真伐蜀，选择了秋八月，遭到连绵暴雨，铩羽而归，故而曹爽选在了雨水较少的春季出兵。当年曹真分兵四路伐蜀，处处碰壁，而曹爽此次用兵，只走一路，走傥骆道。

镇守汉中的是镇北大将军王平，与蒋琬表弟、护军刘敏等共同迎敌。其时兵不满三万，诸将大惊，认为兵力不足以拒敌，当退守汉、乐二城，等待涪县援军。汉、乐二城乃诸葛亮当年在汉中时所筑，汉城在南郑西、定军山附近，乐城在南郑东、城固县一带，二城皆依沔水而建。王平则认为不可，汉中距离涪县较远，如果退守，将要隘置于敌手，局势难测。王平定下战术，由刘敏坚守兴势围，王平在后策应，等待后方援军。

"(兴势)山形如盆,外甚险,中有大谷"[1],为蜀汉之重镇。兴势围,乃是依托兴势山而建的要塞,扼守傥骆道南端出口,傥水由此南下,与沔水交汇。由此南下,直入汉中盆地。王平认为,如果魏军分兵攻打黄金围,自己可带兵前去拦截。黄金围乃是险要山塞,在沔水以东,"傍山依峭,险折七里",遏制沔水。王平的战略,要言之,就是控制隘口,拒敌于国门之外,争取时间,等待后方援军。

曹爽大军出骆谷口后,直接面对险峻的兴势围。王平虽然识字不多,却老于用兵,当年在街亭曾经鸣鼓惊走名将张郃。此番守卫兴势围,自然要大张旗鼓,营造气势,先声夺人,多张旗帜,弥漫百余里。曹爽大军不知蜀汉军队虚实,竟然停留在兴势围外,形成对峙。蒋琬对王平的战术指挥能力很是信任,在前方战事稳住后,即命费祎等领兵增援。

此次出征,司马懿的儿子司马昭担任曹爽表弟夏侯玄的副手,这也是曹爽的考虑,将司马懿捆绑,不致给自己用兵产生阻力。蜀将王林一度主动出击,夜袭曹魏军营,司马昭坚守不动,已显大将风范。待王林退兵后,司马昭立刻去找夏侯玄,分析此战的风险,一旦蜀汉军队截断退路,则进退不得,陷入死地,宜及早退兵。司马懿与夏侯玄之间关系不错,也写信劝说,应及早退兵。

---

[1] (明)李贤:《明一统志》卷三十四,清文渊阁四库全书本。

曹爽身边的参军杨伟,也大力主张退兵。鼓吹起这场战事的邓飏,却不甘失败,力主继续用兵。曹爽虽不甘心就这么无功而返,可现实摆在面前,兴势围久攻不下,蜀汉援兵很快就到,再不退就没法退了。

此时兴势围无法攻下,十万大兵僵持在前方,粮草消耗巨大。是时,关中及氐、羌等部粮草被抽调运往前方,牛马骡驴多累死,民夫号泣于道路,对峙持续日久,则后勤补给乃是大问题。如果蜀汉援军到来,退路被截断,必将全军覆没。曹爽无奈,只得退兵。

兴势围近汉水,崖险长缭数十里,故王平、刘敏能加以固守,曹魏大军不能攻克。费祎领援军赶至后,利用路况熟悉的优势,出奇兵在三岭加以截击。此时曹军想走,却没那么容易了。傥骆道上有三座小山,分别是沈岭、衙岭和分水岭,合称"三岭"。

习凿齿《汉晋春秋》载,费祎进兵后,走山间小路,前往三岭,截断曹魏大军。因为是小路快进,故而前去拦截的蜀汉军力并不多。曹爽大军,拼死突击,侥幸冲出,退回关中。曹爽大军虽退,但"所发牛马运转者,死失略尽"[①],后勤粮草,损失几尽。

费祎主力未能全部赶至三岭,只是小部突进拦截,没能拦

---

① (宋)王钦若:《册府元龟》卷一百二十五帝王部,明刻初印本。

下曹爽主力，只拦下了粮草，故而谈不上大胜。由此《三国志》对费祎在此战中的记录相对简洁，不过"祎至，敌遂退"寥寥几字。

曹爽此番伐蜀，以老将郭淮为前锋。郭淮与蜀汉军打交道多年，也是老油条了，自然知道曹爽难以取胜。约在曹爽还没退兵时，郭淮看着形势不妙，提前闪人，没有遭受什么损失。战败之后，曹爽、夏侯玄丢尽脸面，时人讥之，后日与司马懿的争夺中已埋下了落败的种子。

延熙七年（244），费祎领兵至汉中，击退曹魏大军后，蒋琬主动将自己所兼任的益州刺史一职，让给费祎。此时蒋琬身体状况不好，提前让费祎接班，逐步移交权力。此后蒋琬"疾转增剧"，至延熙九年，蒋琬去世。

在蒋琬执政的十二年间，唯一称得上主动攻势的，就是派遣姜维前往凉州开拓，不过规模并不大。没有了大规模的战事，蜀汉民众减少了各类负担，国力得到了恢复。当曹爽来袭时，蜀汉境内汉中已有"男女布野，农谷栖亩"的繁荣景象。

蒋琬虽长期在外，却与后主刘禅保持了良好的关系，君臣彼此信任。遇到重大军政要务，蒋琬能做主决断，事后再行禀报，而刘禅也不起疑。蒋琬的性格是宽厚的，对人对事都很豁达，气象开阔。一般来说，一把手与二把手的关系都不会好，内斗乃是必然的。但蒋琬是个例外，他与诸葛亮事前指定的隔代接班人、二把手费祎保持了良好关系。蒋琬方整有威重，费祎宽济而博爱，二人精诚合作，每遇大事，协商应对。对诸葛亮的弟子姜维，蒋琬也加以栽培，给予了军事锻炼的机会。蒋琬与姜维之间关系较好，后来费祎与姜维则关系僵硬。

东曹掾杨戏性情简傲，态度不恭，与蒋琬说话时也不恭敬，有时蒋琬主动与他说话，也不搭理。蒋琬对此毫不计较，反而帮助杨戏解释，认为杨戏乃真性情，就是难听的话也值得自己去思考。后来杨戏对"外宽内忌"的姜维，还是这个样子。延熙二十年（257），杨戏随大将军姜维出征至芒水，杨戏素来不服姜维，酒后言笑，每有傲慢之词，让姜维下不了台。至大军返回，在姜维操作下，杨戏被罢官职为庶民。

蒋琬执政期间，大战略是保境安民、与民休息，不发动大规模的北伐，并为此做了一系列战略调整。而为了应对蜀汉内部的主战派，他虚晃一枪，通过姜维西出、水路东征等加以安抚，乃是高明手段。蒋琬执政，为蜀汉争取到了一定的休养时间，恢复了国力。继承他衣钵的费祎，在大的方略上也是如此，不主张发动大规模战事，为此与强硬主战派发生了一些冲突。

蒋琬执政时保境安民的态度，导致后世对他不是那么重视，也不是那么欢迎，在演义小说中乃至成了可有可无的人物。概国人之思维，忠奸不两立，凡主战者，一概目为国之大忠；凡主和反战者，一概打入奸贼行列。侥幸的是，蒋琬还支持姜维出陇西开拓，也曾展示出北伐的态势，故而只是被弱化了存在感而已。

保境安民：
费祎被刺案的谜团

"渭南营里夜眠迟，汉寿屯中醉里棋"，费祎待人处世的潇洒，临战时指挥若定、措置裕如的风范，让后世文人羡慕称颂。

当曹爽率领十万大兵伐蜀，王平领兵在汉中兴势围与曹魏大军对峙时，费祎奉命领兵前去增援。费祎出兵之前，有一个人前来找他，此人乃是爱发牢骚的老臣来敏。他人不坏，就是牢骚话太多，当年曾被诸葛亮修理过，作为东宫旧人，此时又出仕了。来敏见了费祎，也不说军情，二人先下了一盘围棋。此时羽檄交驰，人马擐甲，大军结集待发，气氛紧张。费祎从容不迫，与来敏对弈，神色没有任何变化。棋下完，来敏大笑："此番出兵，必胜。"

兴势围之战，费祎援军赶至，出奇兵拦截三岭，曹爽大军拼死突围，损失惨重。此战后，直至蜀汉覆灭，曹魏再未发起灭国之战。临阵弈棋的费祎是如此自信潇洒，可后来正是自信潇洒让他送了命。

费祎是江夏鄳县（今河南罗山县一带）人，少孤，由叔父抚养，后来随叔父一同入蜀。刘备入益州后，费祎初为太子舍人，与董允一样，也是太子班底了。刘禅即位后，费祎官职不断升迁，为诸葛亮所器重。他的心态一直很淡然，文坛领袖许靖的儿子去世了，他与世家子弟董允一起去吊唁。董允找父亲董和借了一辆鹿车（窄小的独轮车），二人同乘。到了之后，看到到场的都是"甚鲜"豪车，世家子董允面子有些挂不住，费祎则泰然处之。

蜀汉开国之初，蒋琬一度是刘备想要斩杀的人，费祎不过是名宫廷小吏，二人均未进入蜀汉权力核心圈。只是得了诸葛亮的青睐，二人才能平步青云。诸葛亮南征返回时，百官到十里之外相迎，官位年岁都在费祎之上。诸葛亮却邀请费祎与他同乘一辆车，青睐有加，费祎也是宠辱不惊，表现淡定。诸葛亮看重他，其中一个因素，大概是二人共同的成长背景，都是幼孤，由叔父抚养。

诸葛亮很看重费祎，南征返回后，即派遣费祎出使孙吴。演技精湛的孙权，这次又大肆表演一番。费祎到时，孙权让正在吃饭的群臣，都不要起来迎接，结果被费祎挖苦为"凤凰来翔,麒麟吐哺。驴骡无知,俯食如故"[1]。此后孙权手下的能辩之士诸葛恪,又与费祎打起了笔墨官司,翰墨交锋。孙权自己则在朝堂上别置好酒,想要灌醉费祎。每每费祎酒酣后,孙权问以国事,费祎以酒醉推辞,待酒醒后,手书作答,无一遗漏。

至费祎返回时,孙权深情流露,以宝刀相赠。费祎的回答也很得体,大意是宝刀虽好,要用到正道上,去讨伐曹魏,匡扶汉室云云。这样机敏过人、豁达大度的人才,自然得到诸葛亮的赏识,将费祎写入《出师表》中,赞之为"此皆良实,志虑忠纯"。

费祎的情商很高,处理人际关系是一把好手,左右通吃,各方交好。诸葛亮北伐,留费祎与董允总摄宫中之事,后调他为参军,先后迁中护军、丞相司马、随军参赞,其间曾调和魏延与杨仪的关系。

诸葛亮在五丈原病重时,刘禅派尚书仆射李福探望。李福询问诸葛亮:"如公百年后,谁可任大事者?"诸葛亮指定了蒋琬、费祎二人。费祎此后在官场上按照诸葛亮的安排,鱼跃龙门,步步往上。

蒋琬执政初期,费祎一度担任后军师。此期间,中军师杨仪不甘屈于蒋琬之下,屡次向密友费祎发牢骚,乃至云当日杀魏延之事,追悔莫及。费祎此时果断站队,将杨仪的牢骚上报,

---

[1] (晋)陈寿:《三国志》卷六十四吴书十九,百衲本景宋绍熙刊本。

于是朝廷将杨仪贬为庶民。由于能力出色,站队正确,又有诸葛亮生前的加持,费祎很快接替蒋琬担任尚书令,在成都主持政务,蒋琬至汉中主持前方军事。

费祎是名技术型官僚,识悟过人,各类公文,扫过一眼即明白意旨,其速数倍于常人。费祎博闻强记,过目不忘,处理政务时还能接待宾客,饮食嬉戏,加之博弈,每尽人之欢,却不废公务,真是"酒酣笔落国事定,嬉笑挥手去浮名"。董允后来代费祎为尚书令,想要模仿费祎的行事方式,不想旬日之中,事多愆滞。董允叹曰:"人才力相县(悬)若此甚远,此非吾之所及也。"①

延熙六年(243),蒋琬生病,以费祎迁大将军,录尚书事,实际主持军政。延熙九年,蒋琬去世后,费祎正式执政。

蜀汉延熙十一年(248),费祎出屯汉中,警戒曹魏。延熙十二年,曹魏正始十年正月,司马懿发动高平陵政变,诛杀曹爽及其党五千余人。太尉王凌在淮南起兵反抗司马懿,曹魏右将军夏侯霸来降。夏侯霸乃曹魏核心人物,其父夏侯渊,其母乃曹操妻妹。夏侯渊的侄女嫁给了张飞,张飞的两个女儿,嫁给了刘禅。曹魏内部的系列大变乱,是前所未有的"天下大变",但蜀汉方面并未有出击的大动作,也是费祎延续了蒋琬的保境安民战略,大力压制蜀汉内部的主战派。

---

① (晋)陈寿:《三国志》卷四十四蜀书十四,百衲本景宋绍熙刊本。

延熙十四年（251）夏，费祎一度返回成都，冬天又至汉中出屯，直到延熙十六年遇刺。蒋琬、费祎执政时期，虽领兵出屯在外，但一应朝廷大事，均能自行做主。费祎执政后，频繁推行大赦，这让一些大臣不满。诸葛亮治蜀时，施行严刑峻法，一些豪族入狱多年不得释。诸葛亮坚持"治世以大德，不以小惠"，执政十余年间，仅在刘禅继位之初大赦过一次。

至蒋琬、费祎时期，大赦共有六次，希望通过大赦手段缓和与益州豪族之间的关系，获得益州豪族支持。延熙九年（246）秋，费祎推行大赦，大司农孟光当众指责费祎："施非常之恩，以惠奸宄之恶。"[1] 费祎竟无言以对，唯恭敬而已。至费祎被刺杀后，蜀汉又推行大赦五次，此时大赦的目标，一方面是缓和统治集团内部矛盾，另一方面也可发各地囚徒为兵，服务姜维北伐。

蒋琬时期，调整蜀汉国家战略，不以出祁山北伐为要，在外放手让姜维去经营凉州，在内保境安民。兴势围之战的余波是，曹爽、夏侯玄动员大量羌胡人力伐蜀，在此战中遭到沉重损失，由此羌胡怨恨曹魏，叛乱此起彼伏。到了费祎时期，对凉州各部的招徕与经营出现了成果。延熙十年（247），姜维迁卫将军，与大将军费祎共录尚书事。此年凉州胡王白虎文、治无戴等相继叛变，攻围曹魏城邑，南招蜀兵支援。卫将军姜维

---

[1] （晋）陈寿：《三国志》卷四十二蜀书十二，百衲本景宋绍熙刊本。

领兵前去迎接,将这批降民安置在繁县。

凉州方向的突破,让姜维兴奋不已,自以为熟悉凉州风俗,又精于战阵,每每要兴兵大举北伐,实现诸葛亮复兴汉室的遗志。费祎延续了蒋琬的战略,同意姜维小规模出击,但不可以大规模开战,故而对姜维加以限制,"与其兵不过万人"。费祎曾告诫姜维:"吾等不如丞相亦已远矣。丞相犹不能定中夏,况吾等乎?且不如保国治民,敬守社稷。"[1]

由于蜀汉不置专门史官,费祎执政期间,在民政上的措施,记录寥寥无几。由零星记录可知,费祎执政宽和,与民休养生息。在费祎执政时期,他的很大部分精力,要用在压制蜀汉内部的主战派,特别是姜维。他许可姜维在有限范围内出击,蚕食雍凉,因为这不会损伤国力。且姜维的优点在于,他能不断获得小胜,这能提振民心士气。可姜维的缺点是,只要一失败,就是大败。费祎限制他作战的规模,胜反正是小胜,败也不会大败。

蜀汉延熙十二年(249),曹魏嘉平元年,原先坐镇雍凉的曹魏老将郭淮升任征西将军,与姜维对阵的新任雍州刺史陈泰,乃曹魏司空陈群之子。姜维率军在麹山(曲山,在今甘肃岷县)修筑两座城池,派牙门将句安、李歆等据守,又联络羌胡等部,攻打曹魏各郡。陈泰展示了出色的军事才能,先包围麹山城,

---

[1] (晋)陈寿:《三国志》卷四十四蜀书十四,百衲本景宋绍熙刊本。

并不攻打，围点打援。待姜维领兵来救时，两军在牛头山对峙，陈泰请郭淮领兵，截断姜维粮路。姜维畏惧，乃领兵撤退，困守麴山城的句安、李歆二将只得投降曹魏。

延熙十三年（250），在攻打凉州西平郡（今青海西宁）时，姜维俘获曹魏中郎将郭脩。郭脩是凉州西平本地人，素有业行。郭姓也是凉州大姓之一，魏明帝曹叡的皇后郭氏，就出身于凉州大族西平郭氏。姜维俘获的郭脩，奇货可居，在蜀汉被封为左将军。刘备曾在东汉朝廷获得左将军名号，是刘备称帝前重要的政治资本，乃至左将军成为刘备代称。郭脩得此封号，可见蜀汉对他的重视。裴松之认为郭脩只是一介平民，可如果是平民，会在蜀汉被如此看重？

郭脩很得费祎信任，二人来往密切。张嶷对此很是忧虑。作为蜀汉政坛头号要人，费祎不应对新附之人过于亲近。张嶷特意写信提醒他，要注意安全，只是费祎未曾听得进去。费祎的性格充满了名士气息，他也具有现实感，没有过度沉迷于北伐中原的宏大叙事之中。他虽曾告过杨仪的状，却不是两面三刀之人，只因杨仪之事非私事，关系国家。他性格宽广，用人不疑，对敌国之人郭脩亦如是。

延熙十四年（251）夏，费祎返回成都时，成都有观天象者，云都城中无宰相之位，约是暗示费祎不适合留在成都。此年冬天，费祎驻守汉寿（今四川广元昭化镇）。延熙十五年，后主刘禅诏命费祎以大将军开府，这是一个非常重要的权力，可以建立一套自己的班底，征辟官员。此年费祎为大将军、录尚书事、益州刺史、开府、假节，乃蜀汉刘禅之下第一人，与蒋琬相比，缺了个大司马。

延熙十六年（253）春正月，大将军费祎在汉寿举办岁首大会。宴席之上，费祎欢饮沉醉，丝毫没有防备。郭循在马鞭中暗藏利刃，找到机会，将费祎刺伤。事发之后，郭循被护卫当场格杀。数日之后，费祎伤重去世。

此年八月，曹魏才得到消息，少帝曹芳嘉奖郭循："勇过聂政，功逾介子，可谓杀身成仁，释生取义者矣。"① 曹魏方面予以重奖，追封郭循为长乐乡侯，食邑千户，赐谥号为"威"，其子承袭父爵，加拜奉车都尉，获赏银千饼、绢千匹。曹魏方面不可能设计安排刺客，入蜀行刺，只是郭循的个人行为。但蜀汉如此厚待，郭循还要行刺，动机是什么？

一说认为，郭循本想刺杀刘禅，但因为宫中防卫森严，不得靠前，只得作罢，转而刺杀费祎。郭循出自凉州大姓郭氏，郭氏与皇族曹氏有密切关系。这种密切关系，使郭循无法倒向蜀汉，所以被俘之后，一度不肯屈服，"姜维劫之，循不为屈"②。

郭循刺杀蜀汉要人，目的是保全留在曹魏的家人。曹魏方面军令甚严，"其令诸将出征，败军者抵罪，失利者免官爵"。

---

① （晋）陈寿：《三国志》卷四魏书四，百衲本景宋绍熙刊本。
② （晋）陈寿：《三国志》卷四魏书四，百衲本景宋绍熙刊本。

郭脩表面上投降，内心却未屈服。为了家族的荣耀与家人的发展，郭脩出手刺杀费祎，具有相当可能性。曹魏嘉奖郭脩之子奉车都尉，此职位与驸马都尉、骑都尉并号"三都尉"，多以宗室、外戚担任，也是予以厚待了。

费祎被杀，背后疑点颇多，乃至后世认为，姜维脱不开嫌疑。姜维此人，"为人好立功名，阴养死士，不修布衣之业"。但姜维所养死士并非刺客，而是冲锋陷阵的勇士。从蒋琬到费祎，一以贯之，都支持姜维开拓凉州。费祎只是限制战争的规模，与姜维之间虽有些矛盾，但并非不可调和。在强硬主战派眼中，费祎也不是非杀不可，阻止北伐大业的求和"汉奸"。

费祎一死，原先蜀汉保国安民的国策被更改，蜀国主战派不受控制。此年夏四月，卫将军姜维率数万人出石营（今甘肃西和），对曹魏发动战事。费祎在世时，姜维用兵不过万人。费祎一死，姜维若脱缰之马，领兵数万出征。姜维经董亭，围攻南安郡，曹魏雍州刺史陈泰出兵解围。行至洛门时，姜维粮尽退还。次年，姜维加督中外军事。在费祎死后三年，姜维由卫将军升大将军。

就中国古代士人阶层而言，最大期待就是与皇帝共治天下，君权虚位，相权实张。而在中国历史上，历来都是皇权独大，为了限制相权，乃至引入外戚、宦官等。只有在蜀汉时期，诸葛亮执掌大权，实现了中国士人期待的士大夫与皇帝共治天下。执掌皇权的刘禅也不是没有动作，诸葛亮死后，即罢黜了丞相一职，通过人事安排以求分权制衡、巩固皇权。只是以诸葛亮巨大影响力所形成的成规，使蒋琬、费祎继续执政。但此种权力的承袭，最大的问题还是依赖于人，即成规依赖于诸葛亮的巨大威望，而未能形成系统的制度，具有较大的变动性，造成了蜀汉日后的乱局。

后人诗云"亡蜀似缘才太给，不关越次用陈祗"[1]，指责费祎重用陈祗。费祎在世时，一度以董允作为副手。董允乃是合格的继承人，不想董允先他而死，此后蜀汉再难找到挑大梁的大臣，而费祎越次提拔的陈祗遂得大用。

陈祗家世显赫，乃蜀汉大司徒许靖兄长的外孙。陈祗幼孤，千里迢迢从汝南投奔许靖，得到许靖的培养，学了很多奇计淫巧。陈祗精通术数，名气也大，吸引了费祎关注，被提拔接替董允，担任内侍。延熙九年（246），董允去世，陈祗接任其侍中职位，吕乂接任尚书令。延熙十四年（251），陈祗接替去世的吕乂，以侍中兼尚书令，加镇军将军，成为蜀汉行政系统第二人。

当初诸葛亮安排，以董允为侍中、虎贲中郎将，掌宫廷宿卫亲兵；以向宠为中领军，掌都城成都的禁卫军。董允为人持正，时常劝谏刘禅，刘禅只得听从。董允之后，陈祗担任侍中，却与宦官黄皓"互相表里"，一改诸葛之成规。姜维虽位在陈祗

---

[1] （宋）陈普：《石堂先生遗集》卷二十一，明万历三年薛孔洵刻本。

之上，常年领兵在外，朝政皆由陈祗执掌，蜀汉内部的各种乱象，逐渐浮出水面。

蜀汉的相权摄政制度，是强人政治的产物，未能被加以制度化。随着强人的陆续逝去，相权逐渐衰落，人才后继乏力，体制涣散，面对外敌时，缺乏凝聚力。就魏、蜀、吴三国而言，曹魏占据中原，在吸纳人才上具有天然优势，且曹操又能用人而尽其才，人争归之。江东沃野万里，也吸纳了大量的北方人才，成为孙吴的股肱之臣。

与之相较，巴蜀、汉中地旷人稀，距离中原遥远，吸纳的人才具有局限性。王夫之就指出，蜀汉的主要人才，来自江、湘、巴、蜀等地。楚之士轻，蜀之士躁，蒋琬、费祎虽名重当时，与钟繇、杜畿、崔琰、陈群、高柔、贾逵、陈矫等一流人才还是有差距。王夫之甚至认为，由于缺乏人才而导致蜀汉的覆灭，"蜀汉必之亡也，无人故也"[1]。

"黄祖不能容贱客，费祎终是负仙才。平生胆气平生恨，今日江边首懒回。"[2]后人传说，费祎飞升成仙，曾驾黄鹤，在江头楼台上休憩，故名黄鹤楼。大约费祎乃是江夏人，被刺杀的悲剧色彩，使后世乡人叹息，营造出了他得道升仙后在故乡休憩的故事。

---

[1] （清）王夫之：《读通鉴论》（上册），北京：中华书局1975年版，第336页。
[2] （唐）罗隐：《甲乙集》卷六诗，四部丛刊景宋本。

中枢触角：
蜀汉重点经营南中

诸葛亮在《出师表》中云，今南方已定，兵甲已足，当出兵北伐，兴复汉室，还于旧都。南征之后，诸葛亮定下的战略是，不留兵，不运粮，"南人治南"。诸葛南征，被后世持续传颂，唐代裴度称赞诸葛亮"底定南方，不以力制，而取其心服"[①]。实际上，蜀汉时期的南中并不太平，人心也不服。"诸葛南征四郡，虽一时底定，然师还之后，率皆叛乱，迄未收开拓

---

① （宋）程遇孙：《成都文类》卷三十三，清文津阁四库全书本。

之实效。"①

诸葛亮执政时期，在南中形成了三股势力，分别是代表蜀汉中央的正统力量，代表南中地区各部的"夷帅"，代表外来汉人豪强势力的"大姓"。"夷帅"，在史籍中又称"叟帅""耆帅""夷王""僚帅""豪帅"等。三股势力，彼此都有矛盾，彼此牵制，形成了均势。

诸葛亮发动南征，目的是服务北伐，故而速战速决，战后采取"南人治南"战略，扶持南人"大姓"势力，打压各部"夷帅"势力。蜀汉政权设有四大都督，分别是汉中都督、永安都督、江州都督、庲降都督，分别驻守要地。其他三督不统郡县、不涉民政，唯独庲降都督"总摄南中"，主管军民，因为职位重要，"常用重人"。历任庲降都督均加"将军"衔，以军事长官身份管理南中。

诸葛亮时期，"方务在北"，故而庲降都督的军事实力不足，主要招抚大族，征募人力、物力资源以资北伐。建兴十一年（233），就在诸葛亮积极筹划第五次北伐时，南中夷帅刘胄举兵，扰乱诸郡。庲降都督张翼为人刚正，一时无法平定变乱，诸葛亮以马忠代替张翼，斩杀刘胄，平定乱局。后世认为，"定

---

① 束世澂：《蜀汉开辟南蛮考》，《史地学报》1922年第1卷第3期，第1页。

南中，然后可以固巴蜀；固巴蜀，然后可以图关中"①。诸葛亮当时不是没有意识到南中的重要性，只是他有恢复汉室的急迫感，根本无暇整合南中，就急着北伐。

诸葛亮去世，蒋琬执政后，调整了往日主动出击战略，转攻为守，保境安民，恢复国力，对往日无暇旁顾的南中，此时抽调军力，加以重点经营以固巴蜀，再图其他。

庲降都督的治所原先在牂牁郡平夷县（今贵州毕节），马忠平乱后，将治所迁至南中腹地建宁郡味县（今云南曲靖），此地处于南中各部之间，土地肥沃，交通便捷。庲降都督治所远离蜀汉中枢，自然要配备强大军力，既能及时处理各地变动，也可强化军事存在，震慑各部。此一调整，是蒋琬对诸葛亮南中政策的转变，标志着蜀汉政权不再"南人治南"，而是将中枢触角深入南中，推行治理。

马忠就任后，修改往日对待"夷帅"的严苛政策，宽济有度，处事公正，恩威并立，南中各部"畏而爱之"。这标志着马忠开始主动介入各部事务，代表蜀汉中央来治理南中地方。在三国鼎立时，蜀汉战略布局是，以汉中为中心，防卫曹魏，择机北伐；以永安、江州为中心，防备孙吴；以庲降都督为中心，治理南中，征集人力、物力资源，强大国力。"是时，邓芝在东，

---

① （清）顾祖禹：《读史方舆纪要》陕西方舆纪要序，清稿本。

马忠在南，(王)平在北境，咸著名迹"①，乃蜀汉三大支柱。

南中大姓与"夷帅"之间，原先彼此还有一种特殊的关系，这就是"遑耶"。"夷帅"与汉人大姓约为"遑耶"，双方结成婚姻，达成盟约，一旦有变，则或是要提供庇护，或是要为之复仇。一些"夷帅"与大姓结成"百世遑耶"，关系如同骨肉兄弟，彼此扶持，对抗中枢。这一时期大姓与"夷帅"之间出现的"遑耶"关系，不仅是"建立在经济上的共生与互补关系，以及与此密切相关的结对互助关系"②。当蜀汉势力介入后，通过分化瓦解，"遑耶"关系也随之发生改变。

南中汉人大姓如建宁李氏、永昌吕氏、牂牁谢氏、朱提朱氏等，均拥有强大的部曲武装，在蜀汉的招抚政策下，相对比较安分，又通过体制内的身份，进一步扩张势力，成为蜀汉政权的助力。东汉时期，中央对地方放权，"汉时(县)令、长，于太守虽称属吏，然往往能自行其意，不为上官所夺"③。郡县长吏多为流官，但拥有自行辟召属吏的权力，所辟召的属吏多为南中大姓子弟，以在治理上得到望族支持。至蜀汉时期，南中大姓甚至直接担任本地太守，任用亲信，势力更是强大。

南中大姓所处多为郡县周边、交通便捷、适宜农耕的平坝

---

① (晋)陈寿:《三国志》卷四十三蜀书十三，百衲本景宋绍熙刊本。
② 方铁:《论影响云贵高原开发的社会历史因素》，《中南民族大学学报》2009年第3期。
③ (清)顾炎武:《日知录》卷九，清乾隆刻本。

地区，以农耕为主。"夷帅"则散布在边远平坝区与山区，保持着部落血缘关系，内部团结，对外排斥。诸葛南征后，少数"夷帅"从奴隶主转变为领主，进而成为大姓势力。但多数"夷帅"对蜀汉政权并不买账，各种变乱此起彼伏。蜀汉政权的统治，主要是郡县治所在及交通便捷地区，对广阔的边远地区无法控制。

诸葛亮南征之前，南中变乱的主力乃是汉人大姓。南征之后，南中地区各种变乱的主力则是各路"夷帅"。

在南中七郡之中，尤以越嶲郡情况最为复杂。越嶲夷帅曾数次起兵作乱，早在刘备时期，越嶲郡将军焦璜就被杀害，此后任命的太守不敢入郡治。诸葛亮南征时，任命的越嶲太守龚禄不敢上任，住在安上县，遥领太守一职。安上县去郡八百里，控制徒有其名。即便如此，龚禄还是被斯都耆帅（夷帅）李求承所杀，时年三十一岁。

当马忠稳定了南中其他郡后，着手对付最为叛逆的越嶲。越嶲一词，乃是越人与嶲人的合称。嶲人，源于西羌。嶲，指龟，乃是部落图腾，由此得名。《山海经》载，"深泽，其中多嶲龟"。越人由长江中游的湖北、湖南等地，一路向西，迁至四川的青衣江流域，与由岷山南下的西支嶲人结合，形成越嶲部落。[1]因为"嶲"字过于繁复，汉晋之际为"巂"所替代。

---

[1] 何光岳：《越嶲的来源和迁徙》，《中央民族学院学报》1990年第1期。

延熙三年（240）春，蜀汉政权调遣能力过人的张嶷担任越巂太守，对他寄托厚望，希望他能全面经营越巂。无疑，张嶷主持越巂，出自老领导马忠的推荐。

张嶷，巴西郡南充国人（今四川南部）。张嶷的一生，充满了传奇色彩。二十岁时，他担任了县功曹一职。县功曹乃县令的重要助手，为百石掾史。东汉州郡县的掾史属吏，多数由各级长官出面征辟。征辟的条件一般以德行、才艺作为标准，事实是郡县大姓的子弟占有优势。县令引导张嶷进入官场，有致仕之恩。

此年恰逢刘备入蜀，蜀地变动，地方不靖。山匪汇集，攻打县城，县令率先逃亡，就连家人也不顾。张嶷冒着刀枪箭雨，背负了县令夫人逃出，由此出名，被益州府召为州从事。州从事是州部属官，虽是个百石小官，但交际圈提升了一个层次。是时郡内士人如龚禄、姚伷皆声名显赫，都成为张嶷的友人。

建兴五年（227），诸葛亮北屯汉中，准备北伐。没了大兵震慑，活跃在广汉、绵竹等地的山贼张慕等，劫盗军资，抢掠吏民，扰乱地方。张嶷以都尉身份领兵进剿。山贼零散分布，出没无常，难以全歼。张嶷设计安排了一场与张慕的和亲，定期设下酒宴。至约定之日，山贼头目齐来赴宴，待被灌醉后，张嶷率左右斩杀张慕等山贼五十余级，头目全灭。之后十余日，张嶷将山贼余党全数清剿。

后张嶷拜为牙门将，属马忠麾下，曾随同马忠一起出兵北

第四章　诸葛之后：从守土安民到姜维九伐

讨汶山郡羌人之乱，又平定南中地方的叛乱，立下功劳，深得马忠信任。建兴十四年（236），武都氐王苻健请降，遣将军张尉往迎，过期不到，对此事蒋琬很是操心。张嶷认为："苻健求降，必无他变。不过其弟素来狡黠，恐不会真心来降，途中有变，是以耽搁。"① 过了数日，消息传来，苻健之弟率领四百户投降曹魏，只有苻健投奔了蜀汉。

张嶷至越嶲后，刀枪棍棒加金银财宝，恩威并施。一方面，以恩情富贵相诱，使各部臣服，前来依附。另一方面，对不听命、发动变乱者，以强硬武力加以镇压。

北徼捉马部最为骁劲，素来不服蜀汉政权，张嶷出兵，生擒其帅魏狼。魏狼分明才是七擒孟获的原型人物，张嶷又将魏狼释放，使招降各部。张嶷上表，拜魏狼为地方官，其部落三千多户留居原地。其他各部得知后，陆续降服，张嶷因功被赐爵关内侯。

苏祁县（今四川西昌）地方首领冬逢、其弟隗渠等，先降后叛。张嶷诛杀冬逢，冬逢之妻乃牦牛羌王之女，被加以优待。隗渠刚猛捷悍，逃入西部边境，深为各部所忌惮，也是大患。隗渠派了二人，向张嶷诈降。不想张嶷策反了此二人，二人返回后，联手杀掉了隗渠，从此各部安定。

斯都夷帅李求承，是杀死龚禄的凶手，此后一直在各处躲

---

① （晋）陈寿：《三国志》卷四十三蜀书十三，百衲本景宋绍熙刊本。

避。斯都,即"斯叟","即徙之遗种",乃是迁徙来的部落。龚禄乃张嶷朋友,张嶷自然要为友人报仇。张嶷以精兵出击,将李求承活捉,公开处死,为老友复仇。原先越巂太守不敢前往郡治,郡治城墙颓坏。张嶷稳定地方局势后,回到郡治。先另筑小城堡,此后逐渐修缮城墙,地方各股势力被张嶷打服,纷纷前来效力,帮助筑城。

将自己的威名打出去之后,张嶷着手制服各部"夷帅",为蜀汉获得更多资源。定莋县、台登、卑水三县,去郡三百余里,出产盐铁及漆等物,一直处于各部"夷帅"控制之下。张嶷设置官署,将各类物资置于官方控制下,各部心中不满。张嶷到定莋巡视时,定莋"夷帅"狼岑,不满张嶷侵夺物资,不来拜见。张嶷遣壮士数十人,将狼岑抓捕后,鞭挞致死,将尸体归还,并警告各部:"无得妄动,动即殄矣!"[①]张嶷的铁血手段将各部震慑,不敢反抗,缚手前来谢过。张嶷杀牛设宴,加以招待,重申恩信,于是盐铁供应充沛。

越巂部落众多,称谓杂乱,有邛人、巂人、叟人、斯叟等,还有牦牛人。牦牛人,《后汉书》载:"或为牦牛种,越巂羌是也"。牦牛羌从北方不断往南迁徙,从大巴山经汉中、武都、汶山等地进入南中,分布在越巂、汉嘉等郡。日常游牧迁徙,依赖牦牛为生,故称牦牛羌。

---

① (晋)陈寿:《三国志》卷四十三蜀书十三,百衲本景宋绍熙刊本。

第四章　诸葛之后：从守土安民到姜维九伐

汉嘉郡界内有牦牛羌四千余户，强悍善战，抗拒蜀汉多年，以狼路为头领。汉嘉郡原本有道路直通成都，被牦牛羌断绝百年，此后绕道安上，既险且远。延熙三年（240），晓畅军事的将军向宠在征汉嘉郡牦牛羌时战死。

早先被杀的冬逢之妻，乃是狼路的姑母，根据"遑耶"关系，要为他提供藏匿，一旦姑夫冬逢被官府所害，则狼路要为之复仇。狼路遣叔父狼离前来越嶲观察地形，准备出兵复仇。张嶷闻讯后，杀牛设酒，盛宴款待狼离，又让狼离看望被优待的冬逢妻子。

南中各部普遍喜欢饮酒歌舞，在笼络之时，常设美酒歌舞。美酒离魂、歌舞动心、金银炫目，狼离得了赏赐，酒喝得畅快，又见了其姊，姊弟欢悦，率部离去，回去后自然要为张嶷美言。张嶷又以财物美酒之类收买了狼路，双方盟誓，互不侵犯，在延熙六年（243）还重开了已断绝百年的汉嘉郡至成都道路。经张嶷上奏，封狼路为牦牛毗王，在使者带领下，狼路还去成都朝觐进贡。张嶷因此功加抚戎将军，领郡如故。

南中地区各部喜恩信、重盟誓，在以武力征伐时，蜀汉也诱之以恩惠，固之以盟誓。后世在建宁郡味县石城川曾发现碑文，篆刻有"此碑如倒，蛮为汉奴"[①]。时日长久后，蛮夷部落担心石碑倾倒，乃以木支柱。对各部中桀骜不驯者，则加以迁徙，

[①] （唐）樊绰：《蛮书》卷五，清武英殿聚珍版丛书本。

便于防范。且迁徙之后，通过改变其生活、生产方式，也好加以同化。

蒋琬、费祎执政期间，蜀汉改变诸葛亮"南人治南"战略，通过招抚怀柔、武力讨伐，将南中各部纳入蜀汉政权控制之下，之后逐步推行移风易俗、迁徙民众、发展经济、收买人心等措施，试图将南中地区的人口、资源纳入蜀汉中枢控制，改变"小国弱民"态势，壮大蜀汉国力。

但南方辽阔的森林，分布于无边大山中骁勇善战的各部，延续数千年的部落习俗，各类致命的疫病，却不是短短三十年就能够加以整合、改变的。直到后世，明清两朝时，西南地区仍然没有被完全纳入王朝中枢的意志中来，只能恩威并施，加以羁縻。

延熙五年（242），马忠还朝，奉命至汉中，见大司马蒋琬，宣传诏旨，不要沿水路东征魏兴、上庸二郡。延熙七年春，大将军费祎领兵至汉中抵御魏军，马忠在成都任平尚书事，坐镇后方。至费祎回朝后，马忠再回南中坐镇。

延熙十二年（249），马忠去世，共任庲降都督十七年。此后接任庲降都督的有张表、阎宇。张表乃是名士，素有清望；阎宇处理政务也算勤勉。但南中地区局面复杂，需要恩威并施，故而评价是"威风称绩，皆不及忠"。大概是为了弥补庲降都督的不足，蜀汉又设立庲降屯副贰都督，先后由杨戏、霍弋担任。

张嶷很有观察力。蒋琬之后，费祎主政。费祎为人潇洒，待人从不防备，张嶷特意写信给他，提醒他注意提防刺客，"今明将军位尊权重，宜鉴前事，少以为警"①。后费祎果被人刺杀。吴太傅诸葛恪大破魏兵，想要领兵再立大功。诸葛瞻乃诸葛恪从弟，张嶷写信给他，让他提醒堂兄诸葛恪，不要深入敌境发动大规模战事，而应"旋军广农，务行德惠"②。只是诸葛恪并未听从，最终身死。

延熙十七年（254），张嶷因"风湿固疾"离任，回到中枢。张嶷此人，性格慷慨壮烈，很受名士追捧，可行事放荡少礼，回朝之后，引发不少争议，他却坦然自若，丝毫不介意。越巂郡太守张嶷调回成都后，南中"虽有四部斯儿及七营军，不足固守"。蜀汉又在南中置"赤甲、北军二牙门，及斯儿督军中坚"③，加强防守力量。此年曹魏狄道县（今甘肃临洮）县长④李简向蜀汉请降，卫将军姜维率领张嶷等前去接应。在与魏将徐质交锋时，张嶷阵亡，传奇一生，就此落幕。

蜀汉后期，随着姜维不断北伐，国力消耗巨大，加大了对南中地方的资源、人力的掠夺，引发变乱。永昌郡獠人部落，恃险要，不肯归顺，屡次寇害。蜀汉政权委派霍弋为永昌太守，率偏师讨伐，斩其豪帅，破坏邑落，一时郡界宁静。战后霍弋

---

① （晋）陈寿：《三国志》卷四十三蜀书十三，百衲本景宋绍熙刊本。
② （晋）陈寿：《三国志》卷四十三蜀书十三，百衲本景宋绍熙刊本。
③ （晋）常璩：《华阳国志》卷第三，四部丛刊景明钞本。
④ 曹魏政权，州设刺史或州牧，郡设太守，县大者置令，小者置长。

着力调和各方关系,"抚和异俗,为之立法施教,轻重允当,夷晋安之"①。霍弋因功升任监军翊军将军,兼任建宁太守,此后统管南郡军政。

景耀六年(263),霍弋进号为安南将军,逐渐融入南中,发展成为新的大姓。在蜀汉覆灭之后,霍弋得到曹魏、西晋朝廷重用,继续主持南中,对南中大族及夷帅保持着巨大影响力。霍弋死后,其部曲由其子霍在统领,霍氏落籍南中,成为新的大姓。西晋时期,霍弋之孙霍彪曾任越嶲太守,依然称雄南中。1963年,在云南昭通后海子中寨发现东晋霍承嗣墓中壁画,描述了夷汉部曲持刀侍卫的形象,第一排持环首刀者是汉人,第二、第三排是夷(彝)人。

---

① (晋)常璩:《华阳国志》卷第四,四部丛刊景明钞本。

九伐陇上：
姜维迷思持续进击

"驿骑进羽檄，天下不遑居。姜维屡寇边，陇上为荒芜。"晋鼓吹曲如此咏唱姜维的持续北伐。

诸葛亮虽然去世了，但他以巨大威望及缜密布局，形成了"诸葛成规"。诸葛成规，对外，高举汉贼不两立大旗，北伐中原，兴复汉室。对内，宫府一体，军政大权，集中于府，消除内部倾轧，防止外戚、宦官弄权。蒋琬、费祎执政期间，在内部延续诸葛成规，因循而不革，开府出屯。在外部，则根据蜀汉实际，以保境安民为主，偶尔进行小规模的出击。

延熙十六年（253），姜维的职务是卫将军、假节、录尚书事。三年之后，姜维升大将军。依照蒋琬、费祎时期的惯例，身兼大将军、录尚书事的姜维，应该是军政一把抓，然后开府出屯，延续诸葛成规。可费祎之后，政坛局面已发生改变，姜维一心北伐，无心关注蜀汉内政。

尚书台是行政中枢，主管为尚书令。录尚书事等同于皇帝在尚书台的代理人，兼管或主持尚书台工作，故而尚书令受录尚书的管辖。此时录尚书是姜维，可以管理尚书令陈祗，但他常率军在外征战，不太过问朝政，于是军政、行政分开，而不是往日军政一体。此外，姜维始终未曾开府，无法对中枢事务加以遥控。如此就形成了陈祗在后方主持行政，姜维在前方主持军事，互不统辖的格局。

陈祗在成都，上博得刘禅信任，下交好宦官黄皓，"深见信爱，权重于维"[①]。而早先诸葛亮、蒋琬、费祎虽然出屯，但由于开府，军事行政都是一手控制。庆幸的是，陈祗主持政务期间，对姜维的北伐大业给予了充分支持。陈祗支持姜维，另一重考量则是，让他在前方征战，不要过问后方的行政事务。

延熙十六年（253）四月，蜀汉姜维领兵数万出击，配合孙吴诸葛恪的攻势，因粮尽而退。此后曹魏政局多变，姜维多次提兵北伐，规模有大有小，战绩有胜有败。早在延熙三年，蒋琬曾派遣姜维出陇西进行试探，招徕陇上各部。得知郭淮出兵后，姜维即撤兵，故而不算深入北伐。此外尚有九次用兵，其

---

① （晋）陈寿：《三国志》卷三十九蜀书九，百衲本景宋绍熙刊本。

中胜四次，败两次，无功而退三次。姜维九伐中原，小胜居多，可一旦失败，都是大败。

姜维九伐表

北伐时间	用兵规模	出兵路线	胜败情况
延熙十年（247）	兵力不详	出陇右	击败郭淮
延熙十二年（249）	兵不过万人	出陇右	无功而返，手下二将降魏
延熙十三年（250）	兵不过万人	出陇右	在西平郡俘魏中郎将郭脩
延熙十六年（253）	数万人	出陇右	粮尽而退
延熙十七年（254）	大兵北伐	出陇右	阵斩徐质，破三县
延熙十八年（255）	数万人	出陇右	大破王经于洮西
延熙十九年（256）	大军北伐	出陇右	败于段谷，伤亡万人
延熙二十年（257）	数万人	傥骆道出骆谷	无功而退
景耀五年（262）	兵力不详	出汉、侯县	战败退回沓中

姜维之父姜冏，镇守凉州冀县，抵挡马超进攻。冀县被围多日，城破时姜冏亲自断后，力战而死，乃曹魏忠臣。姜维自己也是无奈之下才随诸葛亮退至蜀汉，最初他并不是全心全意归属，诸葛亮所谓的姜维"心存汉室"，不过是吹捧之语。诸葛亮看中他，既是欣赏他的军事才能，另一方面也是借重他"凉州上士"背景，好开拓凉州。

在诸葛亮的悉心栽培之下，在后主刘禅对他的信任提拔之中，姜维逐渐陷入了"姜维迷思"。他被诸葛亮的人格魅力所征服，醉心于诸葛亮的北伐大业，并在内心之中以诸葛亮的传人自居，以北伐为己任。可姜维的困境在于，他在蜀汉并无根基，他只是个凉州外来户。如他一般的人物还有马超，虽天生雄武，军事才能过人，在凉州更有巨大影响力，可在蜀汉也只能坐冷板凳。

姜维在蜀汉要想有所作为，就要更深度地陷入"姜维迷思"，高举诸葛亮大旗，通过不断北伐彰显自己，证明自己，团结一批诸葛亮的信徒。他在荆州派、东州派、益州派为主的文官集团中没有影响力，故而他放弃了"诸葛成规"中的军政合一，不干涉行政，只专注军事。可以说，他既继承了诸葛成规，也打破了诸葛成规，成也诸葛，败也诸葛。

曹魏持续大变，姜维不断北伐。

延熙十七年（254）二月，曹魏大臣李丰、夏侯玄等密谋发动政变，事败后被司马师所杀，曹魏内部动荡。六月，曹魏狄道县县长李简惊惧之下向蜀汉投降，姜维出兵接应。姜维乘机进逼陇西郡治所在襄武（今甘肃陇西东南），与魏将徐质交战，坐镇越巂多年的荡寇将军张嶷领兵作战时，予魏军重创，自己战死。姜维阵斩徐质，攻下襄武，破河关、临洮、狄道三县，将三县民众裹挟带回，也是掠夺人力，加强国力。

姜维此次北伐，在曹魏内部也引发变动。司马师从许昌领兵回朝，预备迎战姜维，魏帝曹芳一度想趁机除掉司马师。司马师觉察到危险，得到郭太后的支持，废魏帝曹芳，另立曹髦为帝。曹芳被废后，毌丘俭、文钦在淮南寿春起兵十万，讨伐司马师。司马师动员大军东征，关中兵力空虚。

延熙十八年（255）正月，司马师平定淮南之乱，回师途中，在许昌暴毙，其弟司马昭执掌权力，根基未稳。同年正月，蜀汉的老对手征西将军郭淮去世，由陈泰继任。郭淮在关右三十余年，外征寇虏，内绥民夷，阻止了蜀汉一波波的攻势。

曹魏内部的持续乱局，让姜维看到了机会，决定出兵北伐。就此次北伐，老将张翼强烈反对，认为国小民疲，不可穷兵黩武，持续用兵。姜维陷入迷思之中，哪里听得进去，出兵北伐。

此时曹魏新任雍州刺史乃是王经。王经出身贫寒，做到了郡守后，其母告诫他，官至二千石足矣，奈何王经未曾听得进去。①后王经因为反对司马昭，导致母子一起被屠。行刑前王

---

① 汉代三公号称万石，郡守官俸为二千石，大县县令秩六百石至千石不等，小县县长是三百石至五百石不等。

经曾向其母忏悔："不从母敕，以至今日。"王母云："为子则孝，为臣则忠；有孝有忠，何负吾邪？"[1]

八月，姜维绕道枹罕（fú hǎn，今甘肃临夏），向狄道城进军。魏征西将军陈泰命王经坚守狄道城（今甘肃临洮）待援，陈泰则领兵经陈仓，夹击蜀汉大军。王经求功心切，出兵渡洮河，在洮河西岸列阵。开战之后，王经遭到惨败，将士或阵亡，或跳水淹毙，"将吏士民或临阵战亡，或沉溺洮水，骸骨不收，弃于原野"[2]。至战事停息后，曹魏方面在洮河上钩求尸体，加以安葬。

此战王经损失数万人，残部渡过洮河，退守狄道城。姜维大胜之后，准备继续用兵。老将张翼素来刚直，年纪大了话更多，此时又劝说姜维："可止矣，不宜复进，进或毁此大功。"姜维大怒道："为蛇画足"[3]，不听劝阻，出兵包围狄道城。

司马昭得知败讯后，派邓艾支援陈泰。邓艾认为，大败之后，将士失气，陇右动荡，此时不宜主动进攻姜维，"不如割险自保，观衅待弊，然后进救"[4]。陈泰听从，不救狄道，而去占据狄道城东南高山，多举烽火，鸣鼓吹角，鼓舞狄道城内士气。

---

[1] （南北朝）刘义庆：《世说新语》卷下之上，四部丛刊景明袁氏嘉趣堂本。

[2] （晋）陈寿：《三国志》卷四魏书四，百衲本景宋绍熙刊本。

[3] （晋）陈寿：《三国志》卷十一魏书十一，百衲本景宋绍熙刊本。

[4] （晋）陈寿：《三国志》卷二十二魏书二十二，百衲本景宋绍熙刊本。

姜维一度督军沿山进攻，不克而退。随着魏凉州援军赶至，陈泰声称要截断蜀汉郡粮道，九月底，姜维撤军，退守钟题（今甘肃临洮西南）。

此战给凉州造成重创，"洮西之败，非小失也；破军杀将，仓廪空虚，百姓流离，几于危亡"①。战后曹魏方面认为，姜维军力也耗费殆尽，来年无力再伐。刚被拜为安西将军的邓艾则不认可，认为姜维来年必然再攻，应当早做准备。邓艾分析后认为，姜维出兵之所以走陇右，因为有水路可用："彼以船行，吾以陆军，劳逸不同。"②邓艾认为姜维必定会再出祁山，因为从南安、陇西二郡出兵，则要征用羌人的粮食。如果出祁山，有"熟麦千顷"可作为军粮。

延熙十九年（256）正月，姜维因去年之功，迁大将军。借着上年大胜余威，姜维整顿兵马，与镇西大将军、汉中总督胡济相约，合击上邽。老将张翼素来刚正，屡次反对北伐，姜维心中不喜，可每次用兵都让张翼同行，张翼迫不得已，只好随军，此次也不例外。

七月，姜维果然出祁山，得知邓艾在祁山早有准备，乃从董亭（今甘肃武山南）试图攻袭南安郡。邓艾领兵抢占武城山（今甘肃武山），拦住北上通道。姜维打不下武城山，当夜乘船

---

① （晋）陈寿:《三国志》卷二十八魏书二十八，百衲本景宋绍熙刊本。
② （晋）陈寿:《三国志》卷二十八魏书二十八，百衲本景宋绍熙刊本。

渡河东进，沿山路前往上邽。八月，姜维赶到上邽，目的是抢割秋粮，此时邓艾大兵追来。

双方在段谷爆发交战，姜维大败，"士卒星散，死者甚众"。据曹魏一方说法，"斩将十数，馘首千计"[1]。此战姜维之所以大败，问题出在后勤。去年姜维因洮水大捷，妄自尊大，轻兵深入，结果粮饷不继，士众饥饿，兵败段谷。带着饥饿的士兵，孤军在段谷与曹魏军交战，姜维不败才怪。

段谷所在，据《水经注》载，渭水支流藉水，共有六股溪水汇入，分别是毛泉谷水、覆泉水、濛水、阳谷水、宕谷水、段溪水等，其中的"段溪水"便是段溪水谷所在。段谷之战，姜维损失惨重，蜀汉内部对他不满的声音更是高涨。

后世常将姜维战败，归咎于胡济未能领兵赶来支援。胡济是诸葛亮相府班底，曾在诸葛亮身边担任主簿，被视为诤友。胡济与费祎、董允，乃是好友，"共期游宴"，也是蜀汉官场资深老人。至姜维掌军时，胡济担任汉中都督、假节。姜维能与胡济约期共进，对他是抱有信任的。此战大败之后，胡济却没有受到任何处分，姜维自贬为后将军，行大将军事。

后世认为，胡济未能及时赶来，乃是反战派故意给姜维使绊儿，但真相并非如此。《三国志》载，胡济为"失誓"，《华阳国志》则为"失期"，一字之差，天壤之别。期，是就某事约定

---

[1] （晋）陈寿：《三国志》卷二十八魏书二十八，百衲本景宋绍熙刊本。

时日，必须做到，不然要承担责任。誓，是约定某事，尽力去做到，做不到不必承担责任。

姜维此年经营陇右，想要去上邽抢粮，与当年诸葛亮一样，面临两个硬钉子，一是上邽，一是祁山塞。胡济从汉中出发，赶往上邽，则必然要面对硬钉子祁山塞，非短期内不能拿下，"失誓"不能前来。姜维前方粮草不济，于是撤兵，在段谷惨败。胡济由祁山堡退兵，不会遭到太大损失，且他是"失誓"而不是"失期"，自然不要承担责任。

姜维战前与胡济相约，共取上邽，由此可推断，姜维不能采用直接命令的形式。在蜀汉军事系统中，姜维是大将军、假节，"假节"这项权力，在用兵时可直接格杀违反军令的人。当张翼、廖化等老将反对他时，姜维可以采取强硬态度，加以逼迫。对同样假节的胡济，姜维则无法如此。

延熙二十年（257），曹魏诸葛诞在寿春举兵，讨伐司马昭。此前毌丘俭起兵，与司马师主力作战时，诸葛诞偷袭毌丘俭后方，导致毌丘俭战败。此时诸葛诞自己也起兵反对司马氏了。诸葛亮、诸葛瑾与堂弟诸葛诞，兄弟三人，分事三国，人谓"蜀得其龙，吴得其虎，魏得其狗"[1]。诸葛诞的表现也确实如狗，只是为狗也不易，兔死狗烹，鸟尽弓藏，故而要反了。

---

[1] （南北朝）刘义庆：《世说新语》卷下之上，四部丛刊景明袁氏嘉趣堂本。

诸葛诞声势浩大，拥兵十数万，孙吴也出兵三万助战。司马昭尽出关中精锐东征，关中一时空虚。当此天下大变之时，姜维怎会放过。可蜀汉国内，反对姜维用兵的声音四起，谯周在朝堂上公开反对姜维用兵，只有尚书令陈祇坚定支持姜维。

十二月，姜维出骆谷口，至沈岭。傥骆道的北段，顺骆谷水出秦岭，此河谷称"骆谷"。骆谷口的山岭称"沈岭"（今陕西周至西南骆峪镇），警戒谷口的军事据点称之为"长城戍"。

魏国在长城戍存粮甚多，守兵甚少。姜维出兵之后，长城戍告急，所幸魏征西将军司马望领兵赶至，邓艾也从陇右来援，两军在长城戍合兵据守。姜维至芒水（今黑河），依山扎营。司马望、邓艾则近水驻寨，坚守不出。在芒水，约是久战无功，杨戏酒后挖苦姜维，每有嘲讽之词。杨戏乃诸葛亮培养出来的亲信，在蒋琬、费祎时期受到重用，对姜维心存不满，在军中以傲慢语言加以嘲弄。

杨戏的行为，不是个案。杨戏所推崇的中散大夫谯周，在朝会上激烈攻击姜维持续北伐，浪费国力，导致蜀汉民众衣不蔽体、食不果腹。陈祇与谯周争吵，谯周愤激之下，写出《仇国论》指责姜维，可知姜维持续北伐，导致蜀汉内部分歧加深，乃至影响前方。姜维在芒水对峙至来年四月，见无法突破，又得知诸葛诞已败，只得退兵。返回成都后，姜维复拜为大将军。曹魏方面，邓艾因功升征西将军。

后世对姜维持续用兵，争议不断，非议者多认为他好战扰民,守蜀不当。如陈寿就指责姜维:"玩众黩旅,明断不周,终至陨毙。"[①] 东晋时,孙盛列举姜维的六大罪状,指责姜维不忠不孝,不义不节,不智不勇。姜维持续北伐,耗费蜀汉国力巨大,却收效甚微,未能夺取雍凉以壮大蜀汉国力。蜀汉文臣武将之中,反对姜维的声音不断高涨,如张翼、谯周,原先都是强硬北伐派,此时却成了主和派。

在蜀汉政坛上,姜维越发孤独,可越是如此,姜维的迷思越是强烈,他更要通过北伐来彰显自己。乃至最后,他选择放逐自己,去沓中种麦,等待着下一次北伐的契机,只是他未曾等到。这种迷思下的坚持,明知不可为而强为的执拗,一次次领兵义无反顾地北伐。大势已去,戎马倥偬,姜维只手支撑,强烈的主战态度,反而形成了姜维的悲剧色彩。

"谁云卧龙死,复有一姜维",在后世的不断渲染之下,姜维也伴随着诸葛亮逐渐走向圣坛,享受烟火。

---

① (晋)陈寿:《三国志》卷四十四蜀书十四,百衲本景宋绍熙刊本。

敛兵聚谷：
内部紊乱沓中避祸

景耀元年（258）秋八月，陈祗逝世，蜀汉内部权力结构发生变化。

在中国历史中，对于皇帝的称呼，有两个词比较令人叹惋，分别是少帝、后主。少帝，年幼不懂事之君，乃是傀儡。后主，则是亡国之君，刘禅之后，有陈后主叔宝、蜀后主孟昶、南唐后主李煜。刘禅在后世常被描述为平庸之辈，可与他的后辈后主们相比，他还算是称职了。只是因为诸葛亮之智之贤被无限放大渲染，相形之下，刘禅之庸之俗更见耀眼。在后世，诸葛亮越是神通广大、无所不知，刘禅越发低劣蠢笨、不可扶持。

后主刘禅在成长过程中是缺乏安全感的，幼时随着乃父到处征战，缺乏关爱。伴随他成长的，有个玩伴黄皓朝夕相处。黄皓非常聪明，能察言观色，被描述为"便辟佞慧"。随着刘禅逐渐长大，最终执掌大权，黄皓更努力地博取刘禅的欢心，权力欲越来越大。可在诸葛成规之下，相府掌大权，宦官势力根本不敢抬头。

诸葛亮时期，以董允统宿卫亲兵，管理宫廷事务。刘禅一度想征召些许美女入宫，乐享生活。董允加以反对，认为古时天子，后妃之数不过十二，今宫中嫔嫱人数已够，不可再增。刘禅只得断了广纳美女之念，此后日益敬畏董允。董允上正色匡主，下数责于黄皓，黄皓畏惧董允，"终允之世，皓位不过黄门丞"①。黄门丞是三百石小官，管理宫中的其他宦者，不能干预国政。

董允去世后，陈祗接替，与黄皓交好。二人互为表里，黄皓始得以干预政事，但还不敢专政。陈祗比较灵活，大拍刘禅马屁，"媚兹一人"。若是刘禅要征召美女入宫、修建宫殿之类，陈祗自然是积极配合。刘禅最多中人之资，欲望被压制多年，顿得释放，对陈祗的这一套曲意逢迎的马屁功夫很是受用，进而痛恨董允当年限制自己享乐，认为董允傲慢自大、跋扈自恣。

陈祗颇有点江湖套路，精通各类技艺、术数，能以巧妙手段处理好与刘禅之间的关系。内部君臣关系和谐。在外部，对

---

① （晋）陈寿：《三国志》卷三十九蜀书九，百衲本景宋绍熙刊本。

姜维所热衷的北伐，陈祗也给予大力支持，军政之间能保持融洽关系。没有陈祗的坚定支持，姜维很难持续进行北伐。陈祗时期，黄皓从三百石的黄门丞，也升到了六百石的黄门令。陈祗为人处世比较圆滑，交好各方，乃至黄皓，但此时黄皓干预政事，不会过深。

陈祗死后，黄皓从黄门令提升为中常侍、奉车都尉，开始操弄权柄。一般认为，黄皓此时开始从"预政"过渡到"专政""枝附叶连"，乃至与军方人物阎宇交往，形成自己的小集团。后世史家多指责黄皓，"操弄权柄，终至覆国"，可他终究只是个小人物，不过是刘禅的傀儡罢了。很多事，刘禅不好做、不好说，就通过黄皓来。

至于弄权专政，导致蜀汉覆灭，黄皓还没有这样的能量与能力。他最高的位置，不过是奉车都尉，掌皇帝的车马仪仗。史书上都说他专权、弄权，却又没有记录他如何操控朝政，这也是为尊者讳了，因为他代表的是刘禅。

一说，黄皓挑拨刘禅与其弟鲁王刘永的关系。刘永一直对黄皓无好感，至黄皓弄权后，在刘禅面前构陷刘永，将其外放，至不得朝见者十余年。可此事乃是刘禅家事，兄弟亲和与否，哪是外人所能挑拨的。

一说，黄皓和郤正同事三十年，既不为黄皓所喜，也不为黄皓所憎，所以官不过六百石。暗指黄皓打压正人君子，可黄皓不喜不憎，与郤正不得升官之间，并无任何关联。郤正的背景相当复杂,其父郤揖,随同老上司孟达一起降魏,儿子郤正则留在了蜀汉。郤正得不到提拔,与其说是黄皓打压,不如说他的复杂背景。

一说,罗宪得罪了黄皓,被打击报复,左迁为巴西太守。罗宪师从谯周,曾两次出使孙吴,也是栋梁之材。至巴东太守任上,罗宪担任了右大将军阎宇的副将。阎宇被视为黄皓的盟友,却重用盟友不喜欢的罗宪?故而黄皓打击报复一说,也是站不住脚的。

蜀汉覆灭后,司空张华曾经问李密,刘禅是什么样的人。李密认为他"可次齐桓",这让张华大为惊讶,询问缘故。李密云,齐桓公得贤臣管仲而称霸,用奸佞宦官而死不得葬,恰如刘禅。刘禅虽亲信黄皓,却还不至于到亡国覆灭的程度,只是中国文人阶层素来厌恶宦官,自然要将蜀汉的各类问题归咎于黄皓。

刘禅与陈祗关系亲密,得知陈祗去世后,竟然痛哭流涕,从悼词也可以看出二人关系很铁:"柔嘉惟则,干肃有章。和义利物,庶绩允明。命不融远,朕用悼焉。"意思是柔顺温和,有条不紊,和气忠义,政绩辉煌,可惜命短,让朕痛心。刘禅厚待陈祗之子,"赐子粲爵关内侯"[1]。

诸葛亮时期,以黄金围、兴势围、赤坂围等形成掎角之势,构成汉中东部第一道防线,以汉、乐二城为第二道防线。自延

---

[1] (晋)陈寿:《三国志》卷三十九蜀书九,百衲本景宋绍熙刊本。

熙七年（244）曹爽由骆谷进攻兴势围被击退后，有十四年未曾有过战事。长时间的和平，汉中各围占据了大量兵力自然生出懈怠之心。

景耀元年（258），大将军姜维改变原先在汉中各围以重兵守卫、御敌汉中之外的"实兵诸围"战略。姜维改行"敛兵聚谷"战略，此战略收缩汉中黄金围、兴势围防守兵力，移兵驻守阳平关、汉寿要隘，由此可兼顾汉中、陇西；汉中蜀汉军队退守汉、乐二城等要隘，拉长敌军补给线，以游军骚扰袭击，疲惫敌军，待敌军耗尽粮草时出击，全歼来敌。

之所以如此调整，也是因为姜维多次北伐，需要加强兵力，而蜀汉军事上的问题是兵力不足。汉中"实兵诸围"战略，占据了相当兵力，故而加以消减，整合之后服务于姜维的陇右攻略。此外，在姜维的北伐中，汉中都督胡济"失誓"不至，虽事后没有被追究，可姜维心中总有一根刺，需要加以拔除。根据此战略，令汉中都督胡济前往汉寿，实际上解除了其汉中统兵权。此后汉中方面，由监军王含守乐城，护军蒋斌守汉城。蒋斌，乃蒋琬长子。

裁撤围守，导致汉中防守相对薄弱。对姜维新的"敛兵聚谷"战略，后世多指责为亡国之策。如宋人刘友益指责："维之失计，汉所亡也。"[①] 此类议论，多是纸上谈兵，不足为信。蜀汉覆

---

① （宋）朱熹：《通鉴纲目》卷十六，清文渊阁四库全书本。

灭,乃多重因素合力所致,并不是姜维单一调整军事战略所致。

陈祗死后,新人开始主政,这就是顶着父亲无数光芒成长的诸葛瞻。诸葛亮去世时,诸葛瞻刚八岁,刘禅对丞相之子予以了足够的关怀,将他带入宫中抚养。十七岁时,诸葛瞻迎娶公主,十八岁封羽林中郎将,风光无限。他的人生道路,自然是坦荡的,一路升迁。延熙七年(244)至景耀三年(260),诸葛瞻屡迁射声校尉、侍中、尚书仆射,加军师将军。

景耀四年(261),辅国大将军董厥、卫将军诸葛瞻,同录尚书事,与姜维并列,尚书台形成三巨头。董厥是相府老人了,曾为诸葛亮丞相府令史,后迁主簿。诸葛亮常称赞他为良士,每与他交谈都要慎重组织语言。陈祗去世后,董厥接任尚书令,此后迁辅国大将军,录尚书事。

蜀汉民间云,"前有王平、句扶,后有张翼、廖化",指蜀汉后期的四大名将。廖化此时年迈,却想拉着老战友宗预一起去拜访"初统朝事"的诸葛瞻,加深下彼此关系。宗预很是鄙视廖化:"吾等年逾七十,所窃已过,但少一死耳,何求于年少辈而屑屑造门邪?"① 意思是我俩七老八十了,都等死的人了,还去拍年轻人的马屁,有意思吗?

新的政坛格局是,董厥、诸葛瞻在内主持行政事务,姜维在外主持军事事务,如此还能延续某些诸葛成规。而诸葛成规

---

① (晋)陈寿:《三国志》卷四十五蜀书十五,百衲本景宋绍熙刊本。

的一重意义，在于消除内部倾轧，去除宦官干政之弊。恰恰在诸葛亮的儿子与弟子之间，却破除了诸葛成规，出现内部倾轧。蜀汉政权晚期，内部秩序紊乱失调，缺乏有力控制，作为权力核心的刘禅又乐见此种局面。至曹魏伐蜀后，蜀汉内部体系混乱的问题全面凸显，最终带来了蜀汉覆灭。

建制化完全的政权中，没有完全腐化的行政体系，对军队能保持强大控制力。在诸葛亮、蒋琬、费祎时期，虽然军政一体，实际上是文官行政集团保持了对军事集团的牢固控制。至陈祗时期，虽然没有往日对军事集团的控制力，但军政双方关系融洽，也能加以合作。至诸葛瞻、董厥执政，与姜维关系不睦，无法控制军方。当此之际，得到刘禅支持的宦官黄皓，也成为政坛一股新势力，诸葛成规荡然无存矣。

对于角色特殊的黄皓，董厥虽然不与他交好，但作为主持中枢的高级官员，却碌碌无为，无法矫正弊端。至于诸葛瞻，对黄皓的态度相当复杂。《三国志》载，黄皓擅政后，士大夫多趋炎附势，就连诸葛瞻、董厥对黄皓也是"咸共将护"，唯独尚书令樊建不与黄皓往来。一说以为，陈寿曾为诸葛瞻属吏，被诸葛瞻所辱，故而如此描写。

在绵阳战败后，诸葛瞻临战死前云，自己有三罪："吾内不除黄皓，外不制姜维，进不守江油"[①]。诸葛瞻之子诸葛尚则云：

---

① （唐）李吉甫：《元和郡县志》卷三十二，清武英殿聚珍版丛书本。

"父子荷恩,不早斩黄皓,以致败国殄民。"[1] 此二记录可信度不高,诸葛瞻父子兵败身死之际,还有空大发感慨,还恰好被人记录了下来?诸葛瞻与黄皓之间,应该不会沆瀣一气,而是彼此排斥,因为贵公子诸葛瞻瞧不上黄皓。至于诸葛瞻出手铲除黄皓,更无可能,黄皓不过是他老丈人刘禅的一条狗,贵公子会出手打狗?

蜀汉政权一度高举"兴复汉室"旗帜,在偏霸一方的基础上进而图谋王业。在此政治感召下,将北伐视为正义事业。这在蜀汉内部,乃是政治正确,就连刘禅也曾痴迷于此。诸葛亮之后,蒋琬、费祎虽保境安民,可也要做出北伐的姿态,让王道大旗高高飘扬。可道义的感召,宏大事业的追求,在持续用兵之下,也让整个蜀汉觉得疲惫。以老臣谯周为中心的部分文官集团,劝告刘禅"可为文王,难为汉祖"[2],不要兴兵征伐,而要以礼治国。谯周对刘禅也保持了巨大影响力,乃至刘禅言听计从,最终"象床宝帐无言语,从此谯周是老臣"。

在巨大压力下,北伐狂热者如姜维不得不偃旗息鼓,推行"敛兵聚谷"战略,停止北伐。两年后魏主曹髦被司马昭所杀,当此天下大变之际,姜维竟然没有兴兵北伐。而此前姜维的持续北伐,如果没有后主刘禅的默许,也是很难进行的。

---

[1] (晋)常璩:《华阳国志》卷第七,四部丛刊景明钞本。
[2] (晋)陈寿:《三国志》卷四十二蜀书十二,百衲本景宋绍熙刊本。

此几年间，刘禅意识到，以蜀汉的国力，很难去恢复中原了。老去的刘禅开始回忆往事，追思故人。景耀三年（260），追谥故将军关羽、张飞、马超、庞统、黄忠。景耀四年，追谥故将军赵云。冬十月，大赦。

"一事未成人渐老，壮怀欲问秋风"，这是老去姜维的心境了。

沉寂几年之后，景耀五年（262）十月，姜维决定再次率军伐魏。此次北伐，曹魏内部也无大变动，缺乏契机，这让蜀汉内部很难理解。一直支持姜维北伐的右车骑将军廖化，此次强烈反对用兵，甚至质疑姜维的军事能力不及敌方将领。廖立更认为，蜀汉兵力、国力不如曹魏，持续用兵，如何能长久？

诸葛瞻、黄皓虽不和，在削除姜维兵权上却又一致。诸葛瞻、董厥二人的计划是，此次且让姜维用兵，待其失败后，逼迫姜维交出兵权，改任益州刺史。黄皓推出的计划则是，以阎宇取代姜维，执掌兵权。阎宇曾经担任庲降都督，此时担任右大将军，镇守巴东，防范孙吴。黄皓此举，如果没有阎宇在背后助推，不会如此大胆。

姜维素来外宽内忌，北伐之前，听闻黄皓想要"废维树宇"，勃然大怒。姜维找到刘禅，以黄皓恣擅为由，请将他杀掉。刘禅充当起了和事佬，劝说姜维："黄皓不过是个小人物，往日董允就切齿痛恨，我也厌恶此人。这种小人物，你就不要在意啦。"姜维见刘禅这个态度，自知失言，谦辞而出。刘禅则让黄皓去向姜维道歉，双方表面上缓和了关系。

姜维出兵后，领兵攻打洮阳，邓艾率军迎战。魏军抢占有利地势，在侯和（今甘肃卓尼）设下埋伏，以逸待劳，击退蜀军。侯和之战的史料记录极为简略，战后姜维"遁走"，乃有秩序撤走，可见损失不大。此次北伐，姜维应是在朝廷内的巨大压力下，想向外寻找个发泄口，如果能有些许小胜，也能压制内部反对的声音。

但此次北伐未能取得任何战绩，在蜀汉内部造成巨大波澜。姜维因连年征战，师劳功微，在蜀汉内部不被见容，又与诸葛瞻关系紧张。据《华阳国志》载："维说皓，求沓中种麦，以避内逼耳。"① 此次战事后，姜维没有兵归成都，通过黄皓出面，游说刘禅，同意他种麦于沓中（今甘肃舟曲以西），以求自保。胡三省《通鉴注》云："沓中在诸羌中，乃沙漙之地。"② 姜维将所部士兵打散，分布在周边地区，从事种植，充实军粮，待机继续北伐。

陈寿在《三国志》中则云，姜维畏惧黄皓，不敢回成都，避祸沓中，却是将黄皓的作用夸大了。陈寿著史，抛开所谓的向丁仪儿子索米千斛，方给作传之说，相对还是比较公允，但

---

① （晋）常璩：《华阳国志》卷第七，四部丛刊景明钞本。
② （明）严衍：《资治通鉴补》卷七十七汉纪六十九，清光绪二年盛氏思补楼活字印本。

其中难免有对史料的裁剪，为尊者讳的笔法，乃至充满矛盾之处。裴松之为《三国志》作注时就发现，陈寿对史料加以裁剪，以增加对历史人物的好恶。

景耀五年（262），此年陈寿将近三十岁。约在此年前后，陈寿父亲去世。陈寿在服丧期间感染疾病，"使婢丸药"[1]，结果被乡人看到，引发舆论。在当时，居丧期间，不能近女色，而陈寿让婢女喂药，被视为调情，舆论哗然。在注重清议、提倡孝道的年代，舆论能主宰一个人的前途。各种非议之下，陈寿仕途不振，未能再入政坛。

陈寿是巴西郡安汉县（今四川南充）人，生于建兴十一年（233）。陈寿的父亲，曾在马谡属下任职。马谡战败后被处死，陈寿之父受牵连，被判处髡刑五年，也就是剃光头发胡须，这是一种人格侮辱刑罚。此年陈寿出生，应是刑期已经结束。陈寿从底层办事官员"书佐"做起，一路升迁到散骑侍郎、黄门侍郎，进入中枢核心。一说景耀四年（261），陈寿遭到黄皓打击而被罢官，但此事并无可靠记录。由陈寿笔下对黄皓的憎恶可知，二人应存在宿怨。

姜维持续北伐，曹魏多年来一直处于防守状态，未曾大规模伐蜀。魏大将军司马昭因为当街诛杀魏帝曹髦，声望大跌，国内矛盾重重，为了转移国内矛盾，决定出兵伐蜀。之所以伐

---

[1] （南北朝）沈约:《宋书》卷六十四列传第二十四，清乾隆武英殿刻本。

蜀而不攻吴，因为蜀汉国力最弱。将军邓敦认为"蜀未可讨"，被司马昭诛杀，可见其灭蜀汉之决心。司马昭一度也征求前线将领邓艾的意见，邓艾认为蜀不可伐，被司马昭派使者一顿训斥，由此闭口不言。

景耀六年（263），魏军兵分三路，出兵伐蜀了。

第五章

乐不思蜀：众人皆醉我亦醉的刘禅

在蜀汉的最后时光中，后主刘禅决定不顾礼制，给诸葛亮立庙，以此团结内部。曹魏方面，司马昭为了营造正统性，出动大兵，发动了伐蜀之役。面对曹魏大兵，蜀汉内部体制紊乱的问题出现，前方守卫要隘的将领无心作战，各自投敌；新起将领如诸葛瞻缺乏作战能力，一战即溃。当曹魏大兵出奇兵之后，蜀汉内部已无战意，在谯周劝说之下，举国投降。伐蜀成功之后，曹魏内部，钟会、邓艾发生权力纠纷，引发成都大乱，死伤无数。投降后的刘禅，作为安乐公，在曹魏内部享受富贵荣华，安心做一个太平鱼肉。

刘禅之思：
诸葛立庙非礼所为

景耀六年（263）春，过完了元旦，刘禅总算能稍得休息。元旦期间，各种大礼祭祀都马虎不得，要自己亲自主持。锦官城里带着冬日的寒意，可喧嚣无比，车水马龙，安逸得很。过了南中，再往南到交州一带，听说冬日如夏，颇是暖和，让人舒坦。可那等地方，蛮夷遍地，不服教化，怎么比得上成都的繁华富庶。

过了新年，刘禅觉得自己快六十岁的人了，年纪大了，精力越发差了，折腾不起了。虽说自己当了这四十余年皇帝，养尊处优，也没怎么管过事，可有时还是要抓一抓权，显示自己的天子地位。不时还要出面调和下朝堂内的矛盾，缓和下各派关系。记得先帝在世时，大臣许慈、胡潜不和，先帝就让娼家伶人模仿二人争吵的形象，酒酣作乐，以为嬉戏，一时成为趣谈。

这等事，只有行事不拘一格、扬扬自得的枭雄先帝才干得出来，自己从小被诸葛丞相严格教育，熟读圣贤书，哪怕做不了尧舜，怎么也是个齐桓公吧。刘禅又想起，有一次自己读书读得不错，丞相向先帝表扬自己："知量甚大，增修过于所望。"先帝闻言很是欣慰："审能如此，吾复何忧！"[1]

先帝还是与众不同的，哪怕他高举汉室正统，可登基时他却干了一件不符礼法的事。依照礼法规定，祭祀礼中最隆重的乃天子南郊祭天，称"效天"。天子祭天时，还要祭祀先祖，以此证明自己身份上的合法性。章武元年（221），先帝刘备在成都武担山南设坛，祭天却不祀祖。

不祀祖，不合于礼，先帝就这么干了，别人也奈何不得，后世还得帮着找理由，认为旧都未复，诸事草创，汉末丧乱，礼法沦没云云。又云，时日长久，刘备也找不到两汉哪个皇帝是自己祖宗了，"备虽绍代而起，亦未辨继何帝为祢，亦无祖宗之号"[2]。

先帝去世了，朕刘禅主政了，可丞相教导自己时还是很严

---

[1] （晋）陈寿：《三国志》卷三十二蜀书二，百衲本景宋绍熙刊本。
[2] （南北朝）沈约：《宋书》卷十六志第六，清乾隆武英殿刻本。

格。丞相一直还担心自己,"富于春秋,朱紫难别",怕自己年纪轻,抵挡不住诱惑,真伪不辨。可朕刘禅还真不是这种人,从小跟在先帝、丞相后面,什么大场面没见过,自然会应对辨别,还真以为朕是糊涂蛋?先帝要求自己以父礼事丞相,自己也做到了。记得十八岁时,丞相还表扬自己:"天资仁敏,爱德下士。"①

丞相的人格魅力,让刘禅自小折服,在刘禅心中,丞相亦师亦父,不敢亲近,唯有敬仰。丞相接手蜀汉时,是一片烂摊子,"此诚危急存亡之秋"。南中叛乱,孙吴、曹魏虎视眈眈,国弱民穷,丞相却将一手烂牌,打出王炸。

由丞相操盘,蜀汉政权内部一向比较稳定,君臣关系相对和睦,没有曹魏、孙吴内部的政坛恶斗乃至血腥杀戮。之所以如此,刘禅深知乃是丞相的人格魅力所致,影响着蜀汉内部官员。回首往事,刘禅思绪涌动,又想起建兴十二年这一年,听闻丞相在五丈原去世后,心中大痛,肝胆欲碎。丞相对自己虽然严格,军政权力一把抓,但丞相有能力、有忠心。他专权不还是为了避免令出多家,为了恢复汉室江山,为了老刘家的千秋万代。

在丞相最后的时光里,刘禅自认是做到位了,该给的荣耀都给了,也向丞相表态将遵循"诸葛成规",恢复汉室。刘禅登

---

① (宋)王钦若等:《册府元龟》卷三百二十一宰辅部,明刻初印本。

第五章　乐不思蜀：众人皆醉我亦醉的刘禅

基的当年，就封丞相为武乡侯。丞相在汉中染病，至生命的最后关头，刘禅特意"赠君丞相武乡侯印绶"。此举意义深远，丞相早就受封武乡侯，去世之后，应当上缴丞相印绶，武乡侯印绶则传给嗣爵者。刘禅特意派人前去，给丞相赐下印绶，这是给丞相随葬之用。

丞相葬在汉中，也有北伐未了的心愿。"汉之兴，自蜀汉"，汉高祖刘邦发端于汉中，先帝刘备兴于汉中，此地是北伐的基地。丞相期待着光复汉室，期待着平定天下，解百姓之困。可走向理想的道路，如同崎岖蜀道一般艰难。奋力回天的丞相，散发着若长庚一般的光辉，孤出照一方。

丞相刚去世，刘禅也不糊涂，知道必须做点什么，立刻颁布命令，禁止大臣奔丧，以免影响朝政。隐约记得，只有谯周这儒生在禁令颁布之前，一路从老家巴西郡急行，赶到丞相灵前奔丧。后来刘禅提拔蒋琬时，顺带也将谯周一起提拔了，现在成为蜀汉之股肱。这些年来，谯周发展得很不错，被称为"蜀中孔子"，弟子众多，如太子刘璿、尚书文立、巴东太守罗宪、太子洗马大将军主簿李密，当然还有个被贬职在乡的陈寿。

想起谯周，刘禅又想起丞相参军李邈，此人疏狂率直，曾经得罪过先帝，差点被杀，所幸丞相帮他求情，才免了一死。丞相死后，自己身着白衣，为丞相举行三天悼礼时，李邈竟然对刘禅说："亮身杖强兵，狼顾虎视，五大不在边，臣常危之。

今亮殒没,盖宗族得全,西戎静息,大小为庆。"① 这是干吗?骂丞相穷兵黩武?死得好,天下齐庆?

虽然自己偶尔也会腹诽丞相过于专权,可丞相这人绝不会有什么野心,有他在,自己这皇帝当得舒坦安心。李邈骂丞相骂得太狠了,枉费当年丞相还救过他。朕当即下令,将李邈下狱诛杀,朕也是难得杀伐果断一回。

丞相去世后,朕先难过了一阵子,之后以为没人管自己了,可以在宫里享受下生活。不想董允依旧严格得很,让自己都生出畏惧,就连扩充后宫的心思也断了。总归朕是皇帝,权力应该一手抓,可时局复杂,大敌环视,不如放权吧,让臣下们去经营江山吧。

朕先是提拔了蒋琬,也一度想继承丞相遗志,挥师北伐,可这蒋琬嘴上喊北伐喊得凶,其实是说给朕和主战派听的。蒋琬其实并不想北伐,朕也知道国力不足以伐魏,还特意派马忠去劝说下蒋琬。蒋琬去世后,朕一度也曾亲政,考察了几年后,才将军政大权都交给了费祎,让他们放手去做吧。朕在宫中,乐享太平无忧,有何不可?

沉思之间,刘禅又想起最近的一件大事,有大臣上表呼吁为诸葛丞相立庙,得到朝野上下响应。当年丞相去世之后,民间纷纷哀悼,各地都提出要为丞相设庙祭祀。当年朝议时,大

---

① (晋)陈寿:《三国志》卷四十五蜀书十五,百衲本景宋绍熙刊本。

臣们多主张立庙，刘禅认为与礼秩不合，加以否决。现在旧话重提，刘禅必须作出决定了。

根据礼制规定，能立庙享受祭祀的，必须是有功于人民的圣王，"有功烈于人，及日月星辰，人所瞻仰"①。但就是有大功于人民，奔波操劳一生的大臣，如辅佐王业、兢兢业业的周公，也不得立庙祭祀。汉代"祭功臣于庭"，功臣可以跟着皇帝，在太庙配享祭祀，分享点香火。据此，诸葛亮可"配飨"于刘备的庙庭，但不可单独立庙祭祀。

当年刘禅硬是没同意给诸葛亮设庙。至于原因，他说是"不合礼秩"，这是站得住脚的，并不是后人所说的刘禅记恨诸葛亮，不肯给他立庙。刘禅如果记恨诸葛亮，也不会厚待诸葛瞻，乃至将女儿下嫁给他。

蜀汉立国之后，以礼法为旗帜，以王业为号召，刘备遗诏还让刘禅"读《汉书》《礼记》"。蜀汉高举正统大旗，倡导礼法之治，吸纳了一批精研"六经"、通诸经史的儒生进入权力层，其中如谯周、尹默、来忠、许慈、李譔等人。刘禅及身边的大臣，都熟知礼制，知道为诸葛丞相立庙，不合于礼。屈从于民间的呼声，放弃作为国家根本的礼制，则国家如何统治？

朝廷不同意立庙祭祀，民间就依照时节，在道路巷陌私祭诸葛亮。诸葛亮之祭本应随时间推移，由热而冷，不想多年之

---

① （五代）刘昫《旧唐书》卷二十四志第四，清乾隆武英殿刻本。

后,却是持续保持热度。诸葛祭祀更传承千余年,南宋时陆游来到汉中,看到"汉中之民,当春月男女行哭,首戴白楮币,上诸葛公墓,其哭皆甚哀云"①。"去今千有余岁,蜀汉间往往有祠,奉祀不替。"②

"亮之治蜀,田畴辟,仓廪实,器械利,蓄积饶,朝会不华,路无醉人。"这些不过是崇拜者的溢美之词而已,不足为信。诸葛亮五次北伐,征发诸郡人力物力资源,苛征民间,这是毋庸置疑的,所以"亮卒之后,士伍亡"③。至蒋琬、费祎执政后,邦家合一,保境安民,也是对往昔政策的修正。

诸葛亮在世时,"严威切法,控勒蜀人"④,过度征用民间民力,虽鞠躬尽瘁,也导致民生多艰。不想他去世了,被伤害了利益的底层民众反而为他痛心,加以哀悼,恨不得死而后已。⑤这是因为,普通民众并没有意识到,他们利益的损害是持续北伐所带来的。在民众看来,伤害他们利益的是远在千里之外的大敌曹魏。经过持续的渲染,曹魏篡夺汉室,残剥海内的邪恶形象深入人心。人们真诚地相信,诸葛亮对外的战争是正义的,

---

① (宋)黎靖德:《朱子语类》卷第一百三十八,明成化九年陈炜刻本。
② (宋)张栻:《南轩集》卷十记,清文渊阁四库全书本。
③ (晋)陈寿:《三国志》卷三十九蜀书九,百衲本景宋绍熙刊本。
④ (南北朝)魏收:《魏书》卷四十三列传第三十一,清乾隆武英殿刻本。
⑤ (晋)陈寿:《三国志》卷三十五蜀书五,裴松之注:亮初亡,所在各求为立庙,朝议以礼秩不听,百姓遂因时节私祭之于道陌上。

第五章　乐不思蜀：众人皆醉我亦醉的刘禅

是王者之战，尊而且义。出师未捷身先死，念及诸葛丞相，虽底层民众也要共情一把，加以痛哀。

诸葛亮之所以能得到巴蜀地区民众的爱戴，一个重要因素是他建立了规则，一个相对稳定、相对公正的游戏规则，这就是"诸葛成规"。在诸葛成规之下，权力要按照一定的游戏规则运行，一般民众的生活也能得到基本的保障，这就是"科教严明，赏罚必信，无恶不惩，无善不显"[1]。

虽说由于过度征伐，蜀汉地区普通民众只能满足最低的生活需求。但由于诸葛成规提供了基本的安全保障，在乱世之中带来了一定的稳定，故而得到民众热爱。"世信祭祀，谓祭祀必有福"[2]。崇拜丞相，祭祀丞相，一般民众所图所求，不外是风调雨顺、改善生活、求财得子罢了。至于其他，诸如讨伐贼魏、恢复汉室之类宏大目标，虽距离普通人太过遥远，但也能打打鸡血，振奋下人心。

在南中地区，诸葛亮所代表的蜀汉势力，是所谓的先进文明对落后地区的大规模入侵开拓。虽然诸葛亮并没有完全介入南中事务，乃至于在南中采取"南人治南"的策略，但是在他之后的马忠、张嶷等将领则全面深入南中，改造了南中地区的社会结构，由此后人将这些都归功于诸葛亮，认为他为南中地

---

[1] （晋）陈寿：《三国志》卷三十五蜀书五，百衲本景宋绍熙刊本。
[2] （汉）王充：《论衡》，上海：上海古籍出版社1974年版，第384页。

区带来了所谓的文明开化,进而加以崇拜,进行祭祀。

"国之大事,在祀与戎",民间这么轰轰烈烈地祭奠丞相,朝廷却如此冷淡,着实伤了人心。民间可搞不清,朝廷在立庙上有那么多规矩。而民间"不在祀典"的祭祀,属于"淫祀",素来被严禁。擅自搞"非礼之祭"者,依照律法是要按照左道旁门罪论处的。只是因为涉及诸葛丞相,蜀汉朝廷也不好处理,只好无视多年。

此年步兵校尉习隆、中书郎向充上表称:"自汉兴以来,小善小德,而图形立庙者多矣。"[1] 诸葛丞相德范遐迩,勋盖季世,王室之不坏,实依赖斯人。官方祭祀的缺失,使民众在郊野巷祭,此非存德念功、追思先贤之法,故而建议顺应民心,为诸葛亮设庙祭祀。

此前曾有人建议,在成都为诸葛亮设庙,这与设在成都的刘备宗庙冲突,不合礼法,被刘禅否决。习隆、向充这次比较聪明,建议在靠近诸葛亮定军山墓地的沔阳设庙,这样亲属可以按照时节祭祀,臣属故旧也可以前去祭拜,如此"断其私祀,以崇正礼"[2]。

此外,为了笼络南中地区民众,蜀汉政权一直在潜移默化地加以移风易俗。马忠、张嶷镇守南中多年,威名赫赫,二人

---

[1] (晋)陈寿:《三国志》卷三十五蜀书五,百衲本景宋绍熙刊本。
[2] (晋)陈寿:《三国志》卷三十五蜀书五,百衲本景宋绍熙刊本。

第五章　乐不思蜀：众人皆醉我亦醉的刘禅　265

死后，南中地区蛮夷为之设庙祭祀，这也不合于礼。可为了统治需要，为了安定南中，蜀汉朝廷还是默许了。如果朝廷内有固守礼法的大臣提出异议，则一句"那是蛮夷之地自己乱搞的"，也就可以交代了。

但蜀汉为诸葛亮立庙，却又是非礼所为。联系同时之魏、吴二国，均无单独为大臣立庙祭祀，也可知蜀汉为诸葛亮立庙祭祀，实为"非礼"之举。蜀汉为诸葛亮立庙加以祭祀，是"非礼"，即《史记》所谓"缘人情而制礼"原则之滥用。[1]刘禅之所以非礼而乱为，也是时局所迫了。

此时的蜀汉，在陈祗去世之后，内部开始出现纷乱，刘禅也敏锐地察觉到了这一点。早先诸葛成规之下，宫府一体，军政合一，由此避免内部倾轧，保证了蜀汉的整体动员力，在面对曹魏时，亦能持续主动进攻。借助诸葛立庙，安抚诸葛亮的弟子姜维与儿子诸葛瞻，以丞相为号召，将蜀汉百姓团结在恢复汉室的旗帜下，保证蜀汉江山的持续统治。

且这些年来，蜀汉持续发动战事，国力消耗太大，所幸还有蜀锦、钱币、马匹等土产能对孙吴出口。两年前，也就是景耀四年（261），诸葛瞻刚刚统政，孙吴五官中郎将薛珝出使来蜀，求购马匹，顺带观察蜀汉情况。薛珝回去后，告诉吴主孙

---

[1] 李万生：《礼秩与国运——蜀汉亡国原因探讨之一》，《清华大学学报（哲学社会科学版）》2018年第4期。

休:"入其朝,不闻正言,经其野,民皆菜色。"[1]薛珝的话,部分是贬低蜀汉,因为孙吴自身日子也不好过,哪里能见得别人好;部分也是实情,蜀汉内部纷争,民疲师老,一般民众难免面带菜色。既然民间喜欢祭祀诸葛亮,堵不如疏,干脆做到位,为丞相立庙,安抚下民间,给些希望。

景耀六年(263)春,刘禅下诏,为诸葛亮立祠于沔阳(今陕西勉县东南),此时距离诸葛亮过世已经二十九年矣。蜀汉人心一直思念诸葛丞相,但此年曹魏大军攻伐蜀汉时,蜀汉军队并未爆发太高战斗力。盖中国社会,怀念、热爱是一回事,行动、奉献是另一回事。

当初就诸葛立庙,曾有人提议设在成都,被视为"偪宗庙",也就是侵犯了刘氏宗庙的至尊地位与朝廷的皇权,自然被否决。早在西汉时,就形成了"陵旁立庙",即在皇帝陵墓旁设庙祭祀。因为刘备的惠陵在成都,故而宗庙也在成都。如果诸葛亮在成都设庙,则是死后侵犯皇权了。诸葛亮一生谨慎,死后都遗命葬在定军山,也是避免与皇帝陵墓宗庙相冲突。

不想日后,成都却有了诸葛武侯祠,渐渐无人知道先主庙。成都出现诸葛亮庙,约在成汉李雄称王时期(304—334)。"李雄称王,始为庙于少城内,桓温平蜀,夷少城,独存孔明庙"[2]。

---

[1] (晋)陈寿:《三国志》卷五十三吴书八,百衲本景宋绍熙刊本。
[2] (宋)祝穆:《方舆胜览》卷五十一成都府路,清文渊阁四库全书本。

此期间在成都立诸葛庙，此后一直持续，再无人关注是否合于礼了。唐肃宗乾元二年（759），杜甫至成都，访诸葛武侯祠，留下了名诗"丞相祠堂何处寻？锦官城外柏森森"。

南梁《殷芸小说》讲了一个故事。东晋中期，权臣桓温西征成汉时，遇到一名诸葛亮时代的小吏，年已百余岁。桓温得意扬扬地问："诸葛丞相，今谁与比？"小吏答："葛公在时，亦不觉异，自葛公殁后，正不见其比。"[①]丞相在时，不觉如何，丞相去矣，方觉可贵，世间再无此等人物。此后两千余年，诸葛亮让后人如此着迷，"当年千金一诺，雪如桃花飘肩。忠信此生不渝，惜屡伐未得功"。

---

① （宋）晁载之：《续谈助》卷四，清十万卷楼丛书本。

阳安关口：
蜀汉自乱与邓艾伐蜀

司马昭之心，路人皆知。曹魏景元四年（263）夏，司马昭之心是什么？

司马昭迫切需要来自战场的胜利。

曹魏甘露三年（258）二月，平定淮南诸葛诞之变后，司马昭全面执掌权力。此年五月，一度有"封晋公，加九锡，进位相国"之动议，司马昭之心毕露。魏少帝曹髦不甘心坐以待毙，结果当街被杀，天下哗然。此后数年，虽屡有加九锡之议，司马昭也没脸皮接受。一场战争的胜利，可以为司马昭篡魏提供合法性，摆脱弑君带来的危机。

景元三年（262），有禁军勇士毛遂自荐，向司马昭请求入

第五章　乐不思蜀：众人皆醉我亦醉的刘禅

蜀行刺。从事中郎荀勖认为，刺客非堂堂正正大国之举，要除蜀汉，也该兴师挞伐，这让司马昭动了伐蜀之念。景元三年冬，朝廷任命钟会为镇西将军、假节，都督关中诸军事。

发动对蜀汉的战争，因为司马昭了解蜀汉的家底，这也是情报工作到位。景元四年（263）夏，司马昭召集军事会议，商议伐蜀之战。在会上就蜀汉军力加以分析："计蜀战士九万，居守成都及备他郡不下四万，然则余众不过五万。今绊姜维于沓中，使不得东顾，直指骆谷，出其空虚之地，以袭汉中。"[①]

此年秋，曹魏分兵三路，一路由征西将军邓艾率领，领兵三万，攻打沓中姜维。一路由雍州刺史诸葛绪统帅，领兵三万，攻取武街、阴平桥头，截断姜维前往汉中的退路。一路为钟会统领其余人马，共十余万，分兵三路进攻汉中。伐蜀的战略是，吸引姜维主力于沓中，主力出骆谷、斜谷，进取汉中。

战前主持雍凉军事的司马望奉调回京，其职位由钟会接替，此年钟会三十九岁，有野望之心，怀等夷之志。

钟会出自名门，其父是"一代伟人"钟繇，乃曹操最心腹。曹操出征时，将关中之事，全部托付给钟繇。钟繇以书法见长，与王羲之并列。钟繇的功名与才名，使颍川钟氏演变为当时一等豪门大族。钟会与司马昭兄弟在少年时就已相识，情谊甚笃。

司马师在许昌临去世前，司马昭紧急奔赴军中，由乃兄交

[①] （唐）房玄龄：《晋书》卷二帝纪第二，清乾隆武英殿刻本。

代身后之事。司马师死后，魏帝曹芳令司马昭留守许昌，由尚书傅嘏领兵返回洛阳。钟会建议司马昭无视诏书，直接领兵回京，控制军权。此后诸葛诞举兵，钟会一手策划平乱，被视为当世之张良，乃司马昭最心腹之人。

钟会与"竹林七贤"等所谓名士，也有过交往。有一次，嵇康在长林之下锻铁，贵公子钟会来访，乘肥衣轻，宾客如云。嵇康坐以鹿皮，巍然正容，不与之酬对，钟会衔恨而去。嵇康名望高，为士人所追捧，他又曾娶曹操之子曹林的女儿长乐亭主为妻，带有曹氏的烙印，引起司马昭猜疑。钟会进谗言："嵇康，卧龙也，不可起"，且嵇康、吕安等人"言论放荡，非毁典谟，帝王者所不宜容"①，遂使司马昭下定决心，诛杀嵇康。

此次伐蜀之战，由司马昭、钟会一手拟定，二人时常筹度地形，考论时势。曹魏内部，文臣武将多数反对伐蜀，司马昭发出哀叹："众人皆言不可，唯（钟）会与吾意同。"②

战前，征西将军邓艾一直反对伐蜀，实深知伐蜀之难。只是司马昭决心已下，以伐蜀核心人物钟会为前方主帅。邓艾虽由司马懿一手提拔，屡立战功，却不是司马昭集团的核心人物。司马昭决策的主要人物，来自曹魏功臣、名门之后，邓艾则是平民出身。虽然邓艾是司马懿一手提拔上来的，但与司马昭有

---

① （唐）房玄龄：《晋书》卷四十九列传第十九，清乾隆武英殿刻本。
② （唐）房玄龄：《晋书》卷四十九列传第十九，清乾隆武英殿刻本。

年龄上的代沟,不似钟会、贾充那样与司马兄弟关系亲密。

由于邓艾对伐蜀并不积极,又手握重兵,司马昭特意派主簿师纂,至邓艾军中,加以监督。邓艾此人,出身贫寒,靠着个人打拼才能有今日的地位。故而邓艾自负才华,其属下一旦应答让他不满,辄大肆辱骂,故而虽战功显赫,却不是那么得到部属的拥戴,没几个死忠。故而后来邓艾部将营救他时,并不是那么卖力。

至于钟会,野心勃勃,内外皆知。出兵之前,钟会之兄钟毓曾向司马昭进言,认为乃弟虽才智过人,但喜玩弄权术,不可专任。司马昭闻言大笑云:"若如卿言,必不以及宗矣。"[1] 后钟毓病亡,钟会反叛,司马昭果然网开一面,特赦钟毓之子,官爵如故。

钟会因为嵇康被杀案及骄横跋扈,得罪了不少人,对他有非议乃是常态。但所谓有人提前预测钟会将反,不过是"事后聪明式偏见"和"我早就知道了"的表达,既可向司马昭彰显忠诚,也可显示自己并不那么过人的智慧。此类记录,却又深得著史者欢心,采纳入书,让后世读者陷入更深误区。

司马昭对钟会极为信任,但到底是托付大军,还是需要有所掣肘。依照曹魏制度,凡是将帅领兵作战,要留家人在京师作为人质,如果单身无子弟,则不可领兵,是为"单身无任"。

---

[1] (晋)陈寿:《三国志》卷二十八魏书二十八,百衲本景宋绍熙刊本。

钟会在当日也是另类，没有娶妻生子，以哥哥钟毓的两个儿子钟邕、钟毅为养子。此次出兵，钟邕随军，钟毅留作人质。

钟会军中，以卫瓘为监军，单独领兵千人。卫瓘，河东安邑人。卫氏是河东安邑（今山西夏县）望族，其祖上卫嵩，在汉明帝时以儒学显名。卫瓘之父卫觊长于书法，尤工草书，好古文，鸟篆、隶书无所不善，卫瓘也是当时著名书法家。钟会、卫瓘，二人年龄相当，出自名门，精于书法，自然有较多共同语言。因邓艾出自寒门，终究与望族出身的卫瓘有隔阂，在钟会与邓艾的纠纷中，卫瓘与钟会结盟。

蜀汉的兵力分布是，姜维带领一部分主力，约五万人，驻守沓中。在汉中，汉中都督胡济领军五千驻汉寿，将军蒋斌领军五千驻汉城，将军王含领军五千驻乐城，将军傅佥、蒋舒领守军五千驻阳安关。此外在成都及江州、南中等地，各有部分驻兵。

曹魏方面的判断是，汉中兵力空虚，能迅速拿下，如此钟会可建奇功，司马昭有战绩可以称颂。钟会统十余万众，分别从斜谷、骆谷入汉中。牙门将许仪领命，在前方整修道路，钟会在后行，不想过桥时桥穿，马足陷入。钟会大怒，斩杀许仪。许仪乃虎将许褚之子，有功于王室，一时全军震竦，畏惧之中也埋下了不满的种子。

曹魏大军来袭后，蜀汉由汉中各围退至汉、乐二城，重点防御。钟会使护军荀恺、前将军李辅各统万人，荀恺围汉城，李辅围乐城。钟会则领兵出击，护军胡烈领兵先行，直奔要隘阳安关（关城）。诸葛亮屯兵汉中时，新筑阳安关（陕西勉县西），城址所在，乃昔日萧何修"白马塞"处，故而又称"白马城"，后世改称"阳平关"。阳安关扼汉中盆地咽喉，失阳安关，则汉中不保。

作为先锋的胡烈，在曹魏军中乃是重要人物。胡烈，雍州安定临泾人，安定胡氏乃关陇武将世家，与司马氏渊源颇深。胡烈的父亲胡遵追随司马懿征战多年。胡烈之兄，参与了系列重要战事，其女嫁给了司马炎。另一路主将诸葛绪的孙女诸葛婉，后来也成为司马炎的妃子。此次伐蜀的主将之中，也就邓艾与司马氏关系相对疏远。

阳安关由傅佥、蒋舒二将守城，本应据关固守。不想蒋舒诈称要出城杀敌，傅佥加以劝说，不可违命出战。蒋舒声称："子以保城获全为功，我以出战克敌为功，请各行其志"[1]，乃领兵出城。

由此可见，蜀汉军中，系统混乱。汉中都督胡济被调去守卫汉寿，汉中守将各自为政，群龙无首，这也是姜维轻汉中战略的结果。出城后，蒋舒即向胡烈投降。城中防守空虚，魏军趁机攻城，傅佥苦战而死。至于蒋舒为何投降，《蜀记》曰："蒋舒为武兴督，在事无称，蜀命人代之，因留舒助汉中守，舒恨，

---

[1] （晋）陈寿：《三国志》卷四十四蜀书十四，百衲本景宋绍熙刊本。

故开城出降。"①

拿下阳安关,钟会大军长驱而入汉中盆地,又得了大量粮草,补充军需。入汉中后,钟会发布檄文,劝告各地蜀军投降,又至诸葛亮墓地祭拜,收拢人心。至此蜀汉东线陷入被动,只剩被围的要塞。阳安关失守是蜀汉整个防御体系倒下的第一枚多米诺骨牌,将引发系列连锁反应。

在西线,得到钟会入汉中的消息后,姜维即领兵回援,邓艾领兵紧追,双方在强川口交战。②此战姜维遭到沉重损失,赵云之子赵广阵亡,战后迅速撤退。此时诸葛绪已经领兵至阴平桥头(位于今甘肃文县),堵住前往汉中的道路。

姜维虚晃一枪,绕道孔函谷,做出北上攻击诸葛绪后方态势。诸葛绪被迫后退三十里追赶姜维,姜维迅速通过阴平桥头,前往汉中。

诸葛绪发现中计后,迅速返回,结果晚了一天赶到阴平桥头,未能截断姜维退路。姜维成功突破封锁,在阴平与廖化会合,也得到阳安关失守的消息。此时蜀汉东西两线处处被动,姜维、廖化退至白水关(关头),此时张翼、董厥等领兵赶到汉寿(葭萌关)守卫。不想姜维决定放弃白水关、汉寿两处险要,

---

① (晋)陈寿:《三国志》卷四十四蜀书十四,百衲本景宋绍熙刊本。
② 又作彊川口,今四川、甘肃两省境内白龙江与其干流嘉陵江交汇处。因白龙江古称强川,而得名。

合兵之后，退至剑阁，依托险峻地势防守。

放弃白水关、汉寿两处要隘之后，使邓艾在西线拥有了足够的自由，不受牵制，后期可以发起对蜀汉腹地的奇袭。姜维此举是在一团乱麻之下的被动战略，是多米诺骨牌效应下倒下的第二张牌。

九月，钟会主力至剑阁，与姜维对峙。诸葛绪未能堵住姜维，不听邓艾劝阻，领兵与钟会主力会合。钟会一心想要立功，却被限制在剑阁外，归咎于诸葛绪畏缩不前，收编了其人马，将他解送洛阳问罪。诸葛绪满怀忐忑，等着未知的命运，却不想他避开了未来的血雨腥风，竟由此富贵一生。

钟会面对剑阁天险，无可奈何，忧虑后勤补给困难，军议时多认为应当退兵。邓艾原本应领兵与钟会会合，但他驻兵阴平。看到钟会大军无法突破，就上书司马昭，建议由他领兵，走阴平小道，穿越七百里山地，绕开剑阁，直取成都。邓艾信誓旦旦："攻其无备，出其不意。今掩其空虚，破之必矣。"[1]此时的邓艾对司马昭还是比较尊重，大事必请示，无飞扬跋扈姿态。

到目前为止，蜀汉应对虽然有各种失误，如果能就此稳住，等待援兵，耗尽钟会军粮，鹿死谁手，犹未可知。但多米诺骨

---

[1] （晋）陈寿：《三国志》卷二十八魏书二十八，百衲本景宋绍熙刊本。

牌接连倒下,老将邓艾出奇兵涉险,江由戍[①]不战而降,诸葛瞻不堪一战,刘禅在成都投降,蜀汉就此轻易灭亡。

后世史家,多将蜀汉轻易覆灭,归咎于黄皓弄权,未守住阴平桥头、阳安关口,贻误战机。《华阳国志》载,魏军出动后,大将军姜维上表后主刘禅,求遣左、右车骑张翼、廖化督诸军,分护阳安关口及阴平桥头。黄皓信巫鬼,谓敌不会来,请后主放心。陈寿《三国志》则记录,曹魏出兵伐蜀后,黄皓请鬼巫占卜,认为不会有敌来犯,让后主刘禅不要当回事,"而群臣不知",最终导致了蜀汉覆灭。

黄皓误国说,并不靠谱。实际情况是,刘禅得知曹魏来攻后,调兵遣将,加以应对。刘禅派廖化领兵,去沓中增援姜维,派张翼、董厥等领兵,支援阳安关。如果"征信鬼巫"之后,刘禅无视敌情,则如何调兵遣将?至于说群臣不知,则更不可能了。曹魏大兵来伐,乃国运之战,刘禅特意改元"炎兴",如何能群臣不知?

黄皓却是可恨可杀,但他始终只是刘禅的一条狗,代表着刘禅的意志。在关系国运之战时,他根本无法影响到军国大事。《三国志》中,除了黄皓"征信鬼巫"外,还有一些涉及黄皓的内容,无非是弄权作恶之类。陈寿惜墨如金,对黄皓却毫不吝

[①] 江由戍即今江油县,因涪水上游各支流汇于此地,由此形成涪江,所以又名为"江由"。

啬笔墨，足见二人却有私人恩怨。将蜀国之覆灭，归于黄皓之恶，亦可开脱刘禅、诸葛瞻、姜维等应对失误之责。

自钟会伐蜀后，蜀汉的应对是极为混乱的，缺乏统一的调配。原先诸葛亮、蒋琬、费祎执政时，军政一体，令出必行，上下如一的态势已经不再。乃至刘禅都不得不亲自出面，胡乱指挥。刘禅是庸才，并不可怕，可怕的是亲自上阵指挥。

诸葛亮执政后，建立起来的权相主政模式，虽有各类弊端，但保证了意志的统一、军政的统一，能充分调动各类资源，服务国家目标，由此蜀汉能以小搏大，持续进击，在与实力强大的曹魏的历次交锋中，不落下风。至陈祗时代，虽军政两途，但彼此尚能配合。陈祗一死，军政分歧，宫府之间，军政之间，关系混乱，号令不一，恶果此时彰显。

景元四年（263）十月，伐蜀之战取得初胜之后，司马昭迫不及待地接受了封晋公、加九锡、进位相国。

十月，孙吴计划出兵援蜀，分兵三路。作战计划是，丁奉督诸军攻魏国寿春。留平至南郡，与施绩会合，率军进攻襄阳。丁封、孙异领军入沔水，救援汉中。可直至蜀汉覆灭，孙吴援军还未曾出动。蜀汉内部可用的将领，尚有坐镇南中的霍弋。霍弋闻魏军来，要领兵至成都援助，不想后主刘禅竟让以"备敌既定"，不要他来了，真是昏招迭出。

江山坐缚：
老臣谯周的投降论

登上一座高峰，遥望着前方连绵起伏的大山、无边无际的林木，雀鹰翱翔于空，待机而下，捕获猎物。邓艾如猛虎般雄踞于山巅，蓄力待势，直扑成都，那里有无尽的繁华，可成就一番伟业，不枉人间走一回。

邓艾此年已经六十六岁，放牛娃出身的他，一生历尽无数艰辛，才走到今日。少年时，每看到山川河流，他都爱指点一番，如何行军布阵，被乡人视为神经之举。他有口吃，在崇尚名士风流的朝堂之上，常被视为笑柄。在新的司马氏权力核心圈中，他属于外围人物。他已是高龄，更迫切需要战功来证明自己，为自己及子孙赚一场大富贵。穿越无人能行的阴平古道，是他此生最大的一次赌博，也是最后一次豪赌。

冬十月，邓艾领兵万余人，进入阴平小道。阴平小道起于阴平郡（今甘肃陇南文县），穿过摩天岭，终点是江由戍，路途七百里，人迹罕至，鸟兽成群。将士皆攀木缘崖，鱼贯而进。小道之上，最险峻的乃是摩天岭，山高如云表，玄鹤尚怯飞。行军途中，邓艾身先士卒，一路凿山通道，造作桥阁。山高谷深，至为艰险，粮食将匮，危险重重。后世传说，行到险峻之处，邓艾以毡自裹，翻转而下，这在险峻山中，无疑寻死，自然是不可能的。

十一月，邓艾帅万余人，成功穿越阴平小道绝险，进至蜀汉要隘江由戍。此前钟会也抽调出部分兵力交给将领田章率领，从剑阁西径出，前往江由戍，既用于支援，也加以监视。田章所率军队，未走小道，提前抵达江由戍守外。

蜀汉在险峻偏僻之地设置江由戍，本意是防范羌人、氐人的进犯，此时本可阻挡邓艾的前进。面对突然出现的曹魏大兵，城中守将马邈惊惶失措，他做了一个错误决定，派出三队人马伏击魏军，结果被田章击破。战败之后，马邈没了斗志，选择投降。依托江由戍的险峻，马邈完全能够拦阻邓艾进军，等待援军。田章连破蜀汉伏兵，邓艾便让田章为前锋，长驱直入。

在魏伐蜀之战中，蜀汉将领表现得极为拙劣，缺乏指挥素养，更无战斗意志。这也是蜀汉内部在诸葛亮所高举的汉贼不两立、伐魏兴汉大旗逐渐失去感召力后，战斗意志薄弱的结果。

当姜维一次次的北伐成了不痛不痒的骚扰战，蜀汉民间已经没有了危机感，也没有了北伐的豪情壮志。所存的平庸之辈，驽马铅刀，碌碌无为，自然是遇战即降了。江由戍失陷，多米诺骨牌，又倒下了一张。

邓艾雷厉风行，拿下江由戍后，继续沿左儋道，一路急行军奔袭涪县。儋为担的古字，云路狭窄，依山傍水，行人担负行李只能用左肩，不得易肩。[1] 蜀汉时，涪县治今绵阳城东，位于涪江东岸，乃成都东北面要冲，曾是蒋琬大本营所在。

蜀汉政权此时也有了覆灭在即之感，后主刘禅急令卫将军诸葛瞻率兵急赴涪县抵御邓艾。此时成都兵力已空，诸葛瞻所领主要是成都禁军及周边郡县兵，并非蜀汉精锐。此前张翼、董厥出战，带走了成都腹地的能战之师。蜀汉的最精锐之师，都压在了剑阁前方，而东线阎宇、南线霍弋则未被及时调动，也是此战中的决策失误。

诸葛瞻是在赞美声中成长的，美声溢誉之下，他是自信的。他虽然未曾指挥过军事，可靠着诸葛亮的光环，也能号召大军，振起士气，只是他所面对的乃是邓艾所领百战精锐。此次伐蜀之战，邓艾下足本钱，在凉州募集善战羌胡健儿五千余人，许以厚报。自出阴平道后，这支精锐，一路奏凯，无往不利。

---

[1] 王炳庆：《邓艾灭蜀评述》，《泉州师范学院学报（社会科学版）》2001年第3期。

第五章 乐不思蜀：众人皆醉我亦醉的刘禅

诸葛瞻领兵抵达涪县后，最稳妥的战术就是依托险要固守，而邓艾快速行军，攻坚能力缺乏，粮草补给困难。诸葛瞻部属黄崇，乃迫不得已降魏的黄权之子，建议诸葛瞻抢占险要，将邓艾全军堵在左儋道。邓艾孤军突进，只要拖延下去，后勤补给断绝，必然不战而溃。黄崇虽大哭劝告，诸葛瞻却不为所动。

诸葛瞻昏招迭出，他主动放弃了涪县，退兵至绵竹，在平地上布阵，准备与邓艾正面决战。临战之前，邓艾致书诸葛瞻，加以刺激："若降者必表为琅琊王。"①之所以封为琅琊王，因为诸葛家族出自琅琊。诸葛瞻自视甚高，看了信后勃然大怒，将邓艾使者处死，一心求战。

开战之后，邓艾遣儿子邓忠于右侧，师纂于左侧，发动攻势。结果初战不利，邓忠、师纂狼狈退回，向邓艾诉苦："贼未可击。"邓艾大怒："存亡之分，在此一举，何不可之有？"②怒叱邓忠、师纂，要将其斩首，在众将苦求下，才饶了一命。

在邓艾的屠刀威胁下，邓忠、师纂领兵再次出击，与诸葛瞻交战。初战取胜后，诸葛瞻更是大意。此番再战，魏军精锐全出，置之死地而后生，斩杀诸葛瞻及尚书张遵等将领。此战中，蜀汉开国元勋的二代、三代大量陨落。诸葛瞻与儿子诸葛尚一起战死。张飞长子张苞早死，长孙张遵此次随诸葛瞻出征，

---

① （晋）陈寿：《三国志》卷三十五蜀书五，百衲本景宋绍熙刊本。
② （晋）陈寿：《三国志》卷二十八魏书二十八，百衲本景宋绍熙刊本。

也战死于绵竹。黄崇抱必死之心,临阵冲杀,死于乱军之中。李恢之侄李球也在此战中身死。

诸葛瞻绵竹大败,多米诺骨牌再倒下一块。

此战史料记录不多。后世一些记录如《元和郡县志》称,诸葛瞻、诸葛尚开战时,"埋人脚步而战",简直是荒诞无稽之说,将士脚步束缚求战,再昏聩的指挥官也做不出来。至于诸葛瞻七万雄兵,败于邓艾二千孤军,纯属小说家言了。

此战诸葛瞻手中的兵力不如邓艾,且是杂兵,并无战力,而邓艾所统乃是百战精锐。但诸葛瞻不守要隘,而与邓艾决战,乃大失策。乃父诸葛亮在世时,评价儿子"嫌其早成,恐不为重器"[①],真是一语中的。诸葛瞻在各种光环中成长,自我感觉良好,所以听不进黄崇的进言。诸葛瞻一生顺风顺水,未曾经历过战阵,也没有过挫折。初上战场,诸葛瞻视战事过于容易,结果溃败身死。

邓艾打下绵竹,继续前进。绵竹至成都之间,还有一道天险雒城横亘。当年刘备攻打了一年,也没打下来,还折损了凤雏庞统。成都哪怕再兵力空虚,也可抽调出部分士卒增强雒城的防守,等待各方援兵。可在雒城,并未爆发战事,刘禅却主动来投降了。

蜀汉内部,听闻诸葛瞻战败消息后,人心变动。后主刘禅

---

① (晋)陈寿:《三国志》卷三十五蜀书五,百衲本景宋绍熙刊本。

第五章 乐不思蜀：众人皆醉我亦醉的刘禅

本就是个资质平庸之人，此次为了抵御曹魏大军，已很努力地走上前台，亲自指挥，调兵遣将，不想接连战败。雒城一旦失陷，则邓艾兵临成都。刘禅此时的选择有三：一、向东去投奔盟友孙吴，待机收复巴蜀；二、向南，前往南中，依托复杂地形，苟延残喘，等待天下大变；三、固守成都，等待各方援兵。

刘禅太平了大半辈子，临老了却面临国运之战。在连番失利之下，他如同惊弓之鸟，手头所剩兵力无几，决定放弃固守成都，那么是向东、还是向南？他在犹豫。谯周此时走上历史舞台，游说刘禅，做了一个惊天动地的选择——投降。

谯周劝告刘禅，不要东逃南窜，而应投降。谯周分析给刘禅听，自古以来，没有天子寄寓他国者。且一旦入吴，也是人臣了。大能吞小，乃自然之理，魏大吴小，则魏早晚吞吴。以此而论，何必向小称臣，自取其辱？且要逃亡南中，应当早做准备，此时仓促上路，大敌在后，"群小之心，无一可保？恐发足之日，其变不测，何至南之有乎"①。

刘禅缺乏决断力，被谯周的话语给震住。有大臣不满，反驳道："今邓艾已经不远，如果不接受投降，将如之何？"谯周分析，现在孙吴尚未归附魏国，必然会接受蜀汉投降，且加以厚待。谯周誓言，如果陛下投降魏国后，"魏不裂土以封陛下者，

---

① （晋）陈寿：《三国志》卷四十二蜀书十二，百衲本景宋绍熙刊本。

周请身诣京都,以古义争之"[1]。

谯周的投降论,论点充沛,众人竟无法反驳。后主刘禅犹豫不决,还是倾向于撤往南中。谯周分析了不可前往南中的三条理由:其一,南中地方各部,平时就不把朝廷放在眼里,现在跑去投靠他们,绝无可能。其二,魏军必定会穷追不舍,等魏军追来再想投降,就难了。其三,逃去南中后,没有地方聚敛军费,必然要加大对南中各部的盘剥,这会加速反叛。现在投降,还可以有一场富贵,逃亡南中,"势穷乃服,其祸必深"[2]。

蜀汉四十二年(221—263)统治期间,从诸葛亮时期的"南人治南",再到蒋琬、费祎时期的武力经营南中,部分改造了南中,对蛮夷"诱以恩信",使一些"夷帅"降附,不再为衅。但广阔的南中地区,并非短短几十年就可完成全面改造。此后两千余年间,在中国西南地区的治理上,历代王朝的政策,不外"羁縻"二字。刘禅出奔南中,面对的必然是谯周所言"后有追兵,前有叛乱"的困局。

谯周知道刘禅耳朵根子软,又用《易》中的"亢"字,解释投降才是保存之道,乃是知天命而为之。谯周又举出微子面缚衔璧、投降武王的例子,加以劝说。最后谯周竟然说服了刘禅,决定降魏。

---

[1] (晋)陈寿:《三国志》卷四十二蜀书十二,百衲本景宋绍熙刊本。
[2] (晋)陈寿:《三国志》卷四十二蜀书十二,百衲本景宋绍熙刊本。

第五章　乐不思蜀：众人皆醉我亦醉的刘禅

刘禅第五子北地王刘谌，听了谯周的一番话后，怒道："若理穷力屈，祸败将及，便当父子、君臣，背城一战，同死社稷，以见先帝可也！奈何降乎！"[①]刘禅将刘谌喝退，立刻派侍中张绍、光禄大夫谯周、驸马都尉邓良捧着降书和印绶，前去找邓艾投降。降书乃郤正所作，郤正是河南偃师人，祖父为灵帝时益州刺史郤俭，父亲郤揖为孟达营都督，早就降魏。

邓艾在雒县城外，看着险峻高墙，正在发愁时，突然蜀汉使者过来请降，心中狂喜之情无法言表。蜀汉政权四十二年的统治，至此告终，刘备、诸葛亮开创的事业，付诸东流。

在剑阁前线，姜维大军正与钟会对峙，汉中盆地的汉城、乐城尚在固守。吴国救兵还未上路，东线的阎宇正带兵赶来，南线霍弋的骁勇部曲也是蓄势待发，但一张张多米诺骨牌倒下，刘禅养尊处优多年的帝王之手，将最后一张牌亲自推倒，蜀汉降了。

魏军大兵伐蜀，蜀汉也并不是必败之局，可因为系统紊乱，终一败涂地，使邓艾轻松得了不世之功。八百年后，苏老泉大骂"非刘禅之庸，则百万之师，可以坐缚"，认为蜀汉江山，所托非人也。历史如果重来，蜀汉熬过了这一波的攻伐，还能坚持过下一波攻伐吗？

至灭蜀之后，咸熙元年（264）三月，司马昭接受晋王封号。功绩在手，天下我有，此后司马昭紧锣密鼓，策划禅让代

[①]（晋）陈寿：《三国志》卷三十三蜀书三，百衲本景宋绍熙刊本。

魏。司马昭没来得及完成魏晋嬗代,就在此年八月去世。次年十二月,其子司马炎受禅称帝。

一说认为,谯周的投降论代表的也是益州本土势力的声音,此战蜀汉军队表现出的畏战投降,也是受此股力量的影响。此说认为,益州本土势力借助此次曹魏伐蜀,试图驱逐外来势力,不管结果如何,益州本土势力都能得到发展。"益州的人民,也因为负担逐年加重,不愿继续作战,来延长国内割据的局面。人民不愿作战,益州势力投降的论调高唱入云,蜀汉政权只有投降的一条道路了。"[1]

投降派的核心人物谯周,其思想经历了复杂的转变。建兴二年(224),诸葛亮选用属吏,第一次召见谯周。此时的谯周,年纪轻轻,体貌素朴,有些青涩,言谈举止不脱乡土之气,见到心中的偶像诸葛亮,难免紧张,举止局促。召见之时,谯周的滑稽言行,逗得诸葛亮身边的幕僚都忍不住发笑,就连诸葛亮自己也笑了,此为"丞相一笑见谯周"。

建兴十二年(234),诸葛亮卒于渭滨前线,谯周是唯一一个赶到前方吊唁的官员,可见他对诸葛亮的推崇,对北伐理念的认可。延熙元年(238),针对后主刘禅追求奢华、大兴土木、沉醉声色,谯周特意提醒刘禅,"汉遭厄运,天下三分,雄哲之

---

[1] 王仲荦:《魏晋南北朝隋初唐史》(上册),上海:上海人民出版社1961年版,第40页。

士思望之时"①,应该力求节俭,提拔人才。此时的谯周仍然不忘诸葛遗志,期待着光复汉室。

将近三十年后,谯周的思想发生了巨大转变。延熙二十年(257),因为反对姜维北伐,谯周与主政的陈祗爆发激烈争论,并抛出《仇国论》,反对北伐。文中认为,作为小国,应与民休息,壮大国力,凝聚民心,众志成城,再图其他。此文抛出后,谯周官升一级,成为光禄大夫。可见谯周代表的并不是一个人的声音,也不单单是益州本土派的利益,而是蜀汉内部普遍的声音。

《仇国论》中,谯周明面上只是反对北伐,并未主张投降。但潜台词是"小不可敌大",已埋藏了投降论的种子。东汉末期的益州士人热衷于谶纬星占之学,大儒谯周也受此影响。对蜀汉已是极为失望的谯周,一度去询问"代汉者当涂高"何意,又通过谶言的形式表达出来,影响颇广。②他已有"兴,百姓苦;亡,百姓苦"的领悟。

谯周的投降论是在不断修正他的理念,即既然无法恢复汉室,不如天下一统,民众安居乐业,何必争霸。光复汉室的宏伟理想,终究在时光中消磨,在现实面前消退,当年曾被诸葛

---

① (晋)陈寿:《三国志》卷四十二蜀书十二,百衲本景宋绍熙刊本。
② 景耀五年(262),官中大树无故自折,周深忧之,无所与言,乃书柱曰:"众而大,期之会,具而授,若何复?"

丞相光复汉室伟大精神深深打动的理想主义青年,现在成了充满现实感的沧桑老年。一切都会发生改变,特别是思想。

此年还有一起事件,给谯周以心理压力,那就是蜀地发生大地震。"蜀刘禅炎兴元年蜀地震。"[1]地震之后,随之而来的是饥荒。《华阳国志》载,蜀亡之后,安汉令何随去官,"时巴土饥荒,所在无谷,送吏行乏,辄取道侧民芋"。地震、战争的叠加让蜀地民众的生活更加艰难,谯周知道民众之难,曾云:"军旅数出,百姓凋瘁。"[2]

往昔谯周所忠诚的还是刘氏汉室,此时的他跳了出来。他脑中萦绕的是弱小就该屈服于强大,如此弱小也可得生存。这生存不单是刘禅,更是无数如蝼蚁一般的民众。而人只要活着,未来一切都有可能。至魏国兵临城下后,谯周果断而起,抓住刘禅的心理弱点,加以劝说,于是蜀汉不战而降。

"千里山河轻孺子,两朝冠剑恨谯周""一等人间管城子,不堪谯叟作降笺"。谯周身后,骂声不断,可谯周该骂吗?他只是从一人一姓的江山中跳出来而已,他期待司马氏能为天下的蝼蚁提供稳定的环境,让蝼蚁稍能得以生存,稍有些体面。只是后来的司马氏未能做到。后世的帝王家,又有几人做到?历史上,蝼蚁从来不曾有过尊严,在求生欲支撑下的艰苦劳作后,

---

[1] (南北朝)沈约:《宋书》卷三十四志第二十四,清乾隆武英殿刻本。
[2] (晋)陈寿:《三国志》卷四十二蜀书十二,百衲本景宋绍熙刊本。

稍微能吃上口饭，就已是万世称颂的所谓"盛世"了。庙堂之上，卑劣黑暗；庙堂之下，蝼蚁万千。

后世还真不好指责谯周。他劝说刘禅投降，真不是为了自己的富贵私欲。当蜀汉覆灭后，司马氏认为谯周劝降有功，封他为阳城亭侯，被他拒绝。七十岁后，谯周对弟子陈寿云："今吾年过七十，庶慕孔子遗风，可与刘、扬同轨。"谯周临死时，预见司马氏会赐朝服敛棺，特嘱其子"勿以加身"[1]。谯周的三个儿子，都没有在晋为官，孙子也是隐居高士。只是后世的国人，总爱将人脸谱化，于是谯周也被归入秦桧一列，视为大奸之徒。而后世的国人，哪怕是蝼蚁，也容易被各类宏大目标所感动，高呼求战，丞相一鞠躬尽瘁，万民就死而后已。

唯有谯周，在历史的隐秘角落里，发出一声冷笑。

---

[1] （晋）陈寿：《三国志》卷四十二蜀书十二，百衲本景宋绍熙刊本。

一计三贤：
天府一场血雨腥风

宋人陆游诗云："衣上征尘杂酒痕，远游无处不销魂。此身合是诗人未，细雨骑驴入剑门。"蒙蒙细雨中，带着酒意的诗人，骑着驴子行走在雄关剑门，狭窄山道之中，风光入眼，追古思今，心中无数慨叹，五味杂陈。当此之际，陆游必当念及，蜀汉剑门之战。

剑阁方面，当姜维等听闻诸葛瞻失败后，率其众东入，试图援救成都。钟会进军至涪县，遣胡烈、田续、庞会等追击。后方刘禅已降，降书送到时，姜维所统领蜀汉精锐，投戈解甲，"将士咸怒，拔刀斫石"[①]，颇不甘心。虽然愤怒、不甘心，可姜

---

① （晋）陈寿：《三国志》卷四十四蜀书十四，百衲本景宋绍熙刊本。

第五章　乐不思蜀：众人皆醉我亦醉的刘禅

维的选择只能是投降以保全刘禅，如此方为忠君。钟会接受了姜维的投降，予以厚待，出则同车，坐则同席，各种吹捧。蜀汉在汉中、南中等地各要隘，置兵守卫，此时尚在抵抗，听闻刘禅投降后，只得一并投降。

十一月，邓艾入成都。十二月，在司马昭授意下，魏帝下诏褒奖邓艾，虽周亚夫平定西汉时期的吴楚七国之乱，也不足以比勋。此番灭蜀，乃惊天之功，邓艾进位太尉，增邑两万户；钟会封司徒，增邑万户。在此之前，曹魏一次获封两万户食邑的，只有司马懿一人。邓艾虽有大功，可主帅乃是钟会。一说以为，司马昭之举，也是离间邓艾、钟会，造成二人不和。

邓艾六十多岁，憋屈了半辈子，突然得了这惊天之功，开始放飞自我，于是昏招连连。东汉开国时，名将邓禹以天子名义行事，封隗嚣为西州大将军。邓艾决定效法邓禹，自行拜刘禅为骠骑将军，太子为奉车都尉、诸王为驸马都尉。原蜀汉政权的官员，各有封赏。至于自己的属下，以师纂领益州刺史，陇西太守牵弘等分别领蜀中诸郡。邓艾又下令在绵竹修筑京观，炫耀武功。

刘禅投降后，邓艾对蜀汉君臣予以充分优待。刘禅投降时，反绑双手，让侍从抬着棺材，邓艾解开绳索，焚毁棺材，延请相见。邓艾安抚蜀地人心，将战死的魏国士卒与蜀兵一同埋葬，又鼓励民众恢复生产。整个投降与受降的过程相当平和，成都未受破坏,"官府帑藏一无所毁"①。

邓艾在成都收缴了全部府库财货,一时意气飞扬,对蜀汉士大夫吹嘘:"有我在,你等才有今日。换了他人伐蜀,你等早已殄灭矣。"至于老对手姜维,邓艾也不放在眼里,称姜维虽是一时雄儿,只不过遇到了自己这头猛虎,故而技穷无策。

养鹰飏去,邓艾不断放飞自我,就连司马昭也不放在眼里。他写信给司马昭,建议封刘禅为扶风王,留在成都,如此能安抚孙吴,诱使其投降。可此时的司马昭才是晋公,正心急火燎地攒功劳,好加九锡、升晋王,乃至更进一步取代曹魏。邓艾越俎代庖,要封刘禅为王,留在蜀地,司马昭的恼怒已是无法言表。

司马昭急令监军卫瓘警告邓艾:"事当须报,不宜辄行。"不想邓艾嗤之以鼻,自以为是受皇帝之命远征,为了国家利益,不可拘泥,而应便宜行事。邓艾堂堂正正宣称:"兵进不求名,退不避罪,艾虽无古人之节,终不自嫌以损于国也。"②邓艾就是这样的性格,一生不求人所喜,靠着能力,背负荆棘前行。

曹魏一方,从主政的司马昭到领兵的钟会,都陷入彼此防范的怪圈中。曹魏得国,名为禅让,实乃篡夺。此时的司马昭

---

① 蜀汉的国力是:"领户二十八万,男女口九十四万,带甲将士十万二千,吏四万人,米四十余万斛,金银各二千斤,锦绮彩绢各二十万匹,余物称此。"

② (晋)陈寿:《三国志》卷二十八魏书二十八,百衲本景宋绍熙刊本。

军权在手,其心已是天下皆知,就等着进一步篡位。领兵的钟会,心存问鼎之心,待机而动。司马昭对钟会、邓艾,也有着强烈的提防之心。三路大军领兵将领与监军卫瓘,各自独立,彼此牵制防范。可此种防范怪圈,形成的思维是有实力者即可问鼎,带来了后来西晋、东晋的系列问题,如八王之乱、王敦之乱等。

钟会、胡烈、师纂等人出自名门,对老农邓艾本就极为排斥,此时看他得了大功,增邑两万户,各种放飞自我,妒意横生。前方众将此时都很配合司马昭,一起密表称邓艾"所作悖逆,变衅以结"[①]。司马昭大发雷霆,下令将邓艾抓捕。

司马昭命令一到,钟会、卫瓘、师纂开始行动。司马昭也做了两手应对,以免邓艾反叛。一方面,司马昭遣中护军贾充,将步骑万人径入斜谷,屯于乐城,随时准备出击。另一方面,司马昭亲自带领十万大军,屯驻长安,作为后手。司马昭不急于平吴,全力防范钟会、邓艾。盖其窃魏之心已昭然,恐钟会、邓艾效法,对二人忌之甚深。

钟会命监军卫瓘先去成都,以司马昭手书宣示全军,抓捕邓艾。钟会还存了个心思,如果邓艾反抗,杀死卫瓘,自己也少了个制约。不想卫瓘也是精明之人,连夜赶到成都,将邓艾的部将召集来,出示司马昭手书,称只抓捕邓艾,其余人一概

---

① (晋)陈寿:《三国志》卷二十八魏书二十八,百衲本景宋绍熙刊本。

不问。

邓艾自矜其才，又忌妒多疑，胸襟狭隘，对部将极为严苛，故而死忠的并不多。卫瓘加以游说，许以爵赏之类，众将领也不反对。至天亮后，卫瓘领兵赶往成都王宫，此时邓艾父子二人，正酣睡未起，在富贵大梦中被一并抓获。

钟会则领兵在后压阵，以防邓艾拒捕。邓艾根本没想到司马昭会抓捕自己，也没有反抗之心。卫瓘顺利抓捕邓艾父子，收入槛车，邓艾所领军队也被调出成都。

钟会何许人也？

少时，钟繇带他拜见名士蒋济。蒋济观其眸子，断定他"非常人"，在他的成长过程中，这句话赋予他强大的心理暗示，令他自命不凡，自认为天生麒麟儿。夏侯霸投奔蜀汉后，蜀汉朝廷询问曹魏内部情况，谈及曹魏京师有何俊杰。夏侯霸认为，钟会管朝政，"吴、蜀之忧也"，可知钟会之雄心早已显露。

钟会等到了机会。此番伐蜀，他想要成就不世功业，不可复为人下。钟会所忌，不过邓艾。邓艾被抓捕，他手中控制的士卒加上姜维的精兵，数量上足以与司马昭一战。钟会计划，在成都控制全局后，以姜维领蜀兵出斜谷、取长安，自己领兵在后策应。由长安分水陆两路，攻取孟津，再伐洛阳，天下可定。如若事成，可得天下；不成，退守蜀汉，也是刘备当日格局。

景元五年（264）正月十五日，钟会、姜维进入成都。《三国志》中记录极为简略,不能看出姜维有恢复蜀国的打算。《汉晋春秋》《华阳国志》等书则云,乃是姜维挑动钟会谋反。据《华阳国志》,姜维秘密联络刘禅,让他暂时隐忍:"愿陛下忍数日之辱,臣欲使社稷危而复安,日月幽而复明。"[1] 不管姜维是否有心复国,如此失败他绝不甘心,又看出钟会之野心,故而依附之。

入成都的次日,钟会请曹魏军中护军、郡守、牙门、骑督以上将官聚集,为去世的曹魏郭太后在蜀汉朝堂发丧。发丧之时,钟会拿出早就拟好的所谓郭太后(曹叡皇后)遗诏,宣布起兵讨伐司马氏。钟会这一招,军中将领已看烂了,当初毌丘俭、文钦起兵讨伐司马师,打的也是郭太后的旗帜。

钟会入成都后,此时形成了一种致命的平衡,即钟会、姜维、邓艾旧部三方,故而将邓艾旧部调出成都,钟会、姜维主力也未入成都,避免碰撞。成都城内军力有限,只有钟会随身携带的一些亲兵,此外还有成都王宫的禁卫士卒。

钟会所属部将,其中颇多与司马氏有着各种密切联系,如胡烈、杜预、羊琇等,对于联名讨伐司马昭,反应不太积极,钟会只得将众将关押在成都各机构官署之中。是时城内宫门紧闭,派兵看守。姜维劝告钟会,应当将亲司马氏的将领全部格杀。只是钟会犹豫不决。后世《晋书》甚至记录,钟会逼迫卫

---

[1] (晋)常璩:《华阳国志》卷第七,四部丛刊景明钞本。

瓘杀掉胡烈，卫瓘坚决不同意，二人对峙了一夜，各自横刀膝上。不过《晋书》可靠性极低，裁剪过于严重，怪力乱神，各种加工。

将领丘建原本是胡烈部属，胡烈将他推荐给司马昭，才得了大用。此次随同钟会伐蜀，丘建也得到钟会信赖。众将领被关押后，丘建就向钟会提出，应当允许胡烈及牙门将各有一名亲兵，取送饮食，钟会竟然大度许可，由此胡烈得以与儿子保持联系。

胡烈私下让亲兵传递消息，称钟会已挖好大坑，准备了几千根白木大棒，然后诱请牙门将封官，再用大棒打死，埋入坑内。此消息通过亲兵之口，四处传播，牙门将都是惊惧交加。姜维再次劝说钟会，迅速将牙门、骑督以上的将领全部杀死，钟会还是犹豫不决。而此时魏军士卒思归，内外骚动，人情忧惧，军中纷传，钟会欲坑杀魏军将士，变乱的火星开始迅速蔓延。

十八日，胡烈之子胡渊，此年不过十八，果敢过人，得到父亲暗中传递来的信息后，当日一早便出门击鼓，召集所统士兵。其他各路将士闻声之后，纷纷擂鼓响应，瞬时鼓声雷动，震彻天地，万千将士，冲向成都城门，鼓噪攻城。初听到城外传来的动静后，钟会还以为是着火了，当听说城外士兵冲向城门时，这才慌了神，询问姜维如何应对。姜维建议，出兵平定。

钟会对于姜维不是不防，一直不给武器。成都城内局势紧

第五章　乐不思蜀：众人皆醉我亦醉的刘禅

张，此时钟会才给姜维及其部属发下铠甲兵器，领兵去杀掉被软禁的曹魏将领。被软禁的将领中，有的被杀，有的则将门堵住，虽撞门也不得开。此时城外士兵已攀上城头，逐渐杀入城内，箭如雨下，乱成一团。尚未被杀的牙门、郡守等将领，如胡烈、羊琇、杜预、荀恺、邓殷等冲出被困处，与属下会合，反过来剿杀钟会、姜维。

此时钟会、姜维二人的主力都在成都城外，手中的兵力有限。城外魏兵很快攻破了宫城，钟会被杀。钟会死后，其属下功曹向雄将其尸体收敛下葬。姜维奋勇血战，格杀五六名魏兵后被杀，时年六十二岁。

最后的姜维不知是否想起当年初见诸葛亮时，所被寄托的厚望。诸葛亮收姜维的故事，在后世被不断传唱，如晋剧《收姜维》中，诸葛亮云：

> 出茅庐以来我就把贤访，到如今才遇伯约将中郎，因此上山人点兵将，兵发祁山收忠良，渴望将军归我邦。你是将，我是相，有什么军情大事，同坐大帐共商量。我教你天文地理和星象，再教你兵书妙法，五门八卦并阴阳，肺腑之言对你讲。

对姜维，清代尚铭认为："维之文武才略，固可立功，然心胆太大,视强寇如小儿。"① 姜维在后世以胆大闻名,可他的战阵表现并不是莽夫。单纯用胆大加以描述,将复杂人物单一化了。在投降钟会后,面对无可挽回的局面,姜维试图利用成都乱局,火中取栗,实是行险之举。可成败之间,诸多偶发因素,非姜维所能定。姜维之死,也标志着蜀汉最终的覆灭。

成都城内,曹魏乱军,四处劫掠,遍地狼藉,民众死伤惨烈,数日方才安定。蒋琬之子蒋斌、蒋显,都于成都之乱中被乱兵所杀。原蜀汉左车骑将军张翼、大尚书卫继等,也死于乱兵之中。彼时成都一片混乱,跟随魏军西征的庞德之子庞会,利用乱局,公报私仇,屠灭了关羽留在成都的孙子关彝及全族。

刘禅七子之中,长子刘璿被乱兵所杀。北地王刘谌在昭烈庙祭拜刘备后,全家自杀。大乱之中,有将领要抢走蜀汉宫中妇人,赐给无妻士兵。宫中的李昭仪不能忍受此等屈辱,于是自杀。宦官黄皓见机快,以重金贿赂邓艾麾下将领,在混乱中得以逃脱,此后不知所终,湮灭于历史之中。

此时幸存的主角之一,就是卫瓘。在成都之乱中,卫瓘堪为老谋深算,得以保全,此时他还有未了之事,那就是要杀掉正被解押的邓艾。卫瓘为何要杀邓艾,其一,要独占平定钟会之乱的功劳;其二,卫瓘乃名门望族,本就排斥邓艾;其三,最关键的是,卫瓘了解司马昭心意,一直猜忌邓艾,故出手加

---

① (清)尚镕:《三国志辨微》续卷二,清嘉庆刻本。

以诛杀。卫瓘当日不杀邓艾,司马昭定然也会杀邓艾。

这件事,卫瓘交给镇西护军田续去做。田续乃邓艾旧将,攻打江由戍时,因为未听军令,差点被邓艾斩首。此时卫瓘让田续去杀邓艾,可以一雪前耻,自然乐意。田续领兵,星夜狂追,夜袭三造亭,将邓艾父子斩杀。原本负责押解邓艾返回的师纂,在夜袭乱战中,也被击杀。一说认为,师纂"性急少恩",被报复杀死,死之日体无完肤。

邓艾与儿子邓忠一起被杀,"余子在洛阳者悉诛,徙艾妻子及孙于西域"①。钟会反叛被杀,只是处死了其养子钟毅,及参与谋反的钟邕子钟息,其家族却没有被牵连。这是因为颍川钟氏家族乃是望族,与司马氏有着千丝万缕的联系。邓艾苦寒出身,没有背景,其族人杀了也就杀了。

邓艾只是立下大功之后,自我膨胀,自作主张,并无谋反之心,也无反抗之举,此点当时及后世皆明了。入晋之后,不断有为邓艾平反的呼声,只是毫无结果。泰始元年(265),晋室践阼,为安抚人心,下诏称邓艾"矜功失节",并无反叛罪名,为邓艾立祠,使祭祀不断。

泰始三年(267),段灼上书,要求为邓艾平反。但司马炎并未接受,盖因当年构陷邓艾谋反的卫瓘等人尚健在。泰始九年,原蜀汉尚书令樊建竟然也为邓艾上书,请求平反。司马炎

---

① (晋)陈寿:《三国志》卷二十八魏书二十八,百衲本景宋绍熙刊本。

还是没有同意，但承认了邓艾的功绩，又任命其孙邓朗为郎中，使其摆脱了流放西域的命运。

司马炎之所以不同意给邓艾平反，这不单单是邓艾个人的问题，也涉及统治集团自身。一方面，当年卫瓘杀邓艾，何尝不是司马昭之心意，司马炎又何尝不知乃父之手段。另一方面，司马氏乃功勋贵族集团，通过排斥邓艾等平民势力，巩固西晋开国功臣群体的既得利益，如何能让邓艾翻案？这些功臣集团的存在，阻滞了统治集团内外部的流动，为西晋日后带来更大的麻烦。是故终晋一朝，都未曾为邓艾真正平反。

处理完了乱局，大功臣卫瓘返回洛阳，因军功不断升迁，成为朝中重臣，本该富贵一生。晋武帝司马炎在为太子挑选太子妃时，曾在贾充与卫瓘的女儿之间做选择，并偏向于卫瓘之女。后贾充之女胜出，此即历史上因嫉妒而闻名的贾南风。太子是个弱智儿，卫瓘为人耿直，丝毫不惧，几次上奏，请换掉太子。

咸宁四年（278），在陪司马炎宴饮时，卫瓘假装喝醉，欲言又止。司马炎询问他想要说什么，卫瓘乘机摸了帝床道："此座可惜。"司马炎明白他的意思，却不想换太子，便道："公真大醉耶。"此后卫瓘不再提撤换太子之事，但由此得罪贾后。晋惠帝登基后，贾后报复，矫诏将卫瓘及其子卫恒等三代九人一起处死。

至于成都之乱中的关键人物胡烈，日后担任秦州刺史时，

第五章　乐不思蜀：众人皆醉我亦醉的刘禅

挑起了凉州近十年的大叛乱，自己也被河西鲜卑首领秃发树机能所杀。此次曹魏伐蜀，主将基本全灭，尚有一人，就是未能在阴平桥头拦阻姜维，被钟会押解回洛阳的诸葛绪。钟会谋反后，他反被释放，一路高升，得享永年，也是"塞翁失马，焉知非福"。

钟会、邓艾之后，史家流行一种说法，认为"取蜀将帅不利"[①]。凡领兵讨伐巴蜀一带者，将帅皆不利，或死或贬，如东汉初期，公孙述割据蜀地，遣刺客刺杀伐蜀的刘秀大将岑彭、来歙。刘备入蜀，折损庞统。魏伐蜀汉，钟会、邓艾身死。后世更有蒙哥折损于合州钓鱼城下。张献忠入川之后，在四川西充凤凰山被箭穿心而死。石达开入蜀，困死于大渡河南岸安顺场。千载之后，孰敢攻蜀？

[①]（宋）洪迈：《容斋随笔》卷十六，清修明崇祯马元调刻本。

安乐公：
太平鱼肉如何思蜀

　　刘禅在成都投降后，南中、永安等地的主将霍弋、罗宪尚在观望。阎宇领兵前来救援，当刘禅投降后，也在观望。如果曹魏不能善待刘禅，则东线的选择必然是投奔东吴，南线的选择或是投吴，或是自立。领兵来援的阎宇，后来的走向如何，史书并无记录，让后世留下颇多猜测。

　　蜀汉南中都督霍弋早就向刘禅提出要领兵前来增援，刘禅不听。至成都失陷后，霍弋白衣号哭，大临三日。南中诸将劝霍弋及早降魏，霍弋则认为应该先看如何对待刘禅，如果曹魏善待之则降，万一受辱，则以死抗击。

　　对如何处理亡国之君，曹魏已有经验。此前汉献帝禅让，

第五章　乐不思蜀：众人皆醉我亦醉的刘禅

曹丕代汉后，立汉献帝刘协为山阳公，配爵邑万户。此外，刘协还有系列特权，如奏事不称臣，受诏不拜，以天子车服郊祀天地，"宗庙、祖、腊皆如汉制"[①]。

刘协一生颠沛流离，经历各种变乱，禅让之后，心中的石头落地，在最后的岁月中，反而能享受下太平时光。魏明帝曹叡在位时，刘协去世，由刘康继承爵位。至晋代魏后，晋武帝司马炎依然尊崇山阳公，保留其待遇。刘康死后，山阳公的爵位继续传承。

对刘禅的处理，自然要参考当初的刘协。曹魏的爵位，采用的是公、侯、伯、子、男的五等爵制，刘协的山阳公已是最高爵位。至于王位，只有王室嫡系传人，或者如曹操这样的权臣才可获得。灭蜀之后，司马昭先被封为晋公，后才封为晋王。邓艾自作主张，提请封刘禅为王时，司马昭不过是公，还未称王。司马昭为晋王后，如果封刘禅为王，则与司马昭相平，也是不妥。最终司马昭奏请魏帝曹奂，封刘禅为"安乐公"，待遇与刘协同，食邑万户，赐绢万匹、奴婢百人，子孙为三都尉封侯者五十余人。

刘禅东迁洛阳时，原先的蜀汉大臣中，只有郤正、张通二人舍弃家室，一路随行侍从。至洛阳后，郤正又教导刘禅各类

[①] （南北朝）范晔：《后汉书》卷九孝献帝纪第九，百衲本景宋绍熙刻本。

礼仪，乃至谈吐举止。刘禅大为感动："恨知（郤）正之晚。"[①]司马昭得知后，大为赏识郤正，赐关内侯，除安阳令，迁巴西太守。郤正在蜀汉时"官不过六百石"，入晋后因为忠心而被封侯，升为二千石郡守。

姜维联合钟会发动叛变，引发成都大混乱。如果叛变成功，则司马昭称帝大业将遭到迎头一击，故而司马昭对于蜀汉旧臣是极为痛恨。蜀地旧臣勋贵，除了在南中镇守的外，多被内迁。蜀汉武将中，两位老将廖化、宗预也被东迁。约是年岁过高，再加上蜀汉覆灭的打击，两位老将在途中去世。

孟达降魏之后，其子孟兴继续在蜀汉担任小官。至蜀汉覆灭后，受其父叛魏影响，孟兴沦为庶民，乃迁回老家扶风。蜀亡之后，原蜀郡太守薛永率五千户降魏，被迁移至河东汾阴。迁徙之后，薛氏得到发展，地位步步提升，发展成河东大姓，世号"蜀薛"。至唐代，薛氏犹是具有影响力的大姓。

此外，诸葛显及三万家也被东迁，以充实曹魏国力。诸葛显，乃早年诸葛瑾过继给胞弟诸葛亮的诸葛乔之孙。因为诸葛恪在东吴被灭族，故而诸葛乔在蜀汉的一支，又归到诸葛瑾名下。司马氏将蜀汉地区人口内迁，既可增强自身实力，又可削弱益州豪族。

咸熙元年（264）十月，劝募蜀人往中原迁徙，愿意内移

[①] （晋）陈寿：《三国志》卷四十二蜀书十二，百衲本景宋绍熙刊本。

者，发给两年的口粮，免除徭役和赋税二十年。大量人口的流失，导致益州豪族实力下降。"蜀汉以后，作为随葬品的摇钱树和胡俑逐渐消失，四川较大型的墓葬也日益减少，或与上述情况不无关系。"①

作为降君，刘禅享有系列优待。凡朝廷举行重大活动，都会邀请刘禅、匈奴单于参加。音乐奏鸣起，宏伟宫殿中，觥筹交错，司马炎得意洋洋，向在座的宾客介绍一位满脸欢喜、充满富态的老年人，这就是来自蜀汉的安乐公刘禅。作为吉祥物，刘禅被供养着。

咸熙二年（265）十二月，司马炎逼迫魏元帝曹奂禅位，称帝开国，改元泰始。对曹奂，司马炎效法曹魏当年对待汉献帝刘协，封曹奂为陈留王，所在地乃曹魏根据地邺城，享受"上书不称臣，受诏不拜"的特权。一亩三分地的陈留国，竟然经历两晋、刘宋，直到南齐建元元年（479）才被齐高帝萧道成撤销，历时二百一十四年。

在曹魏中央集权政策的控制下，地方上的世家豪族虽然不敢公开反抗，对曹魏政权却蕴藏着不满。陈寅恪认为："魏晋统治者的社会阶级是不同的。不同处在于：河内司马氏为地方上的豪族儒家的信徒；魏皇室谯县曹氏则出身于非儒家的寒族。

---

① 宿白：《四川钱树与长江中下游部分器物上的佛像——中国南方发现的早期佛像札记》，《文物》2004年第10期。

魏、晋的兴亡递嬗，不是司马、曹两姓的胜败问题，而是儒家豪族与非儒家寒族的胜败问题。"[1]司马氏的胜利代表了豪族的胜利，故而出自平民的邓艾，终晋之世无法平反。

刘禅虽是亡国之君，却得享优待，富贵无限。历史上的其他亡国之君，则多数命运悲惨。刘禅能得到优待，一则蜀汉是主动投降，杀降不能体现仁义气度；二则刘禅身后，尚有蜀汉军事力量如霍弋等在观望，需要加以安抚；三则孙吴尚在，未来攻伐之时，有优待刘禅作为先例，也好降低孙吴抵抗的决心。司马昭如此精明之人，怎会不解其中道理。只要刘禅安分，就可安享太平富贵，而刘禅一向是安分的，他知道自己是鱼肉，安居即可，怎会思蜀，何处有富贵，何处便是故乡。

刘禅得到优待，蜀汉旧臣安心了，更要对司马昭展示忠心。而蜀汉旧臣在司马政权体系中，乃是新人势力，有能力、有忠心，可以制衡旧臣势力，用好了可以发挥大用。

得知刘禅被善待后，巴东太守罗宪这才投降，又送文武印绶等给司马昭。孙吴此时出兵，想利用蜀汉覆灭后的乱局，从中分一杯羹。孙吴兴兵入蜀，首先要夺取罗宪镇守的永安城（白帝城）。罗宪对此很是愤怒，孙吴本是盟友，蜀汉有难，当出兵援助，援兵未到，蜀汉已亡。蜀汉刚亡，即来兴师。

---

[1] 陈寅恪：《魏晋南北史讲演录》，贵阳：贵州人民出版社2007年版，第1页。

罗宪积极部署防御，"保城缮甲，告誓将士，厉以节义，士皆用命"[①]。罗宪麾下只有二千余士卒，孙吴想要一击奏功，派步协领兵来攻。罗宪依城固守，双方苦战多日，罗宪恐不能支，遣使向曹魏安东将军陈骞求援。曹魏援兵未到时，罗宪领兵突袭，大破步协。

吴主孙休大怒，再遣名将陆抗，领兵三万来攻，将永安城团团包围。战事从二月持续到七月，城中疫病多发，死者遍地。情势危急，有部将劝罗宪南奔牂牁，或北逃上庸，可保全性命。罗宪却说，作为一城守将，乃百姓所依靠，"急而弃之，君子不为也"。

司马昭派胡烈领兵来援，击退陆抗，解永安城之围。罗宪此战表现出足够忠心，战后司马昭拜罗宪为陵江将军、封万年亭侯，监巴东军事、使持节、领武陵太守。泰始四年（268）三月，司马炎设宴款待罗宪，宴席上询问蜀汉旧臣中，有哪些人才可用？罗宪当即推荐了一批蜀汉人才，都得到司马炎任用。

霍弋降服后，得到司马氏厚待，拜为南中都督，继续镇守南中，并出动南中部曲征战交州，递出了一张厚实的投名状。就在曹魏大举伐蜀前夕，孙吴交州发生变乱。交州地处南方，虽然偏僻，却是南海贸易之地，盛产香料、珍珠、珊瑚及各类珍稀物资，能满足孙吴方面奢侈品的需要，乃至曹魏也要向孙

[①] （晋）陈寿：《三国志》卷四十一蜀书十一，百衲本景宋绍熙刊本。

吴讨要此类物件。

交趾太守孙谞横征暴敛，滥用民力，为百姓所患，一度征集工匠至建业服劳役，引发当地人不满。孙吴永安六年（263），此年吴主孙休遣邓荀至交趾，孙荀擅自征调孔雀三十只，由民夫送去建业。当地民众畏惧长途跋涉后再服劳役，于是密谋作乱。五月，交趾郡吏吕兴等发动变乱，杀孙谞、邓荀，九真、日南等郡响应。

吕兴起兵之后，恰逢蜀汉覆灭，乃向司马氏求援。司马氏接纳了吕兴投诚，以南中霍弋遥领交州刺史，许其自行任命交州地区官吏，遣兵出战。霍弋以爨谷为交趾太守，率牙门将董元、毛炅、孟幹、孟通、爨熊、李松、王素等，领部曲援救。

爨谷未至，吕兴被部下所杀。泰始元年（265），爨谷领兵占据交趾郡，安抚地方。爨谷去世后，先后以马融（马忠之子）、杨稷接替，担任交趾太守。经过马融、杨稷等人两年的经营，泰始三年，西晋占据孙吴交趾、九真两郡，日南也唾手可得。[①]交州各地民心动摇，多有叛离投奔者。

孙吴宝鼎三年（268），吴主孙皓调遣三路大军围攻交趾，因为战前没有协调好，遭到大败。杨稷取胜后，持续出击，降服郁林郡，又遣兵攻打合浦郡，大破吴兵。孙吴建衡元年（269），吴主孙皓调集大兵围攻交趾。此次孙吴兵力占据绝对优

[①] 交州辖交趾、九真、日南、南海、苍梧、郁林、合浦七郡。

势,且各路兵马协调到位,占据主动。

泰始七年(271),交趾城被吴军重兵围困。就西晋而言,交州太过遥远,并不是必争之地,西晋朝廷以南中部曲加以经营,胜之则喜,败则无损全局,是故一直未曾派遣援兵。西晋只是在此年闰五月,下诏免去交趾三郡、南中诸郡此年的户调。城中粮绝后,杨稷、毛炅等被俘,九真、日南等郡降吴,持续八年的交州之战结束。

当初出兵时,霍弋与杨稷、毛炅盟誓,守城不到百日投降,则诛杀家属;如果守城百日而投降,则不追究其罪。因为坚守百日,援兵不至,不是守将的问题了。一说被围困未满百日,杨稷等求降,吴将陶璜不许,送粮至城内,让守满百日后再降,如此"使彼来无罪,而我取有义"①。在东汉末至三国时期,守城百日乃是不成文的约定,过百日城陷则守将无罪。

就蜀汉旧臣而言,归附西晋之后,经营交州便是交出的投名状。交州之战失败,但为了整个蜀汉旧臣集团的发展,仍然要效忠西晋。故而交趾太守杨稷等人在交趾被围时,就立誓投降之后,寻找机会北归。毛炅被俘后,企图袭击陶璜,事败被杀。杨稷、孟幹、爨能、李松等四人被押解前往建业,途中杨稷在合浦病逝,首级被斩下送回建业。至建业后,剩余三人本要被送往临海,三人称能制作蜀地弓弩,得以留在建业。孙吴

---

① (晋)陈寿:《三国志》卷四十八吴书三,百衲本景宋绍熙刊本。

凤凰二年（273），三人从吴地出逃，途中爨能、李松被捕处死，仅孟幹成功逃至洛阳。

总体而言，入晋之后，蜀汉旧臣得到了任用，但算不上大用，乃至晋室抽调蜀地人力，削弱豪族。入晋之后，大部分旧日蜀汉亲贵大臣开始没落。泰始五年（269），蜀汉旧臣文立此时担任散骑常侍，上表请蜀汉旧臣名勋之后人五百家，"不预厮剧，皆依故官号为降"[①]。"厮剧"，乃是重体力劳动者，从事各类杂役。此时距离蜀汉覆灭不过六年，蜀汉旧日名勋之家堕落如此之快。就连诸葛亮、蒋琬、费祎等子孙也没落，文立希望司马炎能加以叙用。

司马炎听取了文立意见，起用了一批蜀汉旧臣之后，其中包括诸葛京。诸葛京乃诸葛瞻之子，诸葛亮之孙，被任命为郿县县令。尚书仆射山涛认为，郿县偏僻，县令官阶低，不如用为东宫舍人。司马炎从善如流，即以诸葛京为东宫舍人，后官至江州刺史。

少部分蜀地出仕者，在西晋官场上乃是外来户，受到排挤。如郫县大姓何攀，在晋伐吴之战中立下战功，被任命为廷尉。同为廷尉的诸葛冲，因为何攀是蜀地之人，对他非常轻视。诸葛冲乃伐蜀主将之一诸葛绪的儿子，女儿诸葛婉嫁给了晋武帝司马炎。诸葛冲的态度，代表了西晋勋贵们对蜀地旧臣的态度。

[①] （晋）常璩：《华阳国志》卷第八，四部丛刊景明钞本。

第五章　乐不思蜀：众人皆醉我亦醉的刘禅

泰始七年（271），一生享尽富贵荣华的刘禅去世，留下了"此间乐，不思蜀"的不老传说。乐不思蜀说，乃《汉晋春秋》中所记，可视为晋人谈资，并不足信。刘禅死后，在后日的历史发展中，成都出现了刘禅祠。诸葛武侯祠与刘禅祠，分布在昭烈庙两侧，"西挟即武侯祠，东挟其后主祠"。北宋庆历年间，枢密直学士蒋堂知益州，修建铜壶阁时，木材不够用，决定砍伐蜀先主惠陵陵园及江渎祠中的柏树。蒋堂不喜刘禅，认为他"不能保有土宇"[①]，下令拆毁刘禅祠，将材料他用。不想蒋堂此举，引发蜀人不满。

后世对刘禅有两种观点，一种认为是昏聩之徒，乃是主流声音；一种认为他大智若愚，是为少数观点。后者甚至认为，乐不思蜀是刘禅故意装出来，好让司马炎安心。观其一生，刘禅只是个资质平庸之人，谈不上大智。刘禅在蜀汉时期，既无什么大昏招，也无过分暴虐之举，此点已经胜过历史上的绝大多数帝王。只是到了蜀汉的最后，诸葛成规已破，刘禅不得不亲自上阵指挥，抵御曹魏大军，一见不妙，立刻选择投降，而被后世大骂指责。这等帝王家事，蝼蚁们有什么资格插嘴？没有了皇帝的宝座，刘禅照样大富大贵，可蝼蚁们呢？

---

① （唐）杜甫：《杜诗详注》卷十三，清文渊阁四库全书本。

第六章

败亡有因：蜀汉屡次北伐失败的原因

从诸葛亮五次北伐，到姜维九次北伐，蜀汉持续进击，却屡战无功。在魏蜀吴三国之中，曹魏无疑占据了绝对的实力优势。通过大规模屯田，开发江淮、关中等地，曹魏方面形成了巨大的人力、物力优势。蜀汉与盟友孙吴之间，又未建立起有效的沟通体系，虽有过军事合作，却未奏效。就蜀汉自身而言，一直存在着粮食少、兵不足、人才匮等系列问题，其中原因，却是为何？

想打吗：
雄厚魏国与守势战略

实力最为雄厚的曹魏，拥有压倒性的优势，在三国争霸战中，采取的战略方针却是守势，这是为何？

曹魏太和元年（227），诸葛亮屯兵汉中。魏明帝曹叡想要先发制人，发动攻势。散骑常侍孙资劝阻，建议采取守势战略。孙资认为，"夫守战之力，力役参倍"[1]，也就是进攻方所消耗的资源，一般是防守方的三倍，攻势太过消耗资源，不如以大将占据险要，采取守势战略，如此将士虎睡，百姓无事。孙资认为，采取守势战略后，"数年之间，中国日盛，吴、蜀二虏，必自罢敝"[2]。

---

[1] （晋）陈寿：《三国志》卷十四魏书十四，百衲本景宋绍熙刊本。
[2] （宋）司马光：《资治通鉴》卷第七十魏纪二，四部丛刊景宋刻本。

第六章 败亡有因：蜀汉屡次北伐失败的原因

依据此战略，曹魏在东线、西线选择要隘，建设堡垒，据险固守。西线多为连绵高山，险峻异常，更能显示要塞优势。地形、要塞既限制了诸葛亮用兵的规模，也限制了其战术，无法机动灵活作战，只能硬啃。在祁山、上邽等要塞，诸葛亮用兵大都无功而返。在陈仓，诸葛亮动用了各种攻城工具，如云梯、冲车、投石机、挖地道、搭高台等，均未能奏效。

曹魏太和四年（230）四月，曹真分兵四路伐蜀。改行主动进攻战略在曹魏内部引发反对，太尉华歆认为应当优先处理国政："使中国无饥寒之患，百姓无离土之心，则天下幸甚。"[①]此次伐蜀失败后，魏明帝曹叡更加坚定了防守战略，以待天时。

在诸葛亮规模最大的第五次北伐中，曹魏主将司马懿坚持防守反击战略，与诸葛亮对峙，最终耗死诸葛亮。诸葛亮死后，蜀汉军中杨仪、魏延爆发内乱，司马懿想要利用机会追击，也被明帝曹叡下诏制止。

后世王夫之对司马懿观感极差，认为司马懿"拒诸葛于秦川，仅以不败"[②]。但司马懿在秦川所采取的守势战略，却是极为高明。就战术而言，诸葛亮保持进攻态势，掌控了战争的主动权，且通过持续北伐，高倡兴汉讨贼，团结了人心，也获得了

---

① （晋）陈寿：《三国志》卷十三魏书十三，百衲本景宋绍熙刊本。
② （清）王夫之：《读通鉴论》（上册），北京：中华书局1975年版，第336页。

一些战场上的收获。就战略而言，曹魏方面通过守势战略，抵挡住了蜀汉举国之力的多次进攻，在持续的消耗战中，极大消耗蜀汉国力，乃至耗死了诸葛亮，使蜀汉失去了核心人物。

对蜀汉、孙吴，曹魏都采取守势战略，而对割据辽东的公孙氏势力，曹魏则采取防守反击战略，适时予以打击。曹魏太和二年（228），公孙渊夺取叔父公孙恭之位，执掌辽东，遣使联络曹魏。此时魏明帝曹叡刚刚登基，曹魏内部有呼声，应趁公孙渊立足未稳，将其平定。曹叡处境艰难，面对孙吴、蜀汉的持续进击，只得默认公孙渊割据，封其为扬烈将军、辽东太守。

虽然得到曹魏的封赏，可面对着庞然大物曹魏，公孙渊还是畏惧不安，又遣使从海上联络孙权，试图获得外援。乱世之中，多个外援多条路。孙吴黄龙元年（229），孙权遣使至辽东进行接触。嘉禾元年（232）三月，孙吴遣将军周贺、校尉裴潜渡海，出使辽东。

孙权对公孙渊来投，表现得极为热心，因为这将表明他宣威四夷、镇抚四方，乃是受命于天，可以弥补合法性上的不足。为填补正统性的缺失，孙权乃至使出各种昏招，黄龙二年（230），孙权一度派遣将军卫温、诸葛直率领甲士万人出海，至夷洲、亶洲征战，结果将士多死于疾疫。

曹魏太和六年（232），魏明帝曹叡得知公孙渊首鼠两端后，想要出兵讨伐，遭到朝臣反对。曹叡坚持己见，一度打算遣田豫、王雄，由海、陆两路出兵辽东，最终因渡海艰难而罢兵。对辽东用兵无果后，汝南太守田豫判断，此年孙吴船队返回时，必定要在东莱郡地区避风，乃提前设伏。至九月，孙吴周贺、裴潜从辽东返回，途中遭遇风暴，残存船队在东莱郡成山角登陆后，遭到伏击，周贺被杀，裴潜逃回。田豫早年追随过刘备，后为服侍老母方才辞别，最终到了曹魏一方。

孙吴嘉禾二年（233）正月，孙权封公孙渊为燕王，遣朝中重臣太常张弥、执金吾许晏、将军贺达领一万士兵，携带金银珠宝及九锡之物，至辽东封赏。不想公孙渊此时转投曹魏，杀张弥、许晏等人，献其首级于曹魏。公孙渊表达了忠心，修补了与曹魏的关系，但公孙渊为人多变，曹魏不得不加以安抚。

曹魏景初元年（237），曹魏遣使者至辽东封赏时，公孙渊听说曹魏使团中有位左骏伯，力大无穷，勇猛过人，大为惊恐，乃派兵包围曹魏使团所居学馆。在严密保卫下，公孙渊与使团见面。见面时，公孙渊又口出恶言。曹魏使团返回后，将公孙渊的表现陈述，曹叡大怒，再次出兵。幽州刺史毌丘俭此次领兵攻伐辽东，遭遇暴雨，无功而归。

击败毌丘俭，使公孙渊信心暴增，开始谋求独立建国。公孙渊自立为燕王，置百官有司，改年号"绍汉"，意为继承汉朝。一旦公孙渊独立建国，将从北面威胁曹魏，这是曹叡断然不能容忍的。

由于诸葛亮去世，蜀汉暂停了持续北伐，使曹魏在西线压力大减，有多余兵力可用。景初二年（238）正月，曹叡决心彻底解决公孙渊，命司马懿领兵四万征讨辽东。出兵辽东之前，司马懿返回故乡温县，在乡饮酒礼上赋诗云："天地开辟，日月重光。遭遇际会，毕力遐方。将扫群秽，还过故乡。肃清万里，总齐八荒。告成归老，待罪舞阳。"①

此战司马懿预判要一年时间，结果速战速决，当年八月斩杀公孙渊，收复辽东。辽东的收复使曹魏彻底清除了北方的威胁，国力得到进一步提升。

随着曹魏周边的三个小型军事势力——新城地区地方长官孟达、西北高柳地区的鲜卑头领轲比能、割据辽东的公孙渊势力——相继被拔除，曹魏内部出现了修订防守战略的端倪。正始二年（241），邓艾认为："三隅已定，事在淮南。"②邓艾的想法代表的是司马懿的想法，即魏国应适时调整对外战略，把以前的"防蜀"变成"攻吴"。

为了实现攻吴大计，曹魏方面在淮河流域推行军屯，积极练兵。只是在此期间曹爽与司马懿争权，曹魏未能展开攻势。正始十年（249），高平陵之变后，司马懿需要处理内部事务，无暇顾及外部事务。

---

① （唐）房玄龄：《晋书》卷一帝纪第一，清乾隆武英殿刻本。
② （晋）陈寿：《三国志》卷二十八魏书二十八，百衲本景宋绍熙刊本。

第六章 败亡有因：蜀汉屡次北伐失败的原因

与对外"筑高墙"的守势战略相对应，曹魏对内部采取了"广屯田，多积粮"的发展战略。早在建安元年（196），曹操就招募流民，提供种子、农具、耕牛，在许下（今河南鄢陵）屯田。"是岁，乃募民屯田许下，得谷百万斛"①，此后曹操在州郡置田官，推广屯田。

民屯的组织管理，由中央大司农和地方的典农中郎将、典农校尉、典农都尉、屯司马组成。地方屯田机构不属地方官管辖，直属中央，由大司农掌管全国的民屯及军屯。典农中郎将（大郡）、典农校尉（小郡）相当于郡守一级，典农都尉相当于县令一级，屯司马负责一屯，每一屯有屯田客五十人。民屯的主要来源是流民，屯田民称"屯田客"，或称"典农部民"。成为屯田客后，不能随意转为民籍，也不需要服兵役。民屯虽不服兵役，但具有军事色彩，在农闲时要习战阵。

实施屯田初期，由于强迫民众参与屯田，"民不乐，多逃亡"，江淮之间有十余万民众逃奔孙吴。曹操接受袁涣的建议，不再推行强制政策，方才安定民心。屯田的收成，如果民众用了官方提供的牛，则官民六四分成，如果不用官牛，则五五对分。官方盘剥极为严重，但屯田客不用服徭役、兵役，有相对稳定的环境，在乱世之中，勉强能够糊口，不必典妻卖子以求生，也是最坏结果中的最好选择。

---

① （晋）陈寿：《三国志》卷一魏书一，百衲本景宋绍熙刊本。

建安二十四年（219），司马懿由太子中庶子转丞相军司马后，建议曹操军屯。曹操采纳司马懿的建议，推行军屯，由带甲之士"且耕且守"。管理军屯的主要官吏，郡一级有度支中郎将、度支校尉，县一级有度支都尉，下设屯司马，都是在曹丕称帝后设置。军屯每营有屯田兵约六十人，由屯司马管理，屯兵世代为兵，很难脱籍，且不得与平民通婚。军屯与民屯区别在于，军屯的收入归军队所有，生活所需由军队支付；民屯则官民分成，自行生活。

三国鼎立之后，关中是魏与蜀对峙的前沿，为解决军粮问题，曹魏在关中推行屯田。汉代成国渠的水源主要来自渭水，后经过不断重修。曹魏太和二年（228），卫臻改造成国渠，扩大了成国渠流经区域与灌溉面积。太和四年，关中谷帛不足，经过司马懿上表倡议，"遣冀州农丁五千屯于上邽"①。此批冀州农丁乃是民屯，但受过军事训练，可以在战时发挥作用。司马懿又建议在长安一带设置大规模屯田，以供军用。太和五年，司马懿至西线主持对蜀汉的战事，同时修渠屯田。青龙元年（233），司马懿重修成国渠，自陈仓至槐里，筑临晋陂，引汧（qiān）水入渠，灌田数千顷。②

屯田的扩大、水利的修建，使关中平原的粮食产量持续

---

① （唐）房玄龄：《晋书》卷三十七列传第七宗室，清乾隆武英殿刻本。
② 汧水，今千河的古称，源出甘肃省，经陕西省流入渭河。

上升，仓储丰足，乃至能以关中之粮运往关东救荒。青龙三年（235），关东大饥，司马懿由长安运关中粟五百万斛至关东（函谷关以东地区），解了燃眉之急。曹魏在关中平原持续屯田，拓展垦殖，加强物资储备，在与蜀汉的战争中立于不败之地。

正始元年（240），与曹爽同执政的司马懿，采取"节用务农"战略，推广屯田。在曹魏，司马懿挖掘出来的人才邓艾，是屯田的一把好手。邓艾出身寒门，最初担任稻田守丛草吏，也就是屯田的吏卒，后屡迁典农纲纪、上计吏。上计吏负责统计各类数据，司马懿入仕的第一份工作，就是被辟为河内郡上计掾，乃上计吏的领导。邓艾任上计吏时，司马懿已经升官至太尉了。一次偶然的机会，邓艾入京向司马懿汇报工作，得到赏识，将他调入太尉府任职，此后又改任尚书郎。

正始二年（241）夏五月，吴将全琮进犯芍陂屯田区。六月，司马懿领兵南征，吴军退走。此年奉司马懿之命，邓艾巡视陈（今河南淮阳）、项（今河南项城）以东至寿春（今安徽寿县）等地。

巡视之后，邓艾认为，在淮河流域屯田、开渠，关系曹魏国本。"令淮北屯二万人，淮南三万人，十二分休，常有四万人，且田且守。"[1] 邓艾估算，每岁屯田可得军粮五百万斛，用作军资。六七年间，可积粮三千万斛于淮上，足够十万大军五年

---

[1] （晋）陈寿：《三国志》卷二十八魏书二十八，百衲本景宋绍熙刊本。

之食，以此雄厚实力攻吴，无往而不克。

正始三年（242），邓艾开广漕渠，全长三百余里，溉田二万顷，淮南、淮北等地粮食充足，而无水害。广漕渠的基础是贾侯渠，"邓艾开广漕渠以前，贾侯渠已建立与汝水、沙水、颍水、涡水、泗水等相通的航线，与汴渠及黄河相通的航线；广漕渠开通后，进一步扩大了贾侯渠的漕运范围，强化了颍水的漕运能力，如自广漕渠入颍水等，可抵淮南前线，自淮南可抵长江；同时可南下至襄樊一带"[1]。

广漕渠打通了中原至江淮的航道，在军事上也有重大意义。其一，提高军队的运输速度，此后东南有事，大军乘舟而下，直达江淮。其二，通过缩短后勤补给线，降低了军事后勤的补给成本，使曹魏后勤供应充足。

修渠之外，在淮南、淮北大规模的军屯也推展开来。曹魏在两淮地区的军屯数量惊人。甘露二年（257），诸葛诞在淮南举兵，从屯田口征募了十余万兵。在淮河流域的经营，极大地壮大了曹魏的军事、经济力量。

江淮地区是长期战乱的地方，东汉末期时"其间不居者各数百里"，满目荒芜。经过屯田，自寿春到京师之间，农官兵田遍布，鸡犬之声，阡陌相闻。顾祖禹《读史方舆纪要》中认为：

---

[1] 张强：《中国运河与漕运研究》（三国两晋南北朝卷），西安：世界图书出版西安有限公司2021年版，第51页。

"吴不得淮南,而邓艾理之,故吴并于晋。"[1]

除上述江淮、关中两大军屯基地之外,其他地区的军屯也取得了相当的成效。如王昶在正始年间迁征南将军,都督荆、豫军事,"广农垦殖,仓谷盈积"。王昶力主改变对吴国的守势战略,积极练兵,上奏请求伐吴,并在与孙吴的战阵中获得胜绩。征东将军胡质都督青、徐军事,"广农积谷,有兼年之储,置东征台,且佃且守"[2]。镇北将军刘靖兴修水利,"溉灌蓟南北,耕地二千顷,三更种稻"[3],"三更种稻"即田地能连续三次种稻。

相较曹魏而言,蜀汉虽然也推行屯田,在规模上却无法与之相比。曹魏在关中平原、江淮平原等处拥有广阔的肥沃土地,适合屯田;蜀汉虽有汉中盆地、成都平原,但尚不能与之相比。曹魏屯田的主要目的是恢复北方地区的经济,壮大国力,蜀汉屯田则是服务于北伐战争,提供军粮。蜀汉屯田未能形成制度化建设,多具有临时色彩,以解决军粮问题;曹魏则是持续性、制度化的屯田,作为国策来加以推广,在重视程度、制度建设、屯田规模、水利建设等方面,都是远超蜀汉。

屯田的意义,除了开垦荒地、改善民生、强兵足食之外,还使中央政权可以直接掌控人力。一个王朝统治的稳固程度,

---

[1] (清)顾祖禹:《读史方舆纪要》卷十九,清稿本。
[2] (晋)陈寿:《三国志》卷二十七魏书二十七,百衲本景宋绍熙刊本。
[3] (晋)陈寿:《三国志》卷十五魏书十五,百衲本景宋绍熙刊本。

与其对天下人力的掌控紧密相关。故而历代王朝,都要编户齐民,登记在籍人口,进而征收赋税、承担徭役。

牢固掌握人口,一直是曹魏天下战略的中心之一。击败袁绍、占领冀州后,曹操就忙着清点人口:"昨案户籍,可得三十万众。"① 对投降的黄巾军,曹操不是如其他军阀一样大加杀戮。初平三年(192),曹操曾一次收编黄巾军降卒三十余万,男女百余万口。从汉中撤退时,曹操尽迁人口而去。通过大规模屯田,由中央牢固控制人口,避免人口转化为流民,带来动荡。

受孙吴持续攻击的影响,淮河流域的曹魏屯田,由民屯逐渐转为军屯,保留下来的部分民屯仍然保持了军事色彩。正元二年(255),镇东将军毌丘俭在寿春起兵讨伐司马氏。兵败之后,被安丰津(今安徽霍邱北)都尉部民张属射杀。安丰津都尉乃是安丰津屯田都尉,部民则是屯田的民众。

此年在西线,姜维伐魏,洮西之战中,曹魏失利,损失惨重。一时曹魏士卒破胆,将吏无气,仓库空虚,器械殚尽。邓艾以行安西将军进兵陇右,解狄道之围,屯兵上邽。在上邽,邓艾推行"积谷强兵"战略,亲自带领将士屯田,"是岁少雨,又为区种之法"②。"区",意为地平面下的洼陷;区种法,是抗旱丰产的耕作法。

---

① (晋)陈寿:《三国志》卷六魏书六,百衲本景宋绍熙刊本。
② (唐)房玄龄:《晋书》卷四十八列传第十八,清乾隆武英殿刻本。

第六章 败亡有因：蜀汉屡次北伐失败的原因

嘉平三年（251）八月，司马懿去世，其子司马师执政后，破格选拔人才，大力发展生产。经过持续积累，在三国之中，曹魏（西晋）实力最为雄厚，最终一统天下。司马氏开国之后，咸熙元年（264）废屯田制。晋泰始二年（266），再次下令，罢农官为郡县，持续了七十余年的战时屯田制告终。

在农耕社会中，粮食、人口是国本。三国争霸的核心就是通过生产，获得充足的粮食，供养更多军民，谁的粮食多，谁的国力就强。无疑，三国之中，曹魏一方在粮食、人口上占据了绝对优势。当实力最强的曹魏采取防守战略闷头发展时，蜀汉、孙吴却采取了攻势战略，耗费无数物力，如何能是曹魏敌手？

背刺高手：
盟友孙吴靠谱吗？

当关羽率领大军，气势如虹地摧坚城、淹七军、擒名将、威震华夏时，孙权给了一记致命的背刺。孙权对孙刘联盟的背叛使刘备丧失了大量精锐士卒，也永远失去了荆州，刘备正在迅速崛起的态势遭到了沉重一击。故而刘备后来不顾一切要对孙吴发起攻击，以雪此耻。当夷陵之战战败，刘备去世，迫于曹魏的巨大压力，在吴、蜀之间的主要矛盾荆州问题解决后，孙刘再次结盟。

黄龙元年（229），孙吴与蜀汉会盟，约定了双方有共同对曹魏作战的军事义务："自今日汉、吴既盟之后，勠力一心，同讨魏贼，救危恤患，分灾共庆，好恶齐之，无或携贰。若有害

第六章 败亡有因：蜀汉屡次北伐失败的原因

汉，则吴伐之；若有害吴，则汉伐之。"双方誓言，如果违背盟约，必将受到上帝百神惩戒，"明神上帝是讨是督，山川百神是纠是殛"[①]。

蜀汉建兴六年（228）春，诸葛亮发起第一次北伐，在街亭以失败告终。此年秋，孙吴方面单独对曹魏作战，以陆逊、朱桓、全琮分领大兵，设伏以待曹休。曹休冒进，陷入重围，损失惨重。此战曹魏、孙吴都是投入主力进行交战，曹魏损失惨重，以此战大胜之功，孙权称帝。此战之后，曹魏对孙吴采取守势，不再主动进攻。

就孙吴而言，其立国之后，在正统性上存在巨大问题。蜀汉自居为汉室正宗，拥有天然正义；曹魏则通过禅让方式，继承汉室，又居中原之地，以大国正宗自视。因为在正统性上的不足，孙权才推迟称帝。通过营造各种祥瑞造势，并在对曹魏的战争中获得主动后，孙权方才称帝。在合法性上，孙权一方面指责曹魏"篡夺神器"，否定曹魏政权合法性；另一方面则认为"汉氏已绝祀于天，皇帝位虚"[②]，为自己称帝寻找合法性依据。

合法性的支撑、天命的争夺，除了营造祥瑞外，更依赖于战场上的胜利。是故国力弱小的孙吴、蜀汉两国，面对实力

---

① （晋）陈寿：《三国志》卷四十七吴书二，百衲本景宋绍熙刊本。
② （晋）陈寿：《三国志》卷四十七吴书二，百衲本景宋绍熙刊本。

强大的曹魏时,一次次发起主动攻势。攻势战略的发起,也可视作吴、蜀在感受到外部强大曹魏的巨大威胁后,做出的主动反应。

盟约订立之后,双方在联合军事行动的配合上并不密切。对蜀汉而言,与孙吴结盟,只要孙吴能稍加牵制曹魏,已是极大获利。诸葛亮就认为,只要孙吴不加以背刺,使北伐无后顾之忧,已经足够。如果孙吴再能牵制一下曹魏,获利更甚。而如果孙吴能打击曹魏,则是蜀汉可以利用的契机了。建安六年(201)冬季,利用曹魏大败之机,诸葛亮第二次北伐,但在陈仓受挫,无功而返。

建兴七年(229)春,诸葛亮第三次北伐,占领武都、阴平二郡。此年冬,孙权领兵至合肥城下,不克而返。时间差表明,双方此年并未形成联合军事行动。建兴九年(231)二月,诸葛亮第四次北伐,与曹魏在陇上爆发大战。

此年孙吴方面,应该是得到了蜀汉的邀请,派遣陆逊进攻庐江。当曹魏方面遣满宠领兵东下后,陆逊领兵连夜撤退,并未发生交战。可知此次孙吴出兵,只是象征性地响应一下,并非真正配合作战。

在魏、蜀、吴三国之中,孙吴表现出的进攻欲望更为强烈。仅对合肥的进攻,前后就有九次。合肥地处长江、淮河之间,位于巢湖西北岸,淝河之水川流而过,战略位置极为重要。曹魏在巢湖东北岸屯兵屯田,在西北岸建合肥城,作为扬州州治。

在曹操的战略布局上,合肥是东部的战略要塞,捍卫江淮,控扼东吴。

孙吴初期,国力有限,故而战略目标是"保有江东"。至赤壁之战、攻袭关羽、夷陵之战后,孙吴的战略格局全面改变,已不再满足"保有江东",而想统一天下。对合肥,孙吴是志在必得,以举国之力来争夺。

七十年间(208—278),孙吴军队对曹魏及西晋共发动过34次进攻作战(含主动出击但未交战即撤退的几次),其中合肥——寿春方向的攻击为十二次,占总数的35%。国君亲征六次,权相攻打三次。[①]在合肥战场上,孙吴建兴二年(253),爆发了孙吴一次出动兵力最多之战,动用兵力二十余万。诸葛诞反魏后,魏吴双方投入兵力达五十万人,这是三国时期,一次性投放兵力最多的战役。

建兴十二年(234)二月,诸葛亮第五次北伐,经历了此前受挫之后,诸葛亮对孙吴军事同盟予以重视,提前邀请孙权出兵加以配合。当诸葛亮与司马懿大军对峙之时,孙吴方面也调兵遣将,想利用此次机会,一举拿下合肥。

五月,孙权亲自领大兵入居巢湖口,攻向合肥新城,又遣将领陆逊、诸葛瑾屯兵于江夏、沔口,孙韶、张承领兵万人,

[①] 宋杰:《合肥的战略地位与曹魏的御吴战争》,《首都师范大学学报(社会科学版)》2008年第2期。

进攻广陵、淮阳。此次是蜀汉、孙吴方面订立盟约后，真正意义上的第一次大规模联合军事行动，双方都未保留，全力以赴。

六月，曹魏方面遣征东将军满宠领兵抵御。满宠的作战计划是，将合肥新城守军撤走，引孙权主力至寿春交战。满宠认为，合肥新城面江靠湖，孙吴方面每次都能利用水军优势，通过水路来攻，一旦不利则迅速撤走。满宠计划，将主力移往寿春，依托险峻地势与城池固守，施引蛇出洞、断敌退路之计。

魏明帝曹叡不同意满宠的计划，认为："先帝（曹操）东置合肥，南守襄阳，西固祁山，贼来则破其于三城之下者，因三者乃兵家必争之地也。"曹叡判断，即使孙权以主力攻打合肥新城，也不能克。只要诸将坚守，自己亲自领兵增援，待援军赶到时，孙权必然退走。

秋七月，曹叡亲御龙舟东征，增援合肥。在合肥新城，曹魏将领拒守力战，孙权屡攻不克。曹魏方面一度还发起反击，满宠招募壮士数十人，折松为炬，灌以麻油，从上风放火，烧毁孙权军攻城器具，射杀孙权侄孙泰。

曹叡大军尚距合肥数百里，孙权因为军中疫病暴发，久攻不克，领兵遁走，陆逊、孙韶等也退兵。曹魏群臣以为大将军司马懿正与诸葛亮在渭南对峙，战局还未分出胜负，建议曹叡趁大胜之威，车驾西幸长安，一举攻破蜀汉。曹叡则判断："孙权败走，亮必胆破，大将军足以制之，吾无忧矣。"乃不领兵西进，而至寿春驻军。

八月，魏明帝曹叡在寿春阅兵，犒劳六军，之后回师许昌。司马懿与诸葛亮在渭南对峙至八月下旬，诸葛亮病逝，蜀汉大军退返。在此年的战事中，孙权方面全力配合诸葛亮北伐，主要也是为了孙吴的利益考虑，即拿下合肥，进可以争雄于中原，问鼎于天下；退可以在淮河与长江之间建立战略缓冲区，壮大实力。只是孙权的雄心始终受制于合肥，终不能提兵入淮南，夺取中原，正如后世史家顾祖禹所言："盖终吴之世，曾不得淮南尺寸地，以合肥为魏守也。"①

孙吴、蜀汉虽然结盟，但彼此还是心存防范。孙吴在要塞巴丘（今湖南岳阳）屯兵，蜀汉则在永安驻扎大军。诸葛亮一死，孙权的背刺高手本色流露，在巴丘增兵万人，一旦蜀汉内部有变，则可以趁机获取利益。蜀汉方面也大为紧张，在永安增加防守力量。为了缓和双方关系，巩固联盟，蜀汉派中郎将宗预出使孙吴。此次出使，宗预很对孙权胃口，缓和了双方关系。

曹魏景初二年（238），曹魏派遣司马懿领兵征讨辽东。孙吴赤乌二年（239）三月，孙权遣孙怡等将领率大军渡海至辽东，援助公孙渊。孙权同时向蜀汉求援，请求出兵策应。蜀汉方面，以蒋琬驻军汉中，与孙吴形成掎角之势，高调做足姿态，对曹魏形成某种牵制。孙吴援兵在辽东登陆之后，方才得知，去年

---

① （清）顾祖禹：《读史方舆纪要》卷二十六，清稿本。

八月司马懿已在辽东取胜，斩杀公孙渊，领兵返回洛阳。利用辽东空虚之机，孙吴援军大掠一番后，渡海回国。

孙刘联盟体系沟通并不畅，未建立长效沟通机制。蒋琬执政时，一度大造船只，试图由汉水、沔水出击曹魏，由于没有通报孙吴，引发孙吴内部群臣猜忌。孙权为此还特意向群臣解释："吾待蜀不薄，聘享盟誓，无所负之，何以致此？"有了孙权的解释，才使孙吴内部消除了对蜀汉的误会。

孙吴赤乌十年（247），宗预再次出使孙吴，临别时孙权动情云："今君年长，孤也衰老，恐不复相见。"孙权赠送宗预大珠一斛，宗预则云："蜀土僻小，虽云邻国，东西相赖，吴不可无蜀，蜀不可无吴。"宗预这也是劝告孙权，合则两利，斗则俱伤。

孙吴太元元年（251），蜀尚书仆射樊建使吴，时孙权病重，大将军诸葛恪接见。孙权虽在病榻之上，特意向诸葛恪了解樊建到访的情况，足见其对孙刘联盟的重视。在孙权称帝之后，与蜀汉的盟友关系得以长期保持，乃至双方进行联合军事行动。其间虽有一些波折，但总体上能够保持稳定，使双方不必担心背刺，进而能调动各自力量，对曹魏展开攻势。

孙权以七十一岁之龄去世后，孙亮继位，诸葛恪准备攻魏，遣司马李衡出使蜀汉，联络姜维一起出击。李衡劝说姜维，双方一起用兵，曹魏救西则东虚，重东则西轻，必然会有空隙可以利用。姜维乃接受邀约，双方联合共同伐魏。

第六章 败亡有因：蜀汉屡次北伐失败的原因

吴国建兴二年（253）三月，吴相诸葛恪召集江东兵马二十余万人，号称五十万，全力北伐，志在夺取淮南。夏四月，诸葛恪围合肥新城，计划引诱寿春魏军来救，再攻击援兵。此年四月，蜀汉姜维领兵数万人出征，加以配合。对此次呼应孙吴的军事行动，姜维也是倾尽全力，只是因为粮尽而退兵。

曹魏识破诸葛恪的战略企图，在合肥新城以三千兵力牵制住东吴二十万大军。双方百日鏖战，至入夏之后，天气酷热，东吴军中暴发大疫，兵卒死者大半。"吴士疲劳，饮水泄下，流肿，病者太半，死伤涂地。"由此记录可知，东吴士兵在前方饮用了不洁净的水，出现泄下、流肿等症状。泻下，乃是痢疾；流肿，则是脚气病。《春秋繁露·五行逆顺》云："逆天时则病流肿，水张痿痹，孔窍不通。"[1]

脚气病不同于脚气，感染后脏器会出现代谢障碍，严重者会致命。早些年辽东公孙渊短暂投降孙权后又叛变，孙权想要亲征。尚书仆射薛综反对，认为公孙渊控制之地："郁雾冥其上，卤咸水蒸其下，善生流肿。"[2] 最终孙权作罢，放弃亲征。

此次传染病的暴发导致吴军大量减员，丧失了战斗力。此时魏军统帅司马孚抓住战机，督军二十万，自寿春南下来攻。秋八月，诸葛恪撤兵。回军途中，感染疫病的士卒死伤惨重，

---

[1] （汉）董仲舒：《春秋繁露》卷十三，清武英殿聚珍版丛书本。
[2] （晋）陈寿：《三国志》卷五十三吴书八，百衲本景宋绍熙刊本。

"士卒伤病,流曳道路,或顿仆坑壑,或见略获,存亡忿痛,大小呼嗟"①。

诸葛恪此番征战,一将无能,累死三军,万民所怨,众口所嫌。此时吴国内部,孙峻想夺诸葛恪之权,于是向吴主孙亮进谗言,定计诛杀诸葛恪。冬十月,武卫将军孙峻设下伏兵,在宴会上杀死诸葛恪,此后由孙峻、孙綝掌权,孙吴内部持续动乱。

孙吴太平二年(257),孙吴大将朱然之子朱绩升为骠骑将军。此年孙綝专揽朝政,孙吴内部将领各生异心,朱绩担心一旦吴国内乱,魏国乘隙而入。与其落入曹魏之手,不如由盟友蜀汉吞吴。朱绩秘密写信给蜀汉,请蜀国做好兼并吴国的准备。蜀汉得了消息后,遣右将军阎宇领兵五千,增强白帝城的防守,进一步等待朱绩的信息。但此事因为孙休登基,果断杀掉孙綝而作罢。

在结成军事同盟后,孙刘之间曾多次协调,共同展开对曹魏的战事。但双方的目标存在差异,孙吴的优先目标是攻取合肥,作为开拓中原的基地。蜀汉的目标则是通过北伐,改变蜀汉战略格局,获得更大的战略空间,并以兴复汉室作为号召。可以说,双方的战略目标不同,在军事上并未对曹魏形成实质性的牵制。

---

① (晋)陈寿:《三国志》卷六十四吴书十九,百衲本景宋绍熙刊本。

总体而言，孙刘联盟是消极的军事同盟。双方的联盟目标是，首先，不被对方牵制；其次，都希望对方能牵制曹魏。在双方两次大规模联合军事行动，即建兴十二年（234）诸葛亮北伐、延熙十六年（253）姜维北伐中，凡被邀请一方的军事行动，都可视为牵制行动，双方在军事行动中的主要考虑，是实现各自的军事目标。且受地理空间、各自目标不同的影响，双方的配合并不默契，曹魏应对起来有游刃有余之感。

作为军事同盟，双方并未建立起全面有效的军事沟通系统，也缺乏战术上的密切合作。乃至蜀汉一造船，孙吴就紧张。联盟关系的稳定还是要靠人际关系，如宗预得到孙权青睐，关系能保持稳定。

孙吴、蜀汉与曹魏之间乃是国运之战，并无和平共处的可能。在竞争之中，处于劣势的二方，本该精锐尽出，全力配合。但多数情况下，双方并未做到如此，且彼此也存有警惕。到底孙权当年在荆州的一记背刺，打散了蜀汉上升的国运，蜀汉不得不防。

面对实力强大的曹魏，孙刘二方应该建立积极、稳固的联盟，动员两国所有国力，共同对付曹魏。但两国只是消极的联盟，目的一是避免背刺，二是借用对方力量牵制曹魏，实现己方目标。此种消极军事联盟，在蜀汉政权最后的关头，就体现出了不足。面对蜀汉的求援，孙吴方面也知道不救不行，可孙吴援军尚未抵达，蜀汉就已覆灭。孙吴也想在蜀汉的覆灭中分上一杯羹，却在永安城遭到灭国之后蜀汉守将的坚决抵抗。此后旧蜀汉南中将领尽出,为西晋争夺交州,出生入死,更是彻底终结了延续多年的孙刘联盟。

粮草少：
木牛流马能解决后勤？

唐人章孝标诗云："木牛零落阵图残，山姥烧钱古柏寒。七纵七擒何处在，茅花枥叶盖神坛。"七擒七纵只是传说，八阵图不过是车阵，至于神奇的能自走的木牛流马，也不过是早就被广泛使用的鹿车的升级版本。

蒋琬总结诸葛亮北伐受挫的经验教训，认为"昔诸葛亮数窥秦川，道远运艰，竟不能克"。蜀汉北伐，最大的短板就是后勤问题严重制约了北伐用兵。蜀汉的后勤问题，一是蜀地人口、土地相对稀少，可以提供的军粮有限；二是蜀地出汉中北伐，途中所经，如不走陇西大道，则是褒斜道、子午道等路线，地势险峻崎岖，对运输造成了巨大影响。

"孔明屡出师,常苦粮食少",诸葛亮深刻意识到后勤在军事行动中的重要性,在北伐时做了充足准备。在蜀汉大军出征之前,从成都平原、汉中盆地等处大量调集军粮。在汉中前线,蜀汉军队建设仓库,囤积粮食,设立了如"赤岸库""斜谷邸阁""横门邸阁"等军事仓库。

此外,诸葛亮也在前方积极推行屯田,以弥补军粮上的不足,相对减少后方供给。如建兴六年(228)春第一次北伐,诸葛亮将主力分为两路,赵云、邓芝一路在赤崖推行屯田。赤崖即赤岸,蜀汉置库于此,以储军资。赵云与邓芝败于箕谷,退军时烧毁赤崖以北栈道,得以全师而退,也保全了所存储的物资。

蜀地本身具有相对较好的农业条件,只要局势稳定,人力充沛,扩大生产,粮食就能够得到保障。[1]但蜀汉一直被人力所限,未能大规模屯田生产。此外,制约蜀汉军队后勤的问题之一在于运输。

两汉时期,运输军事物资,成本极为高昂。汉代通西南夷道,以数万人从事劳役,"千里负担馈粮,率十余钟致一石"[2]。钟是度量单位,一钟当于六石四斗,十钟即为六十四石,物资

---

[1] 《华阳国志》称:"绵竹县,刘焉初所治,绵与雒各出稻稼,亩收三十斛,有至五十斛。"此数据过高。

[2] (汉)班固:《汉书》卷二十四下,清乾隆武英殿刻本。

第六章 败亡有因：蜀汉屡次北伐失败的原因

在运送中损耗惊人。王莽时期，攻伐西南，"转输者合二十万人"，最后仍然是"士卒饥疫，三岁余死者数万"[1]。

由汉中出发北伐，途中多为山道河谷，更有险峻栈道，运粮困难。建兴九年（231）春二月，诸葛亮出兵北伐时，推广改进过的运输工具"木牛"，"始以木牛运"。此次北伐，作战重心也是围绕粮食进行了争分夺秒的陇上割麦争夺战。

木牛实际上是独轮车，汉代称为"鹿车"，"鹿车窄小，裁容一鹿也"。东汉桓帝时，范冉遭党锢之祸，用鹿车推了妻子及部分行李，四处流浪，如此漂泊十余年，范冉才结草室而居。

鹿车虽小，有时也能搭载两人。如费祎、董允二人去参加葬礼，找董允之父董和借车，董和提供的也是一辆简陋鹿车。鹿车到后，费祎便从前先上，贵公子董允则面有难色，无奈上车，两人挤在一起。

后世学者至川北广元，实地考察栈道后认为："栈道的宽度及称重量，大约只能允许兵员、马匹及小型车辆通过。当地民间将栈道称为五尺道，反映出该处栈道的宽度约五尺左右，或稍宽些。"[2] 木牛是在鹿车的基础上，加以改进，使其更适应崎岖的栈道及山路。后人夸大木牛，认为能"施机自运，不劳人力"，相当于不用动力的自动机器，实际上是不可能存在的。

---

[1] （汉）班固：《汉书》卷九十五，清乾隆武英殿刻本。
[2] 陈从周、陆敬严：《木牛流马辩疑》，《同济大学学报》1988年第3期。

据《诸葛亮集》，木牛每次能"载一岁粮"。一岁粮为多少？

古代亩产不会太高，仲长统在《昌言·损益篇》中载，"计稼穑之入，令亩收三斛"①，三国时期，平均亩产量为三斛。汉代大石，为现舂脱壳后的谷米重量，小石指未脱壳的谷物重量，二者比例为五比三。②一般丁男月食大石1.8石，长女月食大石1.2石，二人合计3石，一年36石。

《居延汉简》里有很多关于用车运粮的记录，一般每车所载粮食一般为二十五石，"入粟大石二十五石，车一两"③。《居延汉简》中多有记录，汉代士兵在前方"月食三石三斗三升少"，此类记录的士兵月粮，为小石（少），折算为脱壳后的米，则为大石二石。④因为是前方戍边将士军粮，故而所发数超过实际食粮数。

"计一人三百日食，用粮十八斛"，平均一个月要大石1.8斛。⑤一斛为十斗，汉代丁男大约每月食粮为大石1.8石。一

---

① （南北朝）范晔：《后汉书》卷四十九，百衲本景宋绍熙刻本。
② 杨联陞：《国史探微》，北京：新星出版社2005年版，第116页。
③ 谢桂华、李均明、朱国炤：《居延汉简释文合校》（上），北京：文物出版社1987年版，第446页。
④ 谢桂华、李均明、朱国炤：《居延汉简释文合校》（上），北京：文物出版社1987年版，第447页。
⑤ （汉）班固：《汉书》卷九十四下，清乾隆武英殿刻本。

年十二个月，则需要粮食21.6石。至蜀汉时期，每车运粮在二十大石以上，基本能满足一个丁男一年的粮食所需。依照汉代丁男年均大石21.6石，一石取为30市斤，那么古人一年食粮，合今648市斤。①

木牛速度不快，"日行廿里"，从剑阁到斜谷约六百里，往来一次则要两三个月。要满足前方的需要，就需要大量制作木牛，如此木牛不会太过复杂，以适应大量生产。木牛的特点是"不劳人力"，即节省体力，并不是不要人力，木牛前有人拖，后有人推。至于木牛的头部，有时做成牛首状，类似于装饰功效。

至此年夏六月，诸葛亮因为粮尽退军。此次北伐缺粮，原因复杂，负责督运粮草的李平（严）声称："秋夏之际，值天霖雨，运粮不继。"以木牛作为运输工具，在雨季就显示出了弱点，不方便行走。此次负责后勤运输的李平对北伐态度消极，同时天气也是主要原因，最终导致了蜀汉退兵。

建兴八年（230）以后，蒋琬、杨仪得到大用，都能高效处理后勤事务。杨仪在前方"筹度粮谷，不稽思虑，斯须便了"。蒋琬在后方坐镇，则全力调集粮草，"足食足兵，以相供给"。蜀汉设有督农一职，专门负责军粮事务。诸葛亮又提拔吕乂为汉中太守，"兼领督农，供继军粮"。整个蜀汉的体系运转起来，

---

① 谭良啸：《木牛流马考辩》，《社会科学》1984年第2期。

服务于北伐，北伐的关键则是粮食与运输。

建兴十年（232），诸葛亮"休士劝农于黄沙，作木牛、流马毕"。每次征伐，大军数万人出动，后勤供给极为紧张。如诸葛亮曾云："计一岁运用蓬旅簟十万具。"蓬旅簟乃是草帘或草席之类，在运输各类军事物资时能遮风挡雨，是必备用品，消耗量巨大。

出征之时，蜀汉士兵随身也要携带干粮，"军行，人将一斗干饭"，约相当于今日3.15斤，仅供两三天之需。[①]此时的干粮主要是火炒过的粟饭，称"糗"，以水、浆或羹等送食。诸葛亮特意规定，"士兵不得持乌育及幔"，乌育乃军队饮食炊具，是铁制或铜制大口锅。幔乃是帐幕。诸葛亮为了提高行军速度，限制单兵随身携带的军粮，且不得携带其他物资。

依赖单纯人力带动的木牛，行军速度缓慢，故而诸葛亮又作流马，适应快速行军。流马有"方囊二枚"，"每枚受米二斛三斗"，合计四斛六斗。当代学者认为，流马是在木牛的基础上制成的，是一种小型运输车，可以在平地上快速通行。范文澜《中国通史简编》中甚至认为，流马是改良过的木牛，前后四脚，乃人力四轮车。

流马是不是四轮车，姑且不论，流马速度快，运输量比木

---

① 李伯勋：《诸葛亮集笺论》，西安：陕西人民出版社1997年版，第336页。

第六章　败亡有因：蜀汉屡次北伐失败的原因

牛少，基本上得到了学界的认可。"流马的运载量虽比木牛小，速度却加快了。马比牛载得少却行得快，木牛的名字便改为了流马。"①流马对路况要求较高，不是一种广泛适用的理想的运输工具，无法替代当时流行的木制独轮车——鹿车，很快就被淘汰。

总体而言，木牛是一种轮子稍小些的独轮手推车，载重大，前由人拉，后由人推，运行速度较慢。被后世遐想的木牛"群行"，是一长串木牛前后相随运行，比单独木牛行动要慢得多。流马因为载重小，轮子稍大一些，由一个人推，运输速度快。"诸葛亮所云的木牛流马，是比喻它们运行的灵便程度和载重量的大小，而不是它们外形像牛或像马。"②

使用木牛流马，也是诸葛亮无奈的选择。蜀地畜力相对缺乏，主要依赖人力。两汉时期，大军出征，主要使用牛马车船，畜力充沛。如西汉太初三年（前102），李广利伐大宛时，大军中就有"牛十万，马三万匹，驴橐驼以万数以赍粮"③。

魏延提出经子谷口突袭长安的计策，也是用五千人运输后勤物资。不管是蜀汉还是孙吴，在对曹魏战争取胜后，战绩中都有俘获牛马骡驴等的记录，可见曹魏军中大量使用畜力进行

---

① 谭良啸:《木牛流马考辨》,《社会科学》1984年第2期。
② 李迪、冯立升:《对"木牛流马"的探讨》,《机械技术史》2002年第6期。
③ （汉）班固:《汉书》卷六十一,清乾隆武英殿刻本。

运输。人力终究有限，诸葛亮在北伐时，常选择出祁山，因为此一线有西汉水可资利用。虽有水路，可很多地区的后勤仍然需要人力，不得不以木牛流马加以弥补，奈何"卧龙志空大，流马功竟杳"。

虽然诸葛亮在技术上有所改进，以木牛流马从事运输，但还是依赖大量的车夫人力，运输工作很是艰苦。曹丕曾经描述服劳役的车夫："辚辚大车，载低载昂。嗷嗷仆夫，载仆载僵。蒙涂冒雨，沾衣濡裳。"[①] 曹魏方面即便畜力充足，出征时也是"民夷号泣道路"。

蜀汉官场上下都意识到后勤在诸葛亮心目中的重要性，不敢懈怠。建兴十一年（233），南中地区豪帅发生变乱，庲降都督张翼平叛不力被撤职。属下建议他快马加鞭，前去找诸葛亮请罪。张翼则认为不可，接替自己的人尚未到任，更应做好后勤工作，服务北伐大业。张翼对后勤的重视，使他继续得到诸葛亮信任，加以重用。此年诸葛亮再次以木牛流马通过崎岖秦岭山道，运米至斜谷口，囤积于斜谷邸阁。

建兴十二年（234）春，在充分准备之后，诸葛亮最后一次出兵北伐，屯田于五丈原。正是忧虑粮草问题，诸葛亮才在五丈原屯田，使耕者杂处渭滨居民之间，试图弥补蜀汉军粮运输的短板。此次诸葛亮后勤补给充分，得以与司马昭长期对峙，

---

① 宋效永、向焱点校：《三曹集》，合肥：黄山书社2019年版，第173页。

第六章 败亡有因：蜀汉屡次北伐失败的原因

等待突破的机会。只是天不遂人愿，诸葛亮大限已至，星落五丈原，撤退后还遗留下了大量粮草屋子。

张俨《默记》认为，诸葛亮无岁不征，"而使国内受其荒残，西土苦其役调"①。诸葛亮时期，虽然采取了屯田、取粮于敌、士兵轮休等措施以降低军事行动对民生的冲击，但民间还是受到沉重影响，乃至各郡消极应对蜀汉中枢的征调。诸葛亮自称"今民贫国虚"，也是保持了清醒认识，试图通过"治官府、次舍、桥梁、道路"等措施，来降低民间的不满。

诸葛亮深深陷入蜀汉困局之中，为了大国正统，为了汉贼不两立，不得不持续采取外线进攻战略，这就使后勤成为决定蜀汉军事成败的关键。曹魏则坚持了孙资当初定下的战略，由精干大将占据险要如祁山要塞、上邽城等，镇守疆场，将精力放在处理曹魏内部的各种事宜，大力推广屯田，提升国力。

由于是内线作战，曹魏在后勤补给上占据优势，且国力雄厚，又能动用北方的丰厚畜力进行运输。建兴九年（231），蜀汉出兵，陇上抢麦，导致陇右缺谷。曹魏一度准备从关中大举运粮，坐镇陇右的郭淮则通过自己的威望，命羌、胡等部出谷，使军粮得到迅速补给。

与蜀汉相比，曹魏虽在粮食后勤上也存在问题，但相对不算严重。但当曹魏对蜀汉发动攻势，拉长后勤补给线后，也就

---

① （晋）陈寿：《三国志》卷三十五蜀书五，百衲本景宋绍熙刊本。

显示出了弱势。建兴八年（230），曹真分兵四路来攻蜀汉，因为持续暴雨，影响到了后勤方才退兵。延熙七年（244），曹爽领大兵攻打蜀汉，大量调集关中及氐、羌等部粮草，后勤补给充足，只是在兴势围对峙无功，方才退兵。正因考虑到后勤问题，后来司马昭伐蜀时，邓艾全力反对。

诸葛亮死后，蒋琬、费祎调整战略，一度与民休息，不轻易发动战事，使蜀汉国力得到恢复。至蒋琬去世、费祎被刺后，姜维持续北伐，可同样被粮草问题所困。延熙十二年（249），姜维忧虑粮路被截断而退兵，在前方麴山坚守的将领无奈投降。延熙十六年夏，姜维率数万人出石营，经董亭，围南安，因为粮尽退兵。延熙十九年，姜维北伐，预备从曹魏控制区抢粮，终因为粮食匮乏，在段谷之战中遭遇惨败。为解决粮食问题，姜维北伐时，常联系羌、胡等部，以获得马、牛、羊、毡、氅等物资及补给军粮。

延熙十六年（253）之后，姜维持续北伐，五年五役，消耗了本就弱小的蜀汉国力，引发蜀汉内部的纷争，怨声载道。"蜀尔小国，土狭民寡，而姜维虐用其众"[①]。姜维持续北伐所耗费的人力、物力，超过了地狭民寡的蜀汉承受范围。姜维不得不调整战略，实行敛兵聚谷，自己亲自领兵在沓中屯田。

持续征战，加上蜀地地震带来的问题，导致蜀汉末期粮食

[①] （晋）陈寿：《三国志》卷四魏书四，百衲本景宋绍熙刊本。

匮乏。建安十九年（214），刘璋投降刘备时，成都城中有精兵三万，粮食足以支撑一年。以三万人一年的口粮计，则存粮在六十四万斛左右。刘禅降魏时，"官府帑藏一无所毁"，成都所存谷米不过四十余万斛。汉代丁男每年需要粮 21.6 石，一万人一年则需粮 21.6 万斛，可知此时蜀汉在粮食上已是极为紧张。

就蜀汉而言，由于自称继承汉室，具有了天然的正统性，定位为正义一方，而曹魏则乃窃汉之贼。为了正义，诸葛亮、姜维持续发动北伐，可面对曹魏的雄厚实力，外线作战补给的巨大困难，却不是木牛流马所能弥补的。诸葛亮为解决后勤问题而做的巨大努力，只是为后世的文人们，提供了咏叹的素材。

兵不足：
蜀汉为何人口如此少？

就蜀汉人口，《晋书》载，章武元年（221），蜀汉人口，户二十万，男女九十万口。章武元年时，蜀汉政权尚未介入汉中、南中等地，可以判断此数字是以蜀郡为中心。东汉后期，蜀郡"户三十万四百五十三，口百三十五万四百七十六"[①]。在东汉末期，蜀郡地区相对还算稳定，且有大量内迁人口，怎会骤然降到九十万？故而《晋书》所载，可靠性极低。

《三国志》所载，炎兴元年（263），蜀汉投降时，"领户二

---

① （南北朝）范晔：《后汉书》卷一百十三郡国志第二十三，百衲本景宋绍熙刻本。

第六章 败亡有因：蜀汉屡次北伐失败的原因

十八万、男女口九十四万，带甲战士十万二千，吏四万人"①。据此一般认为，蜀汉人口在九十万左右，兵在十万至十二万之间，吏四万余人。此数据常被后世引用，视为蜀汉穷兵黩武之证据。此数据存在大问题，区区百万人口，养十万兵、四万吏，用常识判断，无论如何也不可能锐减至此。"南方户口数字有不实之处，引用之时，需慎之"。②

据《后汉书》，东汉永和五年（140），益州加上武都郡共计154万户，732万人口。益州在东汉末期相对稳定，但也经历了各类乱局的冲击，有黄巾起义攻袭蜀郡、犍为等地，刘璋父子与张鲁之间也是持续征战，此外还有益州本地豪族、南中各部、民众起义等大大小小的战事。此类战事总体规模不大，持续时间不长，并未影响益州全局。在刘璋父子时期，益州一度呈现出繁荣局面。

哪怕益州出现人口下滑，但也不至于锐减如此。此中问题，在于蜀汉覆灭时的户口数据，只是纳入蜀汉政府户籍的人口。王育民认为，佃客、部曲、官私奴婢、兵户、隶户、百工、鼓吹、流散户、屯田客及南中各部，未被纳入蜀汉户籍之中。③蜀

---

① （晋）陈寿：《三国志》卷三十三蜀书三，百衲本景宋绍熙刊本。
② 高敏：《魏晋南北朝经济史》（上册），上海：上海人民出版社1996年版，第104页。
③ 王育民：《中国人口史》，南京：江苏人民出版社1995年版，第122—132页。

汉未被纳入户籍的人口数量巨大。诸葛亮去世后，吕乂从汉中太守任，累迁广汉、蜀郡太守。蜀郡乃一都之会，户口众多。吕乂上任后，耐心劝导，数年之中，登记在籍的人口大为增加，"漏脱自出者万余口"①。

自蜀汉政权建立之后，一直大力增加人口。诸葛亮南征之后，即将南中大量人口内迁。相当部分羌人分散在曹魏、蜀汉交界处，成为诸葛亮北伐时争夺的对象。第一次北伐时，诸葛亮"拔西县千余家还于汉中"②，其中就有羌人。第二次北伐时，攻下武都、阴平二郡，招抚氐、羌族人，也是争夺人口资源。

虽然蜀汉不断整理户口，通过对外抢夺，增强人口数，但蜀汉人口一直保持了较低的增长状态。主要原因在于持续战争。蜀汉连年用兵，占据了大量男丁，这严重影响了蜀汉的生育率。"蜀汉国家中的青壮年大多都婚姻失时，从而形成了蜀汉社会中因青壮年男性忙于战争、疏于婚育的严重的性别比例失调问题"③。

据《续后汉书》引《帝王世纪》所载，灭蜀之后，景元四年（263），曹魏与蜀汉统计民户94万余，口537万余。《通典》中减去蜀汉人户（户28万、男女口94万），则曹魏有户66万

---

① （晋）陈寿：《三国志》卷三十九蜀书九，百衲本景宋绍熙刊本。
② （晋）陈寿：《三国志》卷三十五蜀书五，百衲本景宋绍熙刊本。
③ 高凯：《论中国古代人口性别比例失调问题》，《史学月刊》1998年第3期。

余，口 443 万余。孙吴的户口，《三国志》注引《晋阳秋》，为"户五十二万三千，吏三万二千，兵二十三万，男女口二百三十万"①。

如此魏、蜀、吴三国，总计户 146 万余，口 767 万余，魏、蜀、吴三国人口所占比例，分别为 58%、12%、30%。据此组数据，曹魏户均为 6.7 人，蜀汉为 3.4 人，东吴为 4.4 人，平均 4.8 人。由户口比例也可以看出，曹魏占有广阔地区，人口基数大，哪怕受到战争影响，仍然保持了足够男丁，提高了生育率。

此系列数据也低估了当时的人口数，曹魏、孙吴、蜀汉三国人口统计数据的问题是，未曾统计世家豪族荫附户口，未统计不曾列入郡县编户屯田生产者，未统计不属州县管辖的兵家、吏家等，少数部族也多不在州县的编户内。

据此王育民认为，三国末期的人口约为 3798 万余人。② 此一数据又过高估计了人口。据葛剑雄研究，此时期的人口当在 3000 万左右，从东汉高峰时 5600 余万降至 3000 余万，也是中国历史上罕见的人口消耗。③

---

① 孙吴所控制区域，为扬州、荆州、交州三州，在东汉末期有 269 万户、1171 余万口。
② 王育民：《三国人口探索》，《上海师范大学五十周年校庆历史学科论文集》，上海：上海三联书店 2004 年版，第 43 页。
③ 葛剑雄：《中国人口史》（第一卷），上海：复旦大学出版社 2005 年版，第 447 页。

以此组数据为参照，结合当代研究所得，大致可以估计出三国的人口分布情况。依照葛剑雄的推断，三国人口数字约为3000万，参考魏、蜀、吴三国纳入官方户籍的人口比例（58%、12%、30%），则魏、蜀、吴三国人口分别为1740万余、360万余、900余万。蜀汉与孙吴两国相加，尚不及曹魏人口，其国力差距可见一斑。

东汉所设置的十三州，面积大小是非常悬殊的。面积小的州，如青州、兖州，不过今山东省一半。面积大的州，如扬州、益州，涵括今日多省。东汉是根据人口来设州，南方当时相对落后，人口稀疏，故而占地面积广。后世用地图比较，则孙吴所控制的地域面积，并不少于魏晋，但在人口上处于绝对劣势。

入晋之后的统计数据显示，不管是曹魏，还是孙吴、蜀汉，都有大量人口未被编入户籍。《晋书》载，太康元年（280），户245万余，口1616万余，平均每户6.57人。[①]此时距离孙吴覆灭不到十七年，人口激增一倍，这无论如何都是不可能的。唯一的解释是，三国末期的各类统计数据有大量遗漏。

太康元年（280），在灭吴统一天下之后，晋武帝司马炎自以为进入了一个新的时代，可开启万世太平。而天下平定，便须改制，司马炎乃以大手笔进行改革。

司马炎诏天下罢军役，原先不纳入国家户籍的屯户、兵户、

---

① （唐）房玄龄：《晋书》卷十四志第四，清乾隆武英殿刻本。

第六章　败亡有因：蜀汉屡次北伐失败的原因

吏户等，转为国家编户。州郡军备被废除，在大郡设兵百人，小郡设兵五十人，其余州郡兵一律归农。占田制在全国范围内被推行，编户民丁男可申报七十亩土地，其妻可申报三十亩，共一百亩。原先脱离户籍者，必须登记才能获得土地所有权，如此扩大了户数。此外，为了打压豪族，禁止"私相置名"，限制豪族侵吞人口，也提高了编入户籍的人口数。

至太康三年（282），"晋户有三百七十七万，吴蜀户不能居半"[①]。短短两年，户数又激增了一百三十二万户，按每户6.57人计算，则总人口数大致在2400万以上。短短两年内，户口持续激增，只能说明，更多的人口被纳入户籍之中。

"这些土地与人口早就是摆在那里客观存在的事实，只不过由于战乱的原因，没有政府管理罢了，遂让这些人口与经济活动也就一直处在地下状态。"[②]后世隋文帝开国不过十几年，统计出来的土地与人口数量却多出了几倍，着实让隋文帝吓了一跳。

估算出人口后，则可进一步推算魏、蜀、吴三国的兵力情况。

景元三年（262），司马昭认为蜀汉兵力在九万左右。蜀汉覆灭时的数据则是，带甲将士十万二千。诸葛亮在《正议》中，自称有"数十万之众"，这是夸张之辞，根本不足信。蜀汉覆灭

[①] （晋）陈寿：《三国志》卷二十二魏书二十二，百衲本景宋绍熙刊本。
[②] 宋亚平：《论中国古代"内重外轻"与"外重内轻"的博弈——以郡县制为视阈》，《华中师范大学学报（社会科学版）》2012年第6期。

时，十万二千的兵力，更接近实际数字。

曹操晚年时，曹魏方面"天下不耕者盖二十余万"，兵力不过二十余万。至司马昭讨诸葛诞时，上表所称"今诸军可五十万"。孙吴在降晋时，总兵力在二十三万。陶元珍认为，"魏之将士，极盛时当不下六七十万人；蜀之将士，极盛时当不下十数万人；吴之将士，极盛时当不下三十万人"①。

曹魏、孙吴、蜀汉三国的兵力比例，大致为五十万、二十三万、十万，这也符合三国的人口数字之比。

赤壁之战时，刘备手中有两万余兵力。赤壁之战后，刘备夺取荆南四郡，兵力才达到三万人。占据蜀地之后，刘备实力大扩张，且推行全民皆兵战略，"男子当战、女子当运"②，兵力扩张，但也不过十余万人。蜀吴争夺荆州，刘备引兵五万下公安，关羽领兵三万至益阳，加上各处留守部队，也不过十余万之数。

诸葛亮执政后，不断扩军，但总兵力保持在十余万。一说认为，诸葛亮所领大兵，"十二更下，在者八万"③。关于"十二更下"的"十二"，清人赵一清说"一蜀之大，其兵力不过十二万，孔明所用八万，常留四万"，认为"十二"指蜀汉军队数量

---

① 陶元珍：《三国食货志》，上海：商务印书馆1934年版，第17—18页。
② （晋）陈寿：《三国志》卷四十一蜀书十一，百衲本景宋绍熙刊本。
③ （晋）陈寿：《三国志》卷三十五蜀书五，百衲本景宋绍熙刊本。

为十二万。但"十二"应指十分之二,"更下"则指轮休,"十二更下"指轮休的兵员占十分之二,如此诸葛亮兵力则为十万,在军中者八万,轮休者二万。采取十二更下,也是休养兵力,使士兵得以归家休整,从事农耕,提升男女交配频率,进而增加人口。

供养十万大兵,已是蜀汉国力的极限。西汉边兵三十万,按月粮三石三斗三升计,一年养兵用粮800万石,军官俸禄、士兵衣装、粮谷转输费用等各类开销,共计耗费22.7亿钱左右。[1]这是西汉国力鼎盛时的军事开销。汉代一旦开战,所费更巨,造成国家财政见底,不得不以皇室财政填补空缺。"故诸葛亮执政时期,蜀汉全军总兵力在十四万以上"[2],这已是高估了蜀汉的最大动员兵力。

蜀汉地广民稀,供养一支十余万人规模的军队,已是国力的极限。还要考虑南线、东线及成都的驻防,分到诸葛亮手中的军队数字不会过多,这也限制了他北伐的用兵数量。东吴大鸿胪张俨认为,诸葛亮处孤绝之地,"战士不满五万",裴松之也说"率数万之众"。在古代史书的语境中,"数"一般都不过五,故而五万之数是可信的。

---

[1] 黄今言、陈晓鸣:《汉朝边防军的规模及其养兵费用之探讨》,《中国经济史研究》1997年第1期。

[2] 白寿彝主编:《中国通史》第5卷上,上海:上海人民出版社2004年版,第788页。

据此判断,第一次诸葛亮北伐,主力由诸葛亮率领约四万人,赵云率偏师约一万人。第二次北伐攻打陈仓,规模不会太大。第三次北伐,只是派了部分兵力,攻取武都、阴平二郡。第四次北伐,诸葛亮前方兵力在五万左右。第五次北伐,诸葛亮大军尽出,超过了五万人,故而号称十万大兵。

在魏、蜀、吴三国之中,蜀汉是比较特殊的,未曾推行兵民分离、世代为兵的"世兵制"(士家制)。蜀汉推行的是以两汉募兵为主的"集兵制",主要是因为蜀汉国力有限,要尽可能统筹使用丁男,根本不允许如曹魏、孙吴那样采取世兵制。在蜀汉,除了官吏和个别享有复除(免除赋役)优待的人户,民户的丁男都要服兵役,定期轮番征调为兵。士兵出征时,采取轮休制,此即"十二更下"。"更上"则为兵,"更下"则为民,回乡团聚,从事生产,努力造人,报效汉室。

诸葛亮北伐时,令诸郡调发兵力,一度出现各郡"多不相救"的现象。蜀汉采取集兵制,在各郡抽调兵力,各郡之所以"不相救",因为早已完成了征兵数额,对额外征兵,不完成也不用担心受罚,故而反应消极。只有巴西太守吕乂比较积极,额外又募了五千兵。至诸葛亮去世后,"士伍亡命",此处所指乃是负有兵役的民户逃亡,而非军中士兵大量逃亡。将"士伍"理解为应服兵役的在册农民,似乎更加合理。[①]

---

① 许蓉生:《蜀汉军队的组成及其来源》,《成都大学学报(社会科学版)》2005年第6期。

第六章 败亡有因：蜀汉屡次北伐失败的原因

至于蜀汉军中从南中征调的各部勇士，则以部落为单位，单独组成一军。如邛都县有七部，被编为七部营军。青羌劲卒被编为五部，称为"飞军"。南中各部征调来的夷兵，因为甚少承担国家赋役，故而世代为兵。此部分世袭兵骁勇善战，乃蜀汉军中精锐。

曹魏实行的世兵制的标志是，兵民分离，父死子继，兄终弟及。曹操在收编青州黄巾军后，得男女百余万口，曹操收其精锐，号为"青州兵"，将家属则另外安置，形成世兵制度。青州兵中的世兵制逐渐推广到全军，形成曹魏"士家制"。[①]据士家制，士兵平时屯田，战时打仗，在士家内部通婚。士兵如果逃亡，则家属受到严厉惩戒，只有立下军功，才能成为平民。

孙吴的世兵称"兵户"，孙亮曾挑选兵（户）子弟年十八以下，十五以上，得三千余人，选大将子弟年少有勇力者担任将帅。孙吴兵户制与曹魏士家制又有所区别。曹魏士家、郡县民、屯田民三者，具有严格区分。士家的人口主要靠内部繁育，这正是因为曹魏人口基数大，能在民众中实行社会分工，军民分开。孙吴分为郡县民、屯田户、兵户三个部分，兵户的补充来自内部人口的增殖，同时推行"强者为兵，羸者补户"，使郡县

---

① 西晋仍然采取士家制。晋武帝在咸宁五年（279）的伐吴诏书中曰："今调诸士家，有二丁三丁，取一人；四丁取两人，六丁以上三人。限年十七以上，五十以还。先取有妻息者。其武勇散将家，亦取如此。"

民、屯田民可向兵户单向流动。

孙吴由将领世袭领兵，相当部分兵户处于将领私人支配下；曹魏的士家制下，士兵直接处于曹魏政权控制之中，将领并不统属。此外，曹魏推行"错役"制，"人役居户，各在一方"[①]，即士兵与家属分开居住，士兵调动时家属并不随行，家属留作人质。

孙吴不然，家属随军居住，随军迁徙，随军屯垦。孙吴此举将士兵与其耕作地、家属相捆绑，遇到战争，就要力战，以保住土地与亲属。还有的好处是，士兵与家属在一起，不必轮休，且军事后勤供应更为便捷，士兵与妻子常在一起，也利于增加人口。孙权自认为此项制度乃是人性化设计，甚至指责曹魏的错役制是"离间人骨肉"。至于孙吴将领，在出征时要将家属交出，作为人质。

综上数据，在三国的实力比较中，曹魏一方占据压倒性的优势。乃至在孙吴、蜀汉联合发起攻势时，曹魏的兵力依然是游刃有余，不见局促。诸葛亮五次北伐，所用兵力基本上都是数万。诸葛亮第五次北伐，也是规模最大的一次，号称出兵十万，也是到了兵力极限。

与此相比，蜀汉建兴八年（230），曹真伐蜀之役虽没有留下兵力记录，但四路大兵齐出，可以推测在十万以上。诸葛亮

---

① （唐）房玄龄：《晋书》卷四十六列传第十六，清乾隆武英殿刻本。

大为紧张,将驻在永州的李严两万兵力也抽调过来。正始五年(244),曹爽伐蜀之役,发兵十余万人。蜀汉汉中守卫兵力不过三万人。至钟会伐蜀时,曹魏一次性出动兵力将近二十万,且司马昭还有多余兵力,能亲率十万人至长安加以监督。面对曹魏如此雄厚兵力,蜀汉一方依然能保持攻势战略,以小搏大,不落下风,从军事上来说,也算是成功了。只是从国家长期命运上来说,持续保持攻势,过度消耗国力,得不偿失。

人才匮：
蜀中为何无大将？

战争讲究天时地利人和。天时是诸葛亮一直所期待的天下大变；当诸葛北伐时，曹魏内部并未有大变。至诸葛亮去世后，曹魏内部持续变动，由高平陵政变引发的淮南三叛，都是天下大变。只是在曹魏的雄厚国力面前，虽有姜维九伐，也未能有所斩获。地利，蜀汉地理偏僻，南中也未完全纳入中枢触角之下，北伐的道路难于上青天，更无地利可言。蜀汉所可恃的，唯有"人和"了。与曹魏内部持续的冲突相比，蜀汉内部相对平稳，诸葛亮去世后虽有变乱，也很快被平息。可是蜀汉方面的人和优势，却被人才匮乏给抵消了。

蜀汉兴起较晚，所占地域又是偏僻的西南一隅，在人才资

第六章 败亡有因：蜀汉屡次北伐失败的原因

源上天然具有劣势。如果能有良好的人才培养、选拔机制，则蜀汉在人才上的困局也能稍加改观，不至于"蜀中无大将"。但蜀汉在人才选用上存在系列问题。刘备在蜀地开拓之初，一度四方人才延颈，想要入蜀来投。至刘备称帝时，刘巴、雍茂前去劝说，导致刘备不快，后来找了个借口将雍茂杀掉，"由是远人不复至矣"。

在夷陵之战中，蜀汉更损失了大量军政人才，如马良、程畿、张南、冯习、沙摩柯、傅肜等重要将领阵亡，黄权因后路断绝投魏。黄权投魏后，其麾下有三百一十八人，乃是蜀汉多年培养的中坚精英人才，原本刘备计划是用他们来接收荆州的，不想便宜了曹魏。此三百余人得到曹魏方面重用，后来封侯者有四十二人，为将军、中郎将者百余人。如此人才流失，蜀汉欲哭无泪。

在人才流失之外，蜀汉推行的人才察举制度也使选用人才过于拘谨。蜀汉政权建立后采纳的是汉代的察举制，如向宠即是被"征召"出仕。自汉文帝开始，将察举作为选官的一项制度，下诏"举贤良方正能直言极谏者"。汉武帝进一步把察举发展为一种比较完备的选官制度，察孝廉的对象是地方六百石以下的官吏和通晓儒家经书的士人。察举制实际上由朝廷、州、郡官府中掌握实权的人说了算。曹操二十岁时，被举为沛郡孝廉，至洛阳任官，此后以洛阳北部尉起家。推举曹操担任洛阳北部尉的人是司马防，司马防之子便是司马懿。

曹魏实行的是唯才是举,不以道德评判的"九品中正制"。九品中正制在各州郡选用有名望、善识别人才的当地人为"中正",将当地人士分为九等(九品)。九品中正制"适应人士流移的新环境,就本乡中选择一个合适的人来主持评定的任务"[1]。东吴方面,一度也效法九品中正制,不过加以调整,既要保证江东大族的仕宦特权,又要兼顾淮泗集团及流寓大族的利益。综合而言,在人才数量上,曹魏多、蜀汉少;在人才质量上,曹魏高蜀汉低。

诸葛亮认为人才关系国本,"治国之道,务在举贤"[2]。在擢用人才时,诸葛亮以"志虑忠纯"作为首要衡量标准,形成"唯忠观""人之忠也,犹鱼之有渊,鱼失水则死,人失忠则凶"。诸葛亮极为厌恶不忠之人,如李严被认为是"不思忠报",廖立被指责为"无忠孝之心"。刘封被认为是"刚猛难制",让诸葛亮感到忧虑,借上庸失败将其诛杀。

"诸葛亮用人很有局限性。他能用有才干的人,但最好是忠勤谨慎。对于有权略而又有偏激、自负、好胜等毛病的,他不能用。他用人的气度,不能比刘备,也不能比曹操。"[3]诸葛亮以"忠"来评判文臣武将,如蒋琬是忠雅,费祎是忠诚,董和

---

[1] 唐长孺:《魏晋南北朝史论丛》,北京:生活·读书·新知三联书店1978年版,第86页。

[2] (三国)诸葛亮:《便宜十六策》,清刻诸葛武侯全书本。

[3] 何兹全:《三国史》,北京:北京师范大学出版社1994年版,第173页。

是忠国，陈震是忠纯，杨洪是忠清，王平是忠勇，姜维是忠勤。

不过这忠诚的对象，在蜀汉政权的大旗之下，也要忠于诸葛亮。蒋琬差点被刘备杀死，结果得了诸葛亮求情，方才得活，又加以提拔，对诸葛亮忠贞不贰。费祎靠着诸葛亮栽培，方能平步青云，忠诚也是自然。以对个人的忠诚作为责任标准，极大限制了对人才的择取。诸葛亮所培养的行政人才，如蒋琬方整威重，费祎宽济博爱，都能延续诸葛亮的成规，但保守有余，进取开拓则不足。

诸葛亮处理军政，极为严苛，但对属下的缺点很是包容，由此被后世夸赞，视为不拘一格用人才。诸葛亮认为，不应伐人之短，"莫若褒之"。他明知属下存在某些不足，却加以忽视，以笼络人心。如针对李严，他明明知道存在各种问题，却加以容忍，最后导致第四次北伐无功而返。杨仪、魏延不和，乃至拔刀相向，他也只是从中和稀泥。

"豫州入蜀，荆楚人贵"，蜀汉政权官吏任用具有极强的地域性。《三国志·蜀志》中，除刘氏家族外，立传59人，外来者占40人，土著仅19人。[①] "蜀汉大臣中，外来人士及其后裔占了51.1%。"外来人士在蜀汉政权中，不仅在数量上占据多数，而且在蜀汉的政治格局中，外来人士始终占据主导地位。关键部门、重要职位，如丞相、尚书令、大将军等要职，基本上被

[①] 钮海燕：《从人才观上看蜀汉之兴亡》，《山西大学学报》1985年第1期。

外来人士所垄断。[1]

在东汉末期的乱局之中,巴蜀地区形成了一批豪族,拥有强大的政治、经济力量。广汉郡雒县大地主折象,"家赀二亿,故奴姬八百人"[2]。当代在四川地区考古发现了东汉末年的大量墓葬,其中有大量画像砖和殉葬器物。在画像砖上可以看到深宅大院,大院外边有大片稻田、池塘、山林和盐井等画像。豪族们控制土地,独占水渠、陂塘,形成了庄园。

巴蜀的中、大型豪族有土地少则数千亩,多则上万亩,成为几个县或一郡中的大族豪门。大豪族握有大量钱财,兼并大量田地、山林、湖泽,控制大量人口。在地区分布上,以川西平原豪族最富,川东南、川北山地豪族经济力量稍次,但其掌握的部曲、家丁等武装实力,则可能大于川西平原者。[3]

益州豪族能够把持地方,推荐子弟进入官场,但蜀汉政权对于益州豪族的态度是恩威并施,既利用,又防范。蜀汉建立政权后,虽然提拔了相当部分益州本土势力,但在政坛上占据绝对优势的还是作为外来者的荆州派及东州派。

益州豪族自感被边缘化,得不到信任并被防范,与蜀汉政权关系疏离。豪族黄元、朱褒先后举兵反抗,这又加深了蜀汉

---

[1] 丁邦友:《人才资源与三国鼎立》,《广东社会科学》1996年第5期。
[2] (明)郭子章:《六语》谚语卷五,明万历刻本。
[3] 罗开玉:《三国蜀汉土著豪族初论》,《成都大学学报(社科版)》2005年第6期。

政权的警惕之心。一方面，由于蜀汉政权对益州本土人才的距离感，另一方面则是外来人才素质相对高，使得外来人才在蜀汉政权占据主导地位。而诸葛亮高举"兴复汉室"的大旗，挥师北伐，在客观上也能起到团结外来人才的作用。

益州本土人才中，多数不能出头，虽有少数被提拔，得以进入蜀汉政权任职，却未能进入权力核心层。故而益州本土人士对于蜀汉的北伐大业，并不是那么积极。持续北伐，又消耗了蜀地的大量人力物力，"自君子小人咸怀怨叹"[①]。由于益州本地人才中颇多心怀怨念，这又让蜀汉政权更是警惕，不敢放心大胆使用，就此陷入人才怪圈中，即越是缺人，越是不敢放手用人。

后世评诸葛亮，多认为他"内儒外法"，也可认为诸葛亮是"法道合抱"。诸葛亮身上，杂糅了法家、道家、儒家思想。在人才选用上，他遵循了儒家要求，提出了所谓的"七观法"。他强调遵循儒家道德标准，"为政不失其道，万事可成，其功可保"。诸葛亮强调以大德治国，不以小惠，执政者要注意自身言行，非法不言，非道不行。在将才的选拔上，以仁爱信义为标准，为将之道有八恶、八弊，需要警惕。

以道德来判断人才，被后世奉为圭臬，可依此标准选择出来的人已是接近圣人了。人才选拔体制的僵化、人才任用上的

---

① （晋）陈寿：《三国志》卷三十五蜀书五，百衲本景宋绍熙刊本。

"唯忠观"、对益州本土人才的压制等一系列因素，造成了蜀汉人才匮乏，这不但体现在行政队伍中，也体现在军事将领上。

对实力上处于绝对劣势的蜀汉而言，在与曹魏的争霸战中要想胜出，靠正面战场的对决很难做到。除非有韩信这样的将领，能够出奇兵，予曹魏以沉重打击。魏延也自命是这样的将领，故而有了子午谷奇谋，但诸葛亮是求稳之人，将此视为行险之举，加以否决。

诸葛亮在《后出师表》中云："自臣到汉中，中间期年耳，然丧赵云、阳群、马玉、阎芝、丁立、白寿、刘郃、邓铜等及曲长、屯将七十余人。"曲长乃一曲长官，次于中校尉一级的军官，比六百石。屯长乃屯兵将官。短短一年之间，蜀汉丧失众多中高级将领。

各级将领的流失与缺乏，与曹魏国力的巨大差距，让诸葛亮内心焦灼，乃至发出慨叹"然不伐贼，王业亦亡"[1]，与其坐以待毙，不如主动进击。曹魏一方，军事人才辈出，郭淮、司马懿、张郃，乃至后来的陈泰、邓艾、司马昭等，均是可以坐镇一方的大将之才。诸葛亮一直留心，想要培养合适的能统领一方的军事人才。姜维出现时，让诸葛亮眼前一亮，认为他敏于军事，既有胆义，又深解兵意，于是大力加以栽培。

蜀汉从来不缺人才，只是缺乏一套相对公平有效的人才选

---

[1] （三国）诸葛亮：《诸葛忠武侯文集》卷之一，清正谊堂全书本。

第六章 败亡有因：蜀汉屡次北伐失败的原因

拔机制，缺乏能够审时度势适时放权的核心人物而已。名将是从战场上厮杀而出的，而不是温室里培育的。诸葛亮事必躬亲，不愿放权，不敢放手使用将领，导致将领缺乏主动性，一切仰赖诸葛亮决策，这不利于名将脱颖而出。蜀汉军中，比较跳脱的魏延稍微表现出主动性，就导致诸葛亮不满。"诸葛亮每每不敢信任人，不敢假手于人，最后弄到察察为明，事必躬亲，而大功无成。对养才、用才，皆嫌不足。"[1]

被寄予厚望的蒋琬、费祎，则是作为行政人才培养的，缺乏军事经验，至掌握行政、军事权力后，对于军事比较生疏。所幸二人执政期间，与曹魏之间并无大的战事，曹爽伐蜀，也止步于兴势围的坚固堡垒之下。姜维领兵之后，只管军事，不问行政，可手下良将缺乏，国力有限，连年征战，功绩不立，导致朝野上下，怨声沸腾。虽有如张嶷这样的良将，却用在冲锋陷阵上，最终战死。

将领的匮乏与素质、信心不足的问题，在蜀汉后期更是严重。蜀汉后期，姜维九伐，不再是以灭国为目的的大规模兵团决战，主要是在边境线上反复进行的拉扯作战。在此等战事中，为求稳定，最好不要大败，是故倾向于使用有经验的老将，而不是冒进的新人，故而新人得到锻炼的机会更少。

在邓艾入蜀之战的大规模交战中，蜀汉方面主将匮乏。除

---

[1] 王芸生等：《诸葛亮新论》，读者之友社1946年版，第5页。

了一直被蜀汉政权所信任重用的年迈老将廖化、张翼等人之外，蜀汉政权的二代、三代相继出战，如赵云之子、诸葛亮之子、张飞之孙、黄权之子等。此时考虑的是利益共同体，而不是将领的能力。而导致蜀汉前方战术溃败的根本因素，则是前方军事素养缺乏、信仰涣散的中级将领投降，如阳安关蒋舒、江由戍马邈等。

一说认为，诸葛亮北伐的重要目的，是搜刮人力、张罗人才，以弥补蜀汉的短板。可诸葛亮五次北伐，招到的军事人才不过姜维等寥寥几人而已。诸葛亮意识到蜀汉的人才困局，以自己的巨大声望、对蜀汉的控制能力、在军事上的造诣，如果都不能北伐突破的话，则自己之后恐怕再无人能进取中原。诸葛亮死后，蒋琬自叹不如前人。费祎反复告诫姜维，丞相犹不能定中夏（中原），何况吾等？

诸葛亮自比管仲，管仲死后，齐国无人。诸葛亮情形类似，死后虽留下了蒋琬、费祎，只是守成之才，而姜维不过是第三流人才，以之对抗钟会、邓艾尚有所不足，在全局战略上，姜维较吴之陆抗、晋之羊祜，也是差得太多。

人才问题一直是蜀汉的短板，却又无法加以修复。诸葛亮能以恢复汉室的大旗凝聚人心，却无法大量吸纳军政人才。至诸葛亮之后，随着诸葛成规的褪色，人心无法凝聚，人才无法吸纳之时，蜀汉的国运便走到了尽头。

第七章

贼与圣：三国人物的历史脸谱

三国时期，孙吴内部持续动乱，导致吴国军政失序，人心涣散。但混乱的孙吴，仍一次次对实力强大的晋国发起攻势。司马氏篡魏建国后，面对孙吴，为何却采取守势？历史总是人书写的，只要是人写的，就容易受到各种因素影响。于是，后世所看到的历史，都是经过不同世代，层累创造而出。在后世的不断演绎中，诸葛亮的形象光芒万丈，最终登上圣坛，成为完人。而司马懿、曹操的形象，在后世的不断黑化之中，成为经典恶人形象。在三国之后，孰为正统，持续引发争议，围绕正统论，中国后世历代王朝，也在不断创造。

升堂拜母：
权臣屡出与吴国失序

秦统一六国之后，建立了高度集权的君主政体。秦始皇自称"朕"，表示其至高无上的地位；号称"德高三皇，功过五帝"，故称"皇帝"。秦始皇确立了至高无上的皇权，皇帝下设三公、九卿，组成中央政府。

三公分别是丞相、太尉和御史大夫，分管行政、军事、监察。三公之间相互制约，便于皇帝集权于一身。三公之下设九卿，由皇帝任免，不得世袭。九卿中有七卿是直接为皇帝服务的，负责如宗庙礼仪、宫廷警卫、宫廷车马、皇宫保卫、宫廷工程等事务。中央以下的郡设郡守，为一郡的最高长官。郡县制是皇帝专制权力向地理空间的自然延伸，实现了君主专制、中央集权。各级郡县长官是皇帝的代理人,他们拥有极大的权力,只对皇帝本人负责。

这套政治体制以皇帝为中心,以官僚体系为支撑;皇帝拥有最高权力,官僚体系拥有管理日常事务所必需的权力。通过官僚体系辅助,天下万民才能成为满足皇帝私欲的工具,成为皇帝的私人财产,成为家天下。

皇帝拥有至高无上的权力,形成了"一言兴邦,一言丧邦"的局面。面对纷繁复杂的国家事务,皇帝可以靠权术驾驭臣下,但是用这套来治理天下万民,却是明显不适合的。权力无边的帝王发现,他需要官僚体系来治理国家,这就是政治。政治在中国古代的意义即对国家事务的管理,政者事也,治者理也。

皇帝依赖知识分子出身的官僚统治整个国家。知识分子进入权力圈的方式,在春秋战国时就是对自己学术的推销,在汉代是察举制和太学,到了曹魏时期则有九品中正制,隋唐后则是科举制。获取职位后仕途的腾达,则赖于他们的具体政绩。

皇权与官僚体系之间,存在着互为利用的关系。在一定的历史时期,皇权来不及集中权力,造成官僚体系的权力膨胀。比如西汉初年,由于连年内战,人口大幅减少,有些地方人口甚至减少到内战前的十分之二,整个社会极端贫困。在这种情况下,汉朝初年的统治者在国家治理上采取了比较宽松的政策,其重点不在集权,而在恢复发展生产,尽快解决民生问题。

汉初的皇帝将国家庶政的治理大权完全托付给丞相。皇帝见到丞相时要起立行礼,"丞相有病,皇帝法驾,亲至问病,从西门入"①。汉代陈平曾经界定何为宰相:"宰相者,上佐天子理阴阳,顺四时,下育万物之宜,外镇抚四夷诸侯,内亲附百姓,使卿大夫各得任其职焉。"②

待文景之治恢复国力后,汉武帝着手强化皇权,限制相权。他提拔平民出身的公孙弘为相,公孙弘在朝中无人支持,只能对皇帝唯唯诺诺,成为汉武帝的应声工具。汉武帝选拔中下层官员作为自己的高级侍从和助手,替他出谋划策,发号施令,形成了以汉武帝为核心的"中朝"。"中朝"成为实际的政务决策机关,以丞相为首的"外朝"逐渐成为一般的政务机关,只负责具体执行"中朝"的决策。

皇帝与大臣的矛盾,只是皇帝看着大臣们运用权力时如鱼得水的姿态,在心理上产生出的权力失落感。皇帝担心臣下的权位过重,危及自身统治,于是便急急对官僚体系加以整肃,以维护自己的无上权力;而在至高无上的皇权面前,臣下唯有俯首被戮的份。官僚体系一旦形成,即成为一个客观的存在,它有着自己发展运行的轨道,不完全依君主的主观意愿而存废,它是皇权进行统治不可或缺的工具。

皇帝如何驾驭官僚体系,如何约束相权,乃是此后两千年

---

① (汉)卫宏:《汉官旧仪》卷上,清武英殿聚珍版丛书本。
② (汉)司马迁:《史记》卷五十六,清乾隆武英殿刻本。

中国政治的核心内容了。丞相作为整个官僚体系的中心，在所有的官职中变化最多，这是由于君主既需要丞相帮助办理政事，又担心丞相的权位过重，危及自身。为了分割相权，汉朝设中朝以抗衡相权，但最后变化的只是称谓，相权仍然是君主统治中的重要一环。大概正是丞相之名过于招摇，蜀汉蒋琬、费祎虽为权臣，掌握蜀汉大政，却无丞相之名。

　　三国之中，孙吴军政系统的凝聚具有相当特色，依靠上下之间的主从关系，辅以亲情，佐以权术。孙坚、孙策、孙权家族乃是家主，其属下的将领对其效忠，世代领兵，形成军功集团。此主从关系，周瑜描述为"外托君臣之义，内结骨肉之恩"[①]。此种主从（君臣）关系，通过家族内部仪式来加深。东吴大臣如张昭、周瑜等，与孙策一起"升堂拜母"，共同欢饮，主从亲密如一家。孙权暗施以权术，明感以骨肉至亲之情，以此笼络群臣，如诸葛瑾就被视为骨肉，顾雍则与孙权一起拜其母于庭。此种仪式具有的表演性，在表演型人格的孙权身上更是发挥得淋漓尽致。

　　孙吴的政治特点是，江东大族、淮泗军功集团势力庞大，希望能有更大的自主空间，孙权则希望能加强集权，这是双方的矛盾，但可以调节。孙权一手以亲情笼络，登堂拜母；另一手则重用酷吏，打压重臣，集中皇权。在此种主从关系之中，

[①] （晋）陈寿：《三国志》卷五十四吴书九，百衲本景宋绍熙刊本。

作为一家（国）之主的孙权能把控全局，处理内部各方关系，能维持利益共同体的团结，激发出团体的战斗力。

在中枢，相权对孙吴的皇权实际只起到了进谏的作用，孙权时期未曾出现权相。黄武元年（222），孙权用孙邵为丞相，孙邵卒后，顾雍、陆逊、步骘等先后为相，其中顾雍为相十九年。在顾雍之后，陆逊、步骘虽先后为丞相，二人均未至中央主持朝政，作用不大。此期间孙吴虽然设相，相权无法制约孙权，不过由于主从关系，也能发挥劝谏作用，对孙权的某些命令也不是绝对服从。

至孙权晚年，当初一起开国的重臣，或是逝去，或是老去。因为立嗣问题，孙权与江东大族闹僵，动摇了统治的根基。孙权选定的接班人孙亮年幼，需要有人辅佐，最终经过孙峻推荐，以诸葛恪（字元逊）辅政。

孙亮被立为太子后，其母如钩弋夫人一般，在幼君继位前被杀死。[1] 太元二年（252）四月，孙权病逝后，其十岁的少子孙亮即位，改元建兴。孙权去世之后，孙吴集团内部丧失核心人物，早先的主从君臣关系开始紊乱，为权相登台提供了契机。

孙亮登基时尚年幼，由诸葛恪、滕胤、孙峻等人辅政。此时孙吴政坛的局面是，江东大族遭到打击，比较低调。淮泗军功集团、北方流寓人士、孙氏宗室在政治舞台上角逐。诸葛恪

---

[1] 孙权共有七子：登、虑、和、霸、奋、休、亮。

是北方流寓人士，很难得到江东大族的支持，又不属于淮泗军功集团，没有形成军事班底，根基较浅。

诸葛恪辅政后，中书令孙弘就密谋铲除诸葛恪。孙峻得知后，向诸葛恪告密，提前下手，杀掉孙弘。诸葛恪性格"刚狠自用"，胆大好战，很有赌徒性格，迫切想要通过战事塑造威望，成为实至名归的权臣。

此年年末，吴魏爆发了东兴之战，吴军大胜。

由巢湖南下，经濡须水，可直抵长江，此一地区乃是双方的重点争夺区域。建安十七年（212），孙权在濡须水上游造濡须坞（在今安徽巢县东），又在东兴（今安徽含山西南）濡须水上筑东兴大堤，曹魏大军被堵塞于巢湖内，不得进入长江。孙权晚年已经失去进攻合肥的信心，东兴大堤一度防御荒废。诸葛恪辅政后，出兵东兴，重修大堤，在濡须山筑东西二城（关）。

曹魏方面视此举为极大威胁，出动精锐大军七万，试图拔除二城。魏军七万在东兴攻打东西二城，屡攻不克。诸葛恪则率兵四万，从建业出发，增援东兴。吴军出奇兵，在寒冬大雪中发起突袭，担任突袭任务的丹阳兵"解置铠甲，不持矛戟。但兜鍪刀楯，裸身缘遏"[1]。

曹魏大军遭到突袭后无力抵抗，撤退时浮桥断裂，投水和互相践踏者甚众，阵亡数万人。曹魏乐安太守桓嘉、东吴叛将

---

[1] （晋）陈寿：《三国志》卷六十四吴书十九，百衲本景宋绍熙刊本。

韩综被杀，司马昭、诸葛诞、胡遵逃得快才得以幸免。此战是三国后期，曹魏遭到的最沉重损失。

此战大胜，提升了诸葛恪的威信，授丞相，晋封阳都县侯。诸葛恪信心膨胀，此后筹备更大规模的北伐，又联络姜维，东西配合，夹攻曹魏。但诸葛恪围攻合肥新城失败，返回建业，调整人事，任用亲信，控制禁军，强化控制，激化了内部矛盾。

孙吴建兴二年（253）冬十月，诸葛恪被孙峻设宴诛杀。事后孙峻自立为丞相，大权独揽。太平元年（256），因为孙峻素无重名，多施刑杀，内部矛盾重重，曾发生两次针对他的谋杀未遂事件。危局之下，曹魏降将文钦提议，通过伐魏来转移内部矛盾，孙峻乃主动出击，攻伐曹魏。

北方流寓人士代表滕胤在朝中很有威望，表态反对征伐，主张"按甲息师，观隙而动"，孙峻仍然坚持出兵。大军集结之后，孙峻因为心痛突然去世，其堂弟孙𬘭掌权，累迁丞相。此时吕据等将领正在伐魏途中，听到孙𬘭掌权消息后，领兵返回，联名推滕胤为丞相。滕胤也起兵响应，孙吴再次内乱。孙𬘭很快平息此次变乱，此后孙吴内部变乱不断。

太平二年（257），孙亮亲政，不满被孙𬘭架空，挑选十五岁至十八岁的三千余"兵子弟"，选大将子弟、年少有勇力者担任将帅，组建自己的军事班底。孙亮试图以武力收回权力，与孙𬘭的矛盾公开。

此年五月，曹魏诸葛诞据寿春降吴，司马昭将二十六万之众前去讨伐。六月,孙綝使文钦、唐咨、全端等步骑三万救诸葛诞。交战之中,孙吴将领接连投魏,先是孙吴夏口督孙壹率部曲千余奔魏,导致孙吴震动。十一月,全祎、全仪投魏,随后全端、全怿等人自寿春出城降魏。

太平三年(258),孙亮与太常全尚、将军刘丞密谋诛杀孙綝,不想事泄。孙綝提前发动,废黜孙亮,改立孙权第六子孙休为帝。[①] 孙休即位后,先是对孙綝示弱,先后四次加以封赏,暗中则加以布置。十二月初七夜,大风扬沙,卷起树木。初八当日,利用百官入朝朝贺之机,孙休联合丁奉、张布等人,在宫中擒杀孙綝。

孙休登基后,重用私交好友濮阳兴、张布等人。当年孙休以琅琊王身份在会稽生活时,濮阳兴担任会稽太守,两人情谊深厚,孙休当了皇帝后,要大力提拔濮阳兴。孙休时期,重新起用江东望族、军功集团,缓和了彼此关系,政局相对能保持稳定。江东望族经过一段时间的休养,此时再次成为重要势力,陆抗、陆凯、陆胤统领长江各处大军。

永安六年(263),曹魏发动了伐蜀之战,孙吴未能有效救助蜀汉。永安七年,孙休去世,年仅三十岁。此时恰逢交州战乱,蜀国覆灭,天下大变之际,孙休之子年幼,"国内震惧,贪

---

① 永安三年(260),孙亮突然死亡,死因不明,可能是自杀,也可能被孙休毒杀。

得长君"①，孙吴上下都希望有个年长的国君来维持秩序。濮阳兴、张布等废孙休嫡子，改立孙休之侄孙皓为帝。孙权在世时很喜欢孙皓，为他取名彭祖。二十三岁的孙皓登基后，一度体恤军民，开仓济民，遣散宫女。

但很快孙皓残酷本性毕露，让濮阳兴、张布很是失望。孙皓觉察到此点，在二人有所行动前将二人处死。孙皓虽为人残酷好杀，但还是有些能力的，登基后大力平定交州之乱，封赏群臣，铲除权臣。孙皓大量提拔军功贵族集团后裔以获得支持，又网罗了一批文人学士作为吹鼓手。往日孙权笼络臣属，多以亲情，孙皓加以效法，每日设宴畅饮，加深感情。为克制权相问题，孙皓创设左右丞相，以军功后裔陆逊之侄陆凯为左丞相，以亲信近臣万彧为右丞相，彼此制衡。孙皓早先为乌程侯时，万彧任乌程令，二人由此结下交情。

但孙皓登基后，主要还是以强硬血腥手段强化皇权，试图树立自上而下的权威君臣关系，臣对君只有绝对的服从，而非往日带有亲情的主从关系。孙皓虽然每日宴饮，可这饮酒也带有强制性与致命性，每人必须饮酒七升，以示服从，更有酒醉被杀者。群臣宴会时，有黄门郎十余人监视大臣酒后言行，加以揭露，"大者即加威刑，小者辄以为罪"②。

---

① （晋）陈寿:《三国志》卷四十八吴书三，百衲本景宋绍熙刊本。
② （晋）陈寿:《三国志》卷四十八吴书三，百衲本景宋绍熙刊本。

第七章 贼与圣：三国人物的历史脸谱

为确保权力不受宗室威胁，即位之后不久，孙皓杀孙休皇后朱氏及孙休四子中年龄较大的二人。建衡二年（270），民间风传，孙权第五子孙奋当立，孙皓当即下手诛杀齐王孙奋及其五个儿子。孙皓应该是患有精神疾病的，极为好杀，在宫中凡不合意者，或剥人之面，或凿人之眼，以各类酷刑满足其畸形心理需要。

孙权时代一度设有"校事"，由酷吏主持，监视百官，后因"官愤"太大，在孙权死后不久被诸葛恪废除。孙皓重开"校事"，专门纠举弹劾官员日常行为；又设弹曲二十人，施展特务手段，"专纠司不法"[1]。

为了营造正统、强化权力，孙皓又造出各类祥瑞事件。童谣被传唱，"吴天子当上"；神奇天象出现，有黄旗紫盖见于东南。大臣韦曜出自江东大族，曾辅佐过孙皓之父，对各类祥瑞嗤之以鼻，认为不过是"筐箧中物"。王蕃、楼玄等文臣也多次违背孙皓心意，使孙皓动了杀心。

韦曜已是七十多岁高龄，被抓捕入狱处死，家属流放。甘露二年（266）的一次宴会上，王蕃不胜酒力，倒地不起。孙皓下令将王蕃当场斩首，抛尸野外。楼玄则被孙皓流放去了交趾，令前方将领张奕将他杀掉。张奕敬佩楼玄，一直不忍下手。后张奕去世，楼玄收敛张奕遗物时，发现了孙皓令杀掉自己的诏

---

[1] （晋）陈寿:《三国志》卷四十八吴书三，百衲本景宋绍熙刊本。

书，乃自杀而亡。

孙吴的体制运作，原先靠主从（君臣）关系维持。此种模式以亲情笼络，以权术操控，在保证国君权威的同时，又予臣属们一定的势力与自主权，具有一定的操作弹性。孙皓强化皇权、残酷杀戮的行径，在孙吴内部引发动荡，乃至其亲信万彧也暗中反对孙皓。孙皓得知后，曾以毒酒赐饮万彧，因为传酒人减少了毒药量，得以不死，后也自杀。

孙皓的心理疾病随着权力的攀升而不断加深，开始怀疑一切人，更加猜忌文臣武将们。老将丁奉战功显赫，在东兴之战中雪夜领兵，击破曹魏大军。可丁奉一死，迁其家于临川。陆凯多次"犯颜忤旨"，遭孙皓忌恨，但陆凯是军功集团后裔核心人物，陆氏在孙吴集团树大根深，"二相、五侯、将军十余人"[①]，孙皓一时不好下手。军功后裔贺邵上书劝告孙皓，被关入酒窖，拷打千余下之后杀死。

孙皓杀伐决断，一出于己，凡不合心意者即加杀戮。临海太守奚熙、会稽太守郭诞，私下议论几句国政被杀；会稽太守车浚、湘东太守张咏，因不出算缗（财产税）而被杀。孙吴建衡三年（271），孙皓调西陵督步阐入京。步氏两代三人，担任西陵督（由夷陵改名，今湖北宜昌），深为孙皓所忌，故而将步阐召回。步阐知道此行凶险，乃投降西晋，举兵抗拒。

---

① （南北朝）刘义庆：《世说新语》卷之下，四部丛刊景明袁氏嘉趣堂本。

步阐将兄长之子送往洛阳为质,司马炎则授予其官爵。孙吴方面,陆抗迅速出兵,攻克西陵,杀步阐,诛三族。司马炎调遣羊祜、杨肇、徐胤三路大军救援,均被陆抗击退。西陵之战以孙吴一方大胜告终,战后晋吴对峙局面又持续了八年。

在位期间,孙皓把孙吴内部所有能得罪的势力都得罪了。彷徨之中,孙皓大力起用孙氏支系子弟。孙皓封孙氏宗室子弟十一王,每王领兵三千人,以此巩固统治。只是孙吴集团内部人人忧恐,只求自保,上下离心。孙吴乱局如此,但西晋为何迟迟不曾发兵加以讨伐?因为此时的西晋政坛,也陷入了党争之中。

三国归晋：
西晋党争与兴师伐吴

魏灭蜀之后，曹魏内部就有呼声，可以趁势吞吴，"舟师泛江，顺流而下。陆军南辕，取径四郡"①。但司马昭认为，伐吴之机尚不成熟。当孙吴持续内乱时，孙吴一方反而保持了主动攻势，不断发起进攻，以转移内部矛盾，孙皓甚至生出攻取洛阳之心。入晋之后，实力强大的西晋王朝"闻吴师将入"，却采取了守势，"筑垒遏水以自固"②。

泰始五年（269），司马炎方有灭吴之心，以尚书左仆射羊

---

① （晋）陈寿：《三国志》卷四十八吴书三，百衲本景宋绍熙刊本。
② （唐）房玄龄：《晋书》卷三十三列传第三，清乾隆武英殿刻本。

祜都督荆州军事。羊祜出自泰山南城（今山东费县），泰山羊氏乃是顶级望族，南金东箭，世胄高门，持续兴盛，号称"世吏二千石"。不论建安，抑或魏晋，泰山羊氏以深厚的人脉资源与巨大的声望，长存不倒，世代显赫。

羊祜的父亲羊衜（dào）与孔融、蔡邕的女儿先后结亲，羊祜乃是蔡邕的外孙、蔡文姬的外甥。羊祜的岳父则是投奔蜀汉的夏侯霸，羊祜的姐姐羊徽瑜则嫁给了司马师。晋武帝司马炎的外祖父是王肃，外祖母出自泰山羊氏。

虽然有这般显赫的家世背景，早期的羊祜选择了明哲保身，对曹氏、司马氏采取观望态度。曹爽曾经要重用他，他不肯应命。另一重考虑则是，泰山羊氏乃是儒家顶级望族，对豪门出身的曹氏有所排斥。

正元二年（255），同样来自儒家豪门的司马昭主政后，拜羊祜为中书侍郎，不断升迁。灭蜀汉之后，司马昭重用羊祜，升任中领军，统领禁军，入直殿中。至司马炎称帝后，羊祜为尚书左仆射、卫将军，泰始五年（269）更以其主持对孙吴军事。

就司马炎而言，登基称帝之后，他在功业上有巨大的短板。司马三祖，司马懿擒孟达、抗诸葛亮、平辽东；司马师平定淮南毌丘俭、击败诸葛恪；司马昭灭掉蜀汉，更是惊天之功。羊祜就认为："今主上有禅代之美，而功德未著。"[①] 司马炎迫切需

---

① （唐）房玄龄：《晋书》卷三十四列传第四，清乾隆武英殿刻本。

要大功,彰显其执政合法性。而此时的惊天之功不外灭吴,司马昭内心也很急迫,故以羊祜坐镇荆州,预备伐吴。

在荆州一线,羊祜整军备武,训练士卒,发展生产,收集情报,培养将领,待机伐吴。羊祜认为,伐吴必要借助长江上流之水势,请求以王濬为益州刺史、加龙骧将军,"密令修舟楫,为顺流之计"[①]。王濬在蜀地也不加隐藏,大造舟船,惊动了孙吴大将陆抗。陆抗上书孙皓,认为一旦泛舟顺流而下,虽千里也是俄然可至,无法救援,只是孙皓未曾给予足够重视。

坐镇荆州期间,羊祜与陆抗虽处不同阵营,却以君子之道相交。陆抗赠酒,羊祜饮之;陆抗生病,羊祜赠药,竟然出现了边境线上的小祥和。对吴地民众,羊祜增修德信,施以怀柔之道,笼络人心。晋军在孙吴边境线上,收割了孙吴民众的庄稼,也计算价值,"送绢偿之"。随着孙吴内部持续动乱,泰始十年(274),孙吴名将陆抗去世,此后孙吴再无坐镇一方的帅才。

咸宁二年(276)十月,司马炎改封羊祜为征南大将军,开府仪同三司。羊祜上奏,请求伐吴。在羊祜看来,伐吴完成天下一统,不仅可以彰显功勋,更可以使海内休息,民众安居乐业。羊祜认为,晋军在兵员数目、后勤物资等方面均胜过孙吴。就地理上而言,蜀汉有天险也被攻灭,"江淮之难,不过剑阁;

---

① (唐)房玄龄:《晋书》卷三十四列传第四,清乾隆武英殿刻本。

第七章　贼与圣：三国人物的历史脸谱　　385

山川之险，不过岷汉"，完全可以克服地形问题。孙吴虽然擅长水战，但一旦攻入江东，则可以发挥晋军陆战优势。至于人心，"孙皓之暴，侈于刘禅，吴人之困，甚于巴蜀"①，正是伐吴之机。

司马炎对羊祜的建议很是动心，但朝中当政的贾充、荀勖等人因为党争，力阻伐吴，遂暂停伐吴之议。贾充出自平阳贾氏，本是寒门子弟，经过贾逵、贾充父子努力，成为新崛起的非儒家豪门。贾逵年轻时家贫，后来庾纯曾嘲笑贾充先人出自市井、操持贱业。贾逵从郡县小吏做起，以出色才能博得曹操赏识，官至豫州刺史，对曹氏忠心耿耿。

贾充承袭其父爵位为侯，在正始十年（249）的高平陵事件后，果断投靠司马氏。正月初六，利用曹爽兄弟陪同少帝曹芳前往明帝高平陵前去拜谒之机，司马懿控制京师。曹爽兄弟一时惊慌失措，在得到司马懿对洛水发誓的安全保证之后放弃抵抗。正月初十，司马懿下令诛曹爽三族。事件之后，司马懿对曹魏旧臣予以免官。

高平陵事变后，淮南先后发生三次叛乱，分别是王凌、毌丘俭、诸葛诞之变。在平定毌丘俭之变时，贾充随司马师同行。司马师病重之际，将"监诸军事"托付贾充，信任如此。诸葛诞变乱之前，司马昭派贾充试探诸葛诞心意，诸葛诞怒斥贾充世受曹魏之恩，却不思报效。贾充回去后向司马昭禀报，认为

---

① （宋）郭允蹈：《蜀鉴》卷三，清文渊阁四库全书本。

诸葛诞必反,"不征,事迟而祸大"①。诸葛诞起兵之后,司马昭亲征,贾充随行,为其出谋划策,彻底融入司马集团。

最让后世诟病贾充的,则是其在诛杀曹髦中的作用。甘露五年(260)五月的一个暴雨天,年轻的曹髦不甘心沦为傀儡,自行仗剑,领了宫中杂役讨伐司马昭。途中先是遇到屯骑校尉司马伷,被曹髦呵斥后羞愧而去。曹髦继续前行,与中护军贾充相遇。曹髦亲自持剑拼杀。众人畏惧,不敢动手,成济就问贾充,该如何处理?

贾充云:"(司马)公畜养汝等,为今日之事也。夫何疑。"成济乃持长戈,当街刺杀曹髦。此事之后,贾充成为千夫所指。陈泰怒不可遏地对司马昭说:"独有斩贾充,少可于谢天下。"②司马昭让他不要再说此事,陈泰坚决不同意。后来晋明帝司马绍听王导述说曹髦被杀之事,竟以面覆床:"若如公言,晋祚复安得长远?"③中国历史上,罕有帝王人臣有曹髦如此血性,宁可长街死,不作屈辱生。贾充此举被后世唾骂,成为其最大的污点,可由此他成为司马氏的最核心人物,替司马氏完成了最大的脏活。

晋初政坛上形成几派势力,一派是以贾充为中心的功臣势

---

① (晋)陈寿:《三国志》卷三十九列传第九,百衲本景宋绍熙刊本。
② (晋)陈寿:《三国志》卷二十二魏书二十二,百衲本景宋绍熙刊本。
③ (唐)房玄龄:《晋书》卷一帝纪第一,清乾隆武英殿刻本。

力，包括了何曾、羊琇、荀凯、荀勖、冯纨等人，都是在魏晋禅代中立下大功的人物。另一派是以山涛为代表的名士集团，有和峤、裴楷、任恺、庾纯、张华、王济等名士，其中有望族，也有寒门。两派相互倾轧，争权夺利，司马炎乐见朝臣不和，彼此互掐，不致一方独大。

以伐吴与否，又形成了两派势力，羊祜、杜预、张华、王濬等人都是伐吴派，但不管是名士派还是功臣派，都反对伐吴，贾充更是反对伐吴的中心人物。之所以反对伐吴，是因为对于这些权贵阶层而言，输了要跟着倒霉，胜了也没什么好处，还会产生新的军功贵族，冲击自身利益。

在司马炎通往帝王之路的历程中，羊祜、贾充、沈谐是绝对的核心人物。[1]贾充担任尚书令以后，司马炎任命羊祜为尚书左仆射，与贾充共掌尚书台。羊祜出自豪门，身份显赫，深得人望，被贾充视为政坛劲敌。羊祜出镇荆州后，贾充还是加以提防，唯恐其伐吴立下惊天功劳，压过自己。故而对羊祜伐吴之议，贾充等全力加以阻击。这也是贾充的一大污点，被后世王献之讥讽为"不如铜雀台上妓"。

此外，北方河西鲜卑秃发树机能发动的变乱，极大牵扯了

---

[1] "是以（司马炎）创业之事，羊祜、荀勖、裴秀、贾充等，皆与沈谐谋焉"。见（唐）房玄龄：《晋书》卷三十九列传第九，清乾隆武英殿刻本。

西晋的军力。泰始四年（268），陇西、河西大旱。秦州地方胡汉混杂，以鲜卑人为多。司马炎特意调胡烈担任秦州刺史，试图稳定地方。胡烈乃是当年成都之乱中的关键人物，他通风报信，杀掉钟会、姜维，立下大功。不想胡烈到任后未能救济灾民，反而加重税赋，抢夺民田，致使民怨沸腾。

泰始六年（270），秃发树机能利用此契机起兵反晋。秃发乃拓跋的异译。此年六月，胡烈率军讨伐，与秃发树机能在万斛堆（今甘肃靖远）交战，兵败身亡。西晋抽调石鉴为安西将军，都督秦州军事，讨伐秃发树机能，结果又遭遇惨败。

凉州战事连续失利，引发晋廷重视，以宗室司马骏为镇西大将军，持节，都督雍凉军事。泰始七年（271）四月，秃发树机能攻打金城（今甘肃兰州）。凉州刺史牵弘曾在灭蜀之战中立下战功，此番领兵援救金城郡，全军覆没，自己战死，金城失守。秃发树机能大胜之后，吸纳西北氐、羌、匈奴各部，实力壮大至二十余万人，尽有凉州之地。凉州的失利，让司马炎焦虑不安，"每虑斯难，忘寝及食"[①]。

利用西北战局，贾充的政敌任恺趁机建议司马炎，以贾充镇守关中，平定雍凉。司马炎深以为然，国家有难之时，自当以心腹坐镇要地，遂命贾充持节、都督雍凉二州诸军事。任恺此乃釜底抽薪之计，将贾充调离中枢，至前方作战。贾充不熟

---

① （唐）房玄龄：《晋书》卷四十列传第十，清乾隆武英殿刻本。

第七章　贼与圣：三国人物的历史脸谱

军事，至关中后前途未卜，且一旦远离中枢，则权力将落于政敌之手。贾充是怎么也不肯去关中。恰逢京师大雪，平地二尺，军队无法开拔，其女贾南风又要与太子司马衷完婚。贾充以此二事为由，竟得以推脱不去。

而此时的关中地区，司马骏采取守势战略，步步为营，稳扎稳打。经过司马骏的努力，战局逐渐好转。咸宁二年（276），司马骏发动攻势，斩渠帅吐敦。咸宁三年，司马骏属下部将文鸯击败秃发树机能。这是与秃发树机能的战事中，西晋方面第一次获胜。战后胡人部落二十余万人降晋，秃发树机能被迫遣子为人质。

但文鸯不为司马炎所喜，见则恶之，就找了个借口将获胜后的文鸯免职，使秃发树机能获得喘息之机。文鸯来历复杂，是叛将文钦之子。正元二年（255），文钦、毌丘俭在淮南一起起兵反司马氏。司马师领兵南征时，文鸯亲领壮士发动夜袭，导致司马师受惊。司马师眼睛上有瘤，刚刚动过手术，受惊之下，眼珠迸出，伤重而亡。至毌丘俭兵败后，文钦、文鸯投奔孙吴。甘露二年（266），诸葛诞在淮南起兵反司马氏，文氏父子奉孙吴之命，前往寿春支援。不想诸葛诞疑心，将文钦杀掉，文鸯又投了司马氏，命运也是一波三折。

西晋朝廷一时麻痹，以为秃发树机能不再为患，同年调司马骏入朝。咸宁四年（278）六月，秃发树机能在武威斩杀凉州刺史杨欣，包围武威，至次年春攻克武威，截断河西与西晋朝廷之间的联系。战局的被动让西晋朝廷极为悲观，司马炎临朝哀叹："谁能为我讨此虏通凉州乎？"群臣无言以对，唯有马隆应对："陛下若能任臣，臣能平之。"①

咸宁五年（279）春，西晋朝廷任命马隆为讨虏将军、武威太守，招募勇士，组建一支精兵，配发三年军资，全力打通河西走廊。是年，马隆发动攻势，转战千里，接连取胜。马隆遣使至京通报喜讯，使者夜到，司马炎闻讯快慰，抚掌欢笑。马隆采用了类似诸葛亮的八阵图，以车阵结合弓弩抵御骑兵，立下奇功。至十二月，马隆击杀秃发树机能，平息了持续十年的凉州战事。

咸宁四年（278）八月，羊祜患病，返回洛阳。在觐见司马炎时，羊祜不忘陈述伐吴之计。羊祜认为："吴人虐政已甚，可不战而克，混一六合，以兴文教。"②当时的度支尚书杜预也支持伐吴，羊祜推荐杜预接替自己，择机伐吴。杜预是司马炎的妹夫，一手制定了《晋律》，乃杜甫第十三代祖。

贾充一派则以关中之乱未平为由，加以反对。此年冬，羊祜带着未了心愿去世。羊祜死后，备受尊重，被视为立功、立德、立言三不朽，今日浙江省宁波、舟山民间尚有羊府庙，供奉羊府大帝（羊祜）。

---

① （晋）陈寿：《三国志》卷五十七列传第二十七，百衲本景宋绍熙刊本。
② （唐）房玄龄：《晋书》卷三十四列传第四，清乾隆武英殿刻本。

第七章　贼与圣：三国人物的历史脸谱

司马炎虽有强烈伐吴之心，但"腹心不同，公卿异议"①，且西北战事持续，一直下不了决心。咸宁五年（279）十一月，得知马隆在凉州取胜之后，司马炎下《伐吴诏》，开始部署伐吴。司马炎以镇东大将军、琅琊王司马伷进攻涂中（今安徽滁县），安东将军、扬州督军王浑自寿春出击，进逼横江（今安徽和县），建威将军王戎攻打武昌（今湖北鄂城），平南将军胡奋攻取夏口（今湖北武汉），镇南将军杜预向江陵，龙骧将军王濬、镇南将军唐彬由蜀地顺江而下，六路伐吴，出动兵力二十余万。

贾充一派继续反对伐吴，认为"兴兵致讨，惧非其时"。司马炎此番下定决心伐吴，乃出一计，命贾充挂帅伐吴。贾充怎肯答应，推辞："臣老迈，非所克堪。"司马炎则回复："君不行，吾便自出。"贾充无奈，只好受节钺，将中军，领军出征，屯兵襄阳。

晋军主力出动后，咸宁六年（280）春，攻克武昌。此时春水暴涨，疾疫多发，贾充等又主张不可进军。张华坚持用兵，贾充上表称："宜招诸军还，以为后图。虽腰斩张华，不足以谢天下。"司马炎表态，继续用兵："此是吾意，（张）华但与吾同耳。"②贾充党羽荀勖也上奏请求退兵，被司马炎否决。

为了督导战局，同时鞭策贾充，司马炎对六路大军统一指

---

① （南北朝）萧统：《六臣注文选》卷第四十九，四部丛刊景宋本。
② （唐）房玄龄：《晋书》卷三十六列传第六，清乾隆武英殿刻本。

挥。二月，各军在战场上陆续报捷。

王濬先后克西陵、夷道、乐乡，所到之处，土崩瓦解，无有能抵御者。

杜预克江陵，胡奋克江安。江陵城内得知杜预颈部生瘤后，将狗头放在瓢中，又将大树树瘤切下涂白，书"杜预之颈"，加以调笑。攻陷江陵后，杜预恼怒于此，在城内屠杀一番。

孙吴丞相张悌明知必败，仍然领兵三万渡江接战，与晋军王浑、周浚交战于板桥，张悌战死，全军覆没。战后王浑大军抵达江边，隔江而望，以待王濬舟师。

三月，接连取胜的老将王濬不顾主帅王浑感受，以风大无法停泊为由，带领舟师，直抵建业城下，抢下灭吴第一功。石头城外战鼓响，石头城内张皇顾，孙皓对孙吴内部军功集团的持续打击，不断地各种折腾，导致孙吴政权军心涣散。

面对伐吴大军的泰山压顶之势，孙皓无力回天，只得学了刘禅投降。三月十五日，孙皓行亡国之礼，素车白马，衔璧牵羊，肉袒反绑双手，随从抬棺，至王濬军营门前投降。孙吴之亡，核心在于孙皓，因一人而祸害万万人，焉能不灭亡。

伐吴之战，王浑乃是主帅，且击溃了孙吴军事主力。可王濬利用水路，突袭建业，接受孙皓投降，抢到了惊天之功。战后二王争功，王浑上书攻击王濬，指责其有罪，请求将他如同当年的邓艾一般，槛车解京。

大胜之后，司马炎心情喜悦，对部将争功也是尽力调和，稍微批评了下王濬过于贪功，希望此事就此平息。可二王犹自争吵不休，司马炎调解了几次，头大无比，就命廷尉刘颂处理此事。刘颂袒护王浑，列王浑为首功，王濬为次功。司马炎看了很是生气，以刘颂考绩徇私，降职为京兆太守。

王浑出自望族，人脉很广，其子又娶了公主，朝中重臣多有为其说话者。司马炎无奈，只好加以通融，增王浑食邑八千户，晋爵为公。寒门出身的老将王濬，只得了个辅国大将军。王濬自以为立下首功，却被打压，很是气愤，在各个场合故意给司马炎脸色看。司马炎理亏，只好装聋作哑。后来经人提醒，王濬才知道自己犯浑，赶紧韬光养晦，收敛言行。如此一来，司马炎倒不好意思了，给他不断加官晋爵。王濬学聪明了，过起豪奢生活，富贵一生，安享晚年。

孙皓投降消息传来后，贾充一时"大惭惧"，向司马炎请罪。司马炎安慰了一番亲家之后，封赏群臣，主战派如杜预等自有封赏，朝廷内的反战派如贾充、荀勖、冯𬘭等，也都得了重赏。

天下分裂长达六十年的局面，至此结束。咸宁六年（280）四月二十九日，晋武帝司马炎改元"太康"，民间则期待着走入"天下无穷人"的太平时代。可中国历史上的帝王，哪个不是以天下之利尽归于己，以天下之害尽归于人，视天下为一姓私产，敲剥天下之骨髓，以供一人之淫乐？

孙皓被解送到洛阳后，贾充调侃他："你在江东挖人眼、扒人皮，这是什么样的刑罚？"想起贾充杀死曹髦的劣迹，孙皓忍不住嘲讽:"人臣有弑君者,则加以此刑。"① 孙皓在孙吴时,好酒色,宫中美女充斥,投降时不过三十八岁,却有子女几十人。因孙皓是最后才投降,故而只封了个归命侯,但也能得享富贵,只是在晋廷不过四年即去世。

晋武帝司马炎一统天下,东灭孙吴,北逐鲜卑,却也被名教束缚,跳不出来。司马炎骄奢淫逸,粉黛近万,羊车望幸,却还玩出焚裘示俭的把戏。司马炎执政的最大问题就是为傻儿子选了个骄横凶残的儿媳妇。他为傻太子司马衷选妃时,可供选择的有卫瓘、贾充二女,司马炎认为:"卫公女有五可,贾公女有五不可。卫家种贤而多子,美而长白;贾家种妒少子,丑而短黑。"②

最后出于政治考虑,司马炎还是选择了贾家女作为儿媳妇。贾南风做了十八年的太子妃,其间因为生性嫉妒,曾手杀数人,差点被废。等到晋惠帝司马衷即位后,"丑而短黑"的皇后贾南风权力欲望强烈,手段残酷,政坛一时血雨腥风,恶斗不断。当晋一统天下后,民众所期待的"天下无穷人"的时代并未到来,大乱已在一次次的宫廷密谋中酝酿。

---

① (宋)朱熹:《通鉴纲目》卷十七,清文渊阁四库全书本。
② (唐)房玄龄:《晋书》卷三十一列传第一后妃上,清乾隆武英殿刻本。

运筹神谋：
走向圣坛的诸葛亮

在后世千余年的不断神化中，诸葛亮逐渐走向圣坛。他运筹帷幄之中，决胜千里之外，羽扇挥摇，七纵七擒，八阵排列，木牛流马，呼风唤雨，宛如仙神。在知识分子的心目中，诸葛亮更若完人，凝结了中国传统士大夫应该具有的一切美德。

诸葛亮早年在南阳躬耕，颇有道家隐逸之风。在《诫子书》中，所谈不外修身明德，又满是儒家思想。执政之时，峻法治国，却是法家风格。法家强调法律权威，不容偏袒，任法不任智。对法家这一套精神，诸葛亮加以传承，在斩马谡后，他承担失败之责，请自贬三等。

法家与玩弄权术的纵横家又不同，权术是服务于个体私欲，法家则奉法律为公器,"奉公法、废私术"。在诸葛亮身上,兼容了儒、道、法三家,且更多地带有法家烙印。当日乱世之下,天下重刑名,各路枭雄,曹操、刘备、孙权,无不是法术合一。

三国时代,诸葛亮持续北伐,各种苛征加深了蜀地民众生活的苦难,又以严法治蜀,可谓是丞相鞠躬尽瘁,民众死而后已。但民间社会依然推崇诸葛亮。诸葛亮一死,蜀地民间有私祭诸葛亮于道陌之上者。盖人死之后,时间冲淡了瑕疵,真相沉没于传说,不满于当下的人们总要有所寄托,诸葛亮就是底层民众的心理寄托。

诸葛亮虽为权臣,却对帝王之位未有觊觎之心,更是高举兴复汉室大旗,以忠臣之心屡屡北伐,让当时及后世的文人们崇拜。民间社会只能在道陌上私祭,文人们则可以用笔来记录历史,乃至在时光中层累创造,塑造出一个神圣的诸葛亮。

随着西晋代魏,蜀汉、曹魏俱成往事,人们可以公开热议诸葛亮了。入晋之后,诸葛亮的形象还未被完全塑造成型,争议颇多。晋初司马骏镇守关中,与诸官共论诸葛亮,多认为诸葛亮"劳困蜀民,力小谋大,不能度德量力"[①]。

西晋泰始二年(266)春,吴国张俨入晋,吊司马昭之丧,与晋国傅玄、袁准议论蜀汉覆灭之因,也涉及对诸葛亮的评价。袁准、傅玄二人给予诸葛亮高度评价。但袁准对诸葛亮过于崇

---

① (晋)陈寿:《三国志》卷三十五蜀书五,百衲本景宋绍熙刊本。

拜，溢美之词过甚，如"兵出之日，天下震动，而人心不忧"①，这就违背了历史。历次北伐，民间疲惫，诸葛亮自己都称"民贫国虚"。

在《三国志》中，陈寿以客观笔调记录诸葛亮。字里行间仍然可以看出，陈寿心中对诸葛亮难掩的崇敬，记录了诸葛亮的政治才华与高风亮节。不过陈寿也指出了诸葛亮的短板，"应变将略，非其所长""奇谋为短"，在军事上并非不世出的天才，守成有余，机变不足。

至后世，随着诸葛亮走上圣坛，陈寿的评论也广受指责，史家们寻找出各种理由加以驳斥。乃至有人认为陈寿指出诸葛之短，是出于私怨。陈寿之父曾是马谡的参军，受失街亭牵连，诸葛亮的儿子诸葛瞻又轻视陈寿，二人不和云云。清代史学家赵翼就此评论道："而谓其以父被髡之故以此寓贬，真不识轻重者。"②

诸葛亮身上的光环，吸引了魏晋南北朝时的文人纷纷对诸葛亮形象进行加工。如东晋时习凿齿一度提出应以蜀汉为正统，自然竭力塑造诸葛亮的正形象。习凿齿在《汉晋春秋》中，营造出了诸葛亮"七纵七擒"孟获、"死诸葛走生仲达"的故事。《语林》载，诸葛亮"素舆、葛巾、持白毛扇，指麾三军"，司

---

① （晋）陈寿：《三国志》卷三十五蜀书五，百衲本景宋绍熙刊本。
② （清）赵翼：《廿二史札记》卷六，清嘉庆五年湛贻堂刻本。

马懿闻而叹曰："可谓名士！"《世说新语》中有诸葛亮与司马懿斗智的故事等。《蜀记》记载了诸葛亮凭借"慧眼"，识破曹操所派刺客的故事。《汉表传》中，诸葛亮命士兵削大树皮刻字："（张）郃死此树下"，张郃果然路过此树，被箭射死。南朝宋人刘敬叔在《艺苑》中记录，在蜀郡有口火井，汉室兴盛则火焰"弥炽"，诸葛亮来看了一眼，火焰顿时旺盛。

后世关于诸葛亮的记录杂乱纷繁，散落各处，经过裴松之注《三国志》而被系统整理。南朝宋元嘉三年（426），宋文帝命裴松之为《三国志》作注。裴松之引用大量的资料，对后世争议颇多的"郭冲五事"则加以驳斥，认为纯属虚构。但郭冲五事不能一概视为虚妄，其中内容可以视为对诸葛亮的侧写。

裴松之所引用史料进一步塑造了诸葛亮文韬武略、德才兼备的形象，使其形象更为完美、丰满。裴松之对诸葛亮极为崇敬，利用作注为之辩护。如王沈《魏书》载，诸葛亮与司马懿对峙时，粮尽势穷，忧愤呕血，遁逃时病死。[①] 裴松之加以反驳，认为《魏书》所载不实，诸葛亮雄才大略，怎么会被司马懿吓死？

此时鬼神之说盛行，诸葛亮也被加上了神秘色彩，裴松之作注时，难免受到影响。如诸葛亮去世时，有流星落入诸葛亮

---

① 《魏书》曰："亮粮尽势穷，忧愤呕血，连夜烧营遁走，入谷，于褒斜道发病而卒。"

军营,"三投再还,往大还小。俄而亮卒"①,后世据此引申创造出"大星陨落,丞相归天"的悲情故事。

对诸葛亮,后世不是全部恭维,也有批判之声。如北魏时,崔浩批评诸葛亮:"严威切法,控勒蜀人。矜才负能,高自矫举。"②但诸葛亮在后世满足了各方面的心理需要。他忠于王事,捍卫汉室,符合了帝王的需要,希望臣下以此为榜样,忠心报效。他文武兼备,举兵北伐未成即身死,蒙上了浓厚的悲剧色彩,让后世功业未建的文人们慨叹咏唱。他的各类故事具有浓厚的传奇色彩,七擒七纵、借东风、空城计等故事都有着无数的演绎空间,让后世民间津津乐道,不断再加工。

不论在任何时代,他都不会过时。他满足了各个阶层的心理需要,而将他捧上神坛加以膜拜,不会有什么异议。于是在后世,帝王将他入庙享受祭祀,文人将他在诗歌中传颂,民间在平话、杂剧中演绎,历史的时空层累形成了登上圣坛的完人诸葛亮。

隋唐之际,对诸葛亮开始全面神化、圣化。《隋书》载,史万岁南征时,见诸葛亮墓碑,碑上铭文:"万岁之后,胜我者过此。"诸葛亮竟然能预知几百年后的事,近乎仙妖。诸葛亮的形象经过唐代诗人的不断吟诵,更是深入人心。诗人们甚至想象

---

① (晋)陈寿:《三国志》卷三十五蜀书五,百衲本景宋绍熙刊本。
② (南北朝)魏收:《魏书》卷四十三列传第三十一,清乾隆武英殿刻本。

出法力无边、用兵如神的诸葛亮。李山甫的笔下,诸葛亮"乘雷电""捧乘舆""尽驱神鬼随鞭策,全罩英雄入网罗"。杜牧形容诸葛亮"画地乾坤在,濡毫胜负知"。

诸葛亮处心积虑想要振兴汉室,出师未捷身先死,这让唐代功业未及建的文人们产生强烈共情。实如老杜诗云:"花近高楼伤客心,万方多难此登临。"杜甫乃是诸葛亮"铁粉",诗中各种溢美,影响最为深远。唐中期永贞改革失败后,王叔文不时高呼:"出师未捷身先死,长使英雄泪满襟。"南宋建炎二年(1128),宗泽临终前吟诵"出师未捷身先死,长使英雄泪满襟",三呼"过河"而逝。

唐代出现了佛教俗讲的变文,这影响了后世的中国白话文小说。变文除了唱诵佛教故事,也讲述历史与民间传说。在唐代佛教变文中,就可以看到被加工的诸葛亮。唐代《四分律钞批》中讲述了"死诸葛亮怖生仲达"的故事。民间则火力全开,将诸葛亮视为神灵,设庙祭祀,"若岁太旱,邦人祷之,能为云为雨"[①]。唐朝中期名臣韦皋被视为诸葛亮转世,"今降生于世,将为蜀门帅,且受蜀人之福"。

诸葛亮的形象在唐代也得到了官方的确认。唐太宗李世民认为诸葛亮"公平正直,尤识治体",希望群臣加以学习。唐代名相裴度,在修诸葛亮祠时,撰《蜀丞相诸葛武侯祠堂碑铭》

---

① (宋)姚铉编:《唐文粹》卷第五十五之上,四部丛刊景元翻宋小字本。

第七章 贼与圣：三国人物的历史脸谱

赞颂："若其人存、其政举，则四海可平，五服可倾。"

唐玄宗开元十九年（731），"两京及天下诸州"始设太公庙。太公庙，纪念姜尚。唐肃宗上元元年（760），尊姜太公为武成王，升太公庙为武成王庙，以张良等"十哲"配享，十哲之一，有诸葛亮。①

唐天宝七年（748），唐玄宗下诏，挑选历史上的忠臣义士、孝妇烈女、德行弥高者，"所在宜置祠，量事致祭"，入选的忠臣共十六人中有诸葛亮。诸葛亮在唐代也被纳入中央祭祀，晋升为"王"。唐昭宗光化三年（900），诸葛亮被封为武灵王，赐庙隆中。进入五代之后，前蜀永平二年（912），前蜀政权加封诸葛亮为"安国王"、张鲁为"扶义公"。

北宋乾德元年（963），宋太祖调整武成王庙的祭祀名录与顺序，关羽、张飞被请出武成王庙，诸葛亮依然从祀。对于前代所加封爵，以正统自居的宋朝不予承认，通过改赐、增封等形式，赐给新封爵。宣和五年（1123），礼部奏议，诸葛亮改封为"顺兴侯"。

虽有异议，宋代文人总体上推崇诸葛亮。程颐认为，诸葛亮只有入蜀取代刘璋一事有违"道义"，他高度肯定诸葛亮，

---

① "十哲"，白起、韩信、诸葛亮、李靖、李勣列于左，张良、田穰苴、孙武、吴起、乐毅列于右。

"斯可谓明哲君子矣,周公、孔明其人也"①。苏轼批评诸葛亮在某些事上欠妥,如劝刘备杀掉刘琮,"仁义、诈力杂用,以取天下者,此孔明之所失也"。苏轼甚至认为:"孔明既不能全其信义以服天下之心,又不能奋其智谋以绝曹氏之手足,宜其屡战而屡却哉。"不过苏轼高度评价诸葛亮,视为千古不朽,"而孔明巍然三代王者之佐,未易以世论也"②。

南宋占据南方半壁江山,要收拾山河,挥兵北伐,而往昔诸葛亮持续北伐、兴复汉室,成为鼓舞人心的旗帜。南宋初年,诸葛亮地位急剧上升,由"从祀"改为"配享",排在姜尚(太公望)和张良之后,位列第三。

在思想层面,随着程朱理学在南宋兴起,蜀汉政权成为正统。诸葛亮往日被视为兵家、法家代表,此时则需要加以改造,以纳入儒家体系。朱熹认为,诸葛亮有儒者气象:"孔明学不甚正,但是资质好,有正大气象。"③

原先诸葛亮被诟病的"奇谋为短",此时成为他儒家形象的修饰。宋人陈亮认为,诸葛亮"去诡诈而示之以大义,置术略而临之以正兵",认为儒者堂堂正正,不屑为奇诡。④ 元代虽以外族入主中原,依然推崇诸葛亮,加封为"威烈忠武显灵仁济

---

① (三国)诸葛亮:《诸葛忠武侯文集》卷之四,清正谊堂全书本。
② (宋)苏轼:《苏文忠公全集》东坡续集卷十,明成化本。
③ (宋)黎靖德:《朱子语类》卷九十六,明成化九年陈炜刻本。
④ (宋)陈亮:《龙川集》卷七《酌古论》,清宗廷辅校刻本。

王",在枢密院的西侧公堂为诸葛亮立庙。

宋代在民间形成了"说话""杂剧"等艺术形式。在说话中,又有小说、平话、说经、说公案,其中平话讲述历史故事。宋代汴梁(今河南开封)瓦舍众艺中,就专有"说三分"的讲史家霍四究。至元代形成讲史《三国志平话》,其中诸葛亮"面如傅粉、唇似涂朱","身长九尺二寸,年始三旬,鬓如乌鸦,指甲三寸,美若良夫"。《三国志平话》中,诸葛亮形象被全面神化,有神鬼不测之机,能呼风唤雨、撒豆成兵、挥剑成河。为了火烧赤壁,诸葛亮借来东风,"诸葛披着黄衣,披头跣足,左手提剑,叩牙作法,其风大发"。

元杂剧三国戏如《博望烧屯》中,诸葛亮已变成道士形象,"星履霞衣",披"七星锦绣云鹤氅","坐金顶莲花帐"。《五马破曹》中,杨修夸赞诸葛亮:"他谈笑间知前后定三分,算阴阳有准,尽按着遁甲奇文,他可便玩周天躔度知时运。"《庞掠四郡》中,诸葛亮"七星剑上呼风雨,六甲书中动鬼神"。此时的诸葛亮,经过民间不断加工,法力无边。

入明之后,朱元璋将关羽"后世溢美之称,皆与革去",宋元所赐关羽公、王封号被撤,仍然使用"寿亭侯"。洪武二十年(1387),朱元璋废除武成王庙,一直从祀武成王庙的诸葛亮也被除名。此年朱元璋定历代帝王庙从祀名臣三十七人,诸葛亮名列其中。嘉靖十五年(1536),武成王庙恢复,崇祀诸葛亮在内的二十四人。

明清两代,诸葛亮的地位未曾进一步提升,概此时蜀汉正统地位已成定论,故无需突出诸葛亮地位。明清两代王朝,都完成了统一中国的任务,在正统观上也无大的争议,也不需要抬出诸葛亮作为政治号召。与中央朝廷的冷淡相反,随着文学戏剧的普及,诸葛亮的形象越发神化,越发深入人心。

至明初,诸葛亮形象被全面神化。在宋三国平话、元三国杂剧基础上,罗贯中完成了诸葛亮超凡脱俗、如仙似魅的形象。至此诸葛亮的形象已彻底蜕变,演变为神,足智多谋、料事如神、呼风唤雨,多智而近妖。

至明代,诸葛亮被彻底纳入儒家体系,于士人之中影响广泛。明代嘉靖、隆庆年间,金陵沈越巡按江西,路过白鹿洞书院时,看到书院内供奉有诸葛孔明木刻小像,"诸生焚香供之"[1]。沈越询问木像来由,皆云由来已久,不知所由。

入清之后,顺治二年(1645),清廷决定祭祀历代帝王庙,诸葛亮仍然从祀。乾隆帝作诗赞颂他,"所遇由来殊出处,端推诸葛是全人"。往日诸葛亮虽在武庙之中从祀,但他的形象是文士,更是文臣心中的完人。

雍正二年(1724),清廷确立诸葛亮从祀于孔庙,由此诸葛亮完成儒家封圣之路。此后诸葛亮被彻底纳入儒家系统,如李光地所云:"三代后,武侯是个小周公,朱子是个小孔子,具体

---

[1] (清)褚人获:《坚瓠集》余集卷四,清康熙刻本。

而微。武侯才大气宏，通身绝无火气。"①

诸葛亮的形象经过千余年的不断创作，最后由罗贯中完成了大集合。可在罗贯中的笔下，诸葛亮有些小狡诈，有些玩弄权术，有些话则相当直白，于是又被进一步加工。清代毛纶、毛宗岗父子以明版为基础，对《三国演义》进行评改，成为最为流行的版本。经过修改后，诸葛亮的形象摆脱了法家、兵家色彩，更接近儒家的完人。如明版中，孔明与子龙曰："美色，天下人爱之，公何独如此？"毛氏父子删改后成为"此亦美事，公何如此"。再如明版中，诸葛亮驳斥鲁肃讨还荆州，认为："天下者，非一人之天下，乃天下人之天下也。"如此悖逆之言，毛氏父子不敢改动，直接删去了事。

清代各地设有武侯祠，康熙至道光年间，在地方志中有记录的武侯祠庙已有三十余座。②《勉县忠武祠墓志》记，每年清明前后是武侯墓的祭期。有人在诸葛庙中祈祷，"除水旱灾疫必祷外，或妯娌口角，夫妻不睦以至鸡鸭琐事，亦哭诉于侯之位前"，有人对诸葛亮像许愿："武侯爷爷在上，弟子在下，你老人家前知五百年，后知五百年，中知五百年，是如今活神，弟

---

① （清）李光地：《榕村语录》卷二十二。见王瑞功主编：《诸葛亮研究集成》，济南：齐鲁书社1997年版，第607页。
② 王瑞功主编：《诸葛亮研究集成》，济南：齐鲁书社1997年版，第1743-1746页。

子某人某氏为某事,黑处投明。"[1]

持续数千年的加工,形成了完美的诸葛亮形象,影响深远,乃至走向海外,影响世界,成为中华文明的标志性人物之一。与诸葛亮高大的形象相比,曹操、司马懿的形象,也在后世被进行另一种形式的加工,成为奸雄恶人的形象。

---

[1] 王瑞功主编:《诸葛亮研究集成》,济南:齐鲁书社1997年版,第1755页。

鹰视狼顾：
司马氏形象的历史流变

曹操的形象，在后世历史中被持续创造，形成了中国人"白脸曹操"的认识。围绕曹操的评价，在后世更有无数争执。

在魏晋时期，曹操的形象还是以正面为主，陈寿对曹操，基本上是采取褒扬。曹操此人，本身行事就很夸张，容易引发争议。王粲《英雄记》大部分内容写成于归降曹操之前，相对客观。据其所载，建安中，曹操于南皮攻斩袁谭，"作鼓吹，自称万岁，于马上舞"，得意之间，野心毕露。建安十二年（207），曹操攻乌桓蹋顿，一战斩之，"系鞍于马上抃舞"。由此可观，曹操喜怒皆形于色，不加掩饰，快意恩仇。

许劭评价曹操为"清平之奸贼，乱世之英雄"。这句话到了孙盛的《异同杂语》中，变为"治世之能臣，乱世之奸雄"。至于曹操"宁可我负天下人，不可天下人负我"，杀吕伯奢满门而走，最早的版本也是出自孙盛。据其所记，曹操"闻其食器声，以为图己，遂夜杀之"。既而曹操云："宁我负人，毋人负我！"遂行。孙盛所记，打下了曹操奸雄形象的基石。

曹操杀吕伯奢满门一事，《魏书》则记录，当时曹操与数骑路过故人成皋吕伯奢家。吕伯奢不在，其子与宾客想要劫取曹操的马匹及财物，曹操手刃击杀数人。此事真相如何，已无法考证。虽有小争议，曹操的形象总体上是正面的，功业被肯定，豁达类汉高，神武同魏祖。

习凿齿著《汉晋春秋》时提出，三国之际，蜀汉以宗室而为正统，曹魏虽受汉禅晋，仍然是篡逆。不过习凿齿的"唯血统论"不占主导地位，南北朝官方多以魏晋为正统。说起来，天下非一人之天下，乃天下人之天下。当君主不能维持天下、怀保万民时，篡汉、篡魏，换个君主，开个新王朝，也算不得什么大罪名。

至新王朝创建后，稳定社会秩序，让民众有稍微喘息的空间，就已是盛世，让万民与后世歌颂了。至于文明的演进、政治的建构、权力的约束，则从无什么建树。王朝的核心不过是权谋，是如何确保一姓江山统治万民。如牟宗三所云，中国古代的帝王将相，"胡闹疲倦，倦醒了再胡闹，这就是中国的政治史"[1]。

至南朝宋裴松之注《三国志》后，曹操诡谲、奸诈、残忍的一面逐渐被关注，仍以正面为主。不过在民间，曹操的形象开始流变，在《独异志》《语林》等文学作品中，有了丑化曹操的故事。到了唐代，唐人对曹操文韬武略充满敬佩。唐太宗高度评价曹操："帝以雄武之姿，当艰难之运，栋梁之任，同乎曩时，匡正之功，异于往代。"[2]对曹操的功绩，唐代诗人基本上持肯定态度，如张说《邺都引》中云："君不见魏武草创争天禄，群雄睚眦相驰逐。昼携壮士破坚阵，夜接词人赋华屋。"

唐代民间传奇中，则将曹操刻画得极为残暴。《独异志》载："曹操无道，置发丘中郎、谋金校尉数十员，天下人家墓，无问新旧，发掘时骸骨横暴于野，人皆悲伤。"又有记录，曹操有一歌伎性甚慧，声响入云。曹操好杀，但爱其声，未忍杀，乃于群妾中求得二人，声如歌者，密令教授，数月乃成。听之，立杀其前者。

北宋时期，对曹操还是肯定的。宋真宗曾令重修曹操庙，左丞相穆修在《亳州魏武帝帐庙记》中颂称曹操"建休功，定中土，垂光显盛大之业于来世"，"为乡里人所爱，后思怀其德，

---

[1] 《牟宗三先生全集》(第26卷)，《牟宗三先生早期文集》(下)，联合报系文化基金会2004年版，第743页。

[2] (唐)徐坚：《初学》卷九帝王部，清光绪孔氏三十三万卷堂本。

共尊祀之,遂传于今不息"。司马光则对曹操有些不满:"以魏武之暴戾强伉,其蓄无君之心久矣。"故而司马光采孙盛的"乱世之奸雄",而不用"乱世之英雄"说。司马光舍弃了陈寿《三国志》中"所过多残戮",取《后汉书》中"凡杀男女数十万人,鸡犬无余,泗水为之不流"①,展示了其残忍好杀一面。

曹操形象的全面贬损是在南宋以降,此后主要是道德价值评判,而非历史事实评判了。《宋史·岳飞传》记载绍兴年间高宗曾手书曹操、诸葛亮、羊祜三事赐给岳飞,岳飞跋其后,独指操为奸贼而鄙之。朱熹不满司马光以曹魏为帝纪,王十朋声称:"我虽有酒,不祀曹魏。"李季可在《松窗百说》中声讨曹操,"鞭挞宇内,宁负人以取天下"。

金元士人,同样挺蜀汉、贬曹魏。如金代田德秀,指责曹操"虽名汉相,其实汉贼"。元人杨维祯讥讽曹操好色:"君不见阿瞒老赎蔡文姬,博学才辩何所施,天下羞诵胡笳词。"元人吴师道云:"丈夫不学曹孟德,生子当如孙仲谋。"马致远说曹操:"奸雄那里,平生落的,只两字征西。"元代时,一度曾有官吏毁曹操庙之举。

明代文人主要从功业角度评价曹操,多有称颂,如李贽认为:"必如曹孟德,方可称之为江淮河海之水。"不过,《三国演

---

① (南北朝)范晔:《后汉书》卷七十三刘虞公孙瓒陶谦列传第六十三,百衲本景宋绍熙刻本。

义》中为了适应民众的需要，塑造出了复杂多样的曹操，既有雄壮绝伦、扫灭天下狼烟的形象，也有狡诈奸猾、心胸狭窄、残暴好杀的一面。在演义小说的推动下，奸雄曹操的形象在民间深入人心。至清代，编纂《四库全书》时，收录北宋穆修的《亳州魏武帝帐庙记》。乾隆帝认为此文助纣为虐，违背明教，令"刊除此文，以彰衮钺"。毛评本《三国演义》中，经过再加工，曹操形象成为"奸绝"。

明清之后，围绕曹操多有争议，其实是人物史学形象与文学形象的两途引发的不同评判。史学重事实阐述，文学多道德评论，"孔子成《春秋》，而乱臣贼子惧"[①]。历史不是不容做道德评价，只是道德评价容易堕入单一化、脸谱化，忽视了历史人物的复杂性。唯道德评价，最后的走向是脱离史学事实，经过文学的大力加工，以满足民众感情的宣泄，谈不上历史的真相与借鉴了。

曹操的形象，经过民间各类戏剧的加工，被刻画成白脸的曹操，为千夫所指、万民所憎。作为民间群体的思维，大体上是单一的，不需要去分辨事件的多样性、人物的复杂性，更不在意历史的真伪，他们所需要的只是感情的宣泄。对诸葛亮真挚的爱，对曹操深入的恨，带来了感情上的简单而极端的起伏。假如没有白脸的曹操，那么为了群体的需要，怎么也要创造一

---

① （战国）孟轲:《孟子》卷六，四部丛刊景宋大字本。

个出来。同样，近乎神圣的诸葛亮，也会随之出现。

在中国传统社会中，素来喜欢以道德评判人，以黑白划分人，忠奸之间，鸿沟深壑，难以逾越。一旦被贴上坏人的标签，则被全面否定，其人其事的复杂性，相应也被忽略。与曹操相比，司马氏的形象更为不堪。

在后人看来，曹操当汉室垂危之际，"力征经营，延汉祚者二十余年，然后代之"①。且曹魏代汉，过程相对平稳，献帝也得到厚待。当曹魏皇室未衰时，司马氏利用皇帝年幼，操控权柄，废一帝，弑一帝，手段更为无耻、毒辣，比之于曹操，其罪不可同日而语。

曹魏正始十年（249）正月，司马懿发动高平陵政变，控制京师后，以洛水为誓，保证曹爽安全。曹爽这才打消了疑虑，感叹"我不失作富家翁"。不想司马懿转身即大加屠戮，信义全无。司马氏以权臣篡汉，本身就不光彩，此过程中更发生高贵乡公曹髦被弑事件。

背信弃义，弑杀主君，这是司马氏怎样掩饰都无法消除的污点。司马氏内部也有人耻于此，曹髦死后，司马孚痛哭："杀陛下者，臣之罪。"司马氏篡魏之后，司马孚终生以魏臣自居，遗嘱称："不伊不周，不夷不惠，立身行道，始终若一。"②

---

① （清）赵翼：《廿二史札记》卷七，清嘉庆五年湛贻堂刻本。
② （唐）房玄龄：《晋书》卷三十七列传第七宗室，清乾隆武英殿刻本。

孙吴丞相张悌对司马懿父子如此作为之后却能掌权,曾有过评价。司马懿父子自握权柄,累有大功,"除其烦苛而布其平惠,为之谋主而救其疾"①,一时民心归之,文武畏惧。此处所言的民心乃是指地方豪族,而非一般民众。曹操在统一北方的过程中,与一些豪强世族发生冲突,如四世三公的汝南袁氏等进行激烈斗争,曹操指责他们"使豪强擅恣,亲戚兼并"②。曹氏政权一度重拳打压豪强,司马氏则宽待豪强,能得其忠心。故虽有淮南三叛、曹髦之死,司马氏得了豪强支持,却仍能腹心不扰,四方不动,摧坚敌如折枯,荡异同如反掌,任贤使能,各尽其心。

在官修史书中,很长时间都奉晋室为正统,并夸耀司马氏功绩。陈寿在撰述《三国志》时,尊曹魏为正统,视吴蜀为蛮夷。晋代魏以后,陈寿入仕于晋,任著作郎。晋上承于魏,身为晋臣,陈寿自然要尊曹魏为正统了。在《三国志》中只为曹魏作帝纪,蜀汉、孙吴只有传没有纪。赵翼《廿二史札记》认为:"然《吴志》孙权称帝后犹书其名,《蜀书》则不书名,而称先主、后主。陈寿曾仕蜀,故不忍书故主之名。"③

作为晋臣,陈寿对魏晋两朝多有回护。如《后汉书》载,

---

① (宋)司马光:《资治通鉴》卷第七十八魏纪十,四部丛刊景宋刻本。
② (唐)房玄龄:《晋书》卷一魏书一,清乾隆武英殿刻本。
③ (清)赵翼:《廿二史札记》卷六,清嘉庆五年湛贻堂刻本。

曹操攻打郯城不克，回程途中展开屠杀，"杀男女数十万"。对此行径，陈寿加以回避。曹操杀孔融，夷其三族，陈寿在《武帝纪》中只字不提。司马师自作主张废齐王曹芳，在陈寿笔下，则成了根据郭太后的指示行事。曹髦被弑，乃是司马氏干得最见不得光的事，陈寿在《三国志》中支支吾吾，语焉不详，"五月己丑，高贵乡公卒，年二十"，又以郭太后令加以掩饰，指责曹髦"情性暴戾"。陈寿虽有不足，但瑕不掩瑜，裴松之认为《三国志》是"近世之嘉史"。

在陈寿的《三国志》中，司马懿形象正面，雄才大略，多谋善断，用兵神速，善于决断，多次平定叛乱，用心辅佐曹氏。司马懿也能任用贤才，提拔了邓艾、石苞等人。在"帝魏寇蜀"的主旋律之下，对司马懿，陈寿是全面肯定的。至裴松之作注时，描述了司马懿能力卓越、目光长远，更忠心耿耿，"受遗二主，佐命三朝"[①]。

在魏晋南北朝，对司马懿的评价，总体上是从功业方面展开，相对比较正面。不过司马氏行事卑劣，还是颇多非议，后赵君主石勒云："大丈夫行事当磊磊落落，如日月皎然，终不能如曹孟德、司马仲达父子，欺他孤儿寡妇，狐媚以取天下也。"[②]

入唐之后，唐太宗肯定了司马懿的功绩："观其雄略内断，

---

① （唐）房玄龄：《晋书》卷一帝纪第一，清乾隆武英殿刻本。
② （唐）房玄龄：《晋书》卷一百五载记第五，清乾隆武英殿刻本。

英猷外决,殄公孙于百日,擒孟达于盈旬,自以兵动若神,谋无再计矣",随后笔锋一转,对司马懿的反叛行为进行了批判:"征讨之策,岂东智而西愚?辅佐之心,何前忠而后乱?"李世民指责司马懿:"天子在外,内起甲兵,陵土未干,遽相诛戮,贞臣之体,宁若此乎?"李世民的态度,使司马氏的负面形象在唐代开始展现,而以《晋书》中的加工最甚。

《晋书》载,曹操征辟司马懿出仕,儒家望族出身的司马懿,看不起"赘阉遗丑"的曹操,"辞以风痹,不能起居"。曹操乃派出刺客,深夜试探司马懿。刺客的刀架在脖子上,装病的司马懿竟然"坚卧不动"。这一描写是为了刻画司马懿隐忍狠辣的形象,这种刻画是成功的,后世认为,"司马懿的坚忍阴毒,远非汉末同时儒家迂缓无能之士所能比"[1]。

司马懿出身儒学世家,从小饱读诗书,初入仕途时一度担任过文学掾。文学掾掌文献典籍,司马懿具有相当的经学功底,故而能任此职,进而得到曹操赏识,"与太子游处"。在《晋书》中,司马懿入仕之后,曹操却觉察他有雄豪之志,"闻有狼顾相"。司马懿初入仕途,担任文学掾,既非什么大人物,也未执掌机要,怎会一下子引起曹操警惕?却还要持续提拔任用?

至于司马懿的"狼顾相",指人行走如狼,格外警惕,左右

---

[1] 陈寅恪:《魏晋南北朝史讲演录》,贵阳:贵州人民出版社2007年版,第12页。

观望，乃野心的象征。就连忠心不二的诸葛亮，也被蜀安汉将军李邈指责有狼顾相。所谓司马懿"狼顾相"、刺客试探云云，乃是后人的加工了。更夸张的是，曹操还梦到三马同槽，叮咛曹丕："司马懿非人臣也，必预汝家事。"做梦都能梦到司马懿有异心，曹氏父子还能容忍司马氏，提拔司马氏，岂不异哉？

《晋书》中又云，司马懿父子野心勃勃，在青龙二年（234）之前就有代魏野心。司马师之妻夏侯徽，乃夏侯尚之女，与司马师育有五个女儿。据《晋书》，夏侯徽发现了司马师的野心，青龙二年被司马师毒杀，时年二十四岁。只是《晋书》所载，没有任何证据。青龙二年，当年夏季举国大疫；当年冬季，又举国大病。最接近历史的真相是，夏侯徽感染疾疫而死。

司马懿要反叛的各类异象征兆，被不断加工而出。孙吴赤乌二年（239），发生地震，此时吕壹专政，有大臣告诫孙权："地连震动，臣下专政之应也，冀所以警悟人主。"[1] 不想此段记录，被移花接木转嫁到了司马氏身上。《晋书》载，魏明帝时发生地震，高堂隆上言："地震者，臣下强盛，地故震动，冀所以警悟人主。"[2]

《搜神记》载，景初元年（237），有喜鹊在刚动工的凌霄阙

---

[1] （南北朝）沈约：《宋书》卷三十四志第二十四，清乾隆武英殿刻本。
[2] （宋）李昉：《太平御览》卷第八百八十咎征部七，四部丛刊三编景宋本。

构架上筑巢，魏明帝曹叡认为是"羽虫之孽"，向高堂隆询问其意义，得到的解释是："今兴起宫室而鹊来巢，此宫室未成身不得居之象也。"此语吓得曹叡"改颜动色"[1]。此段记录可归入怪力乱神之类，也被《晋书》原封不动抄了进去。

入宋之后，以曹魏为正统。而司马光在编撰《资治通鉴》时相对客观，没有将司马懿加工为天生反骨、野心勃勃的形象。在记录司马懿军事才华的同时，对司马懿的隐忍狠辣，司马光也加以展示。南宋时期，王朝偏于一隅，蜀汉正统论占据上风，随之司马氏形象开始急速下坠。

在元代《三国志平话》中，对司马懿的描写主要集中在《诸葛七擒孟获》《诸葛斩马谡》《西上秋风五丈原》等故事中，后世所熟悉的司马懿形象逐渐成型。如死诸葛吓走活仲达、司马懿换袍得脱逃、诸葛亮死后托梦司马懿等。

宋元之际，司马懿的负面形象被大幅强化，乃至成为诸葛亮的陪衬角色，在与诸葛亮的军事行动中，处处落于下风，各种狼狈不堪。至明清两代，经由小说全面加工，司马懿鹰视狼顾、老奸巨猾、心怀异志形象定型。不但司马懿，还有司马师、司马昭的形象，在后世戏剧中也被不断加工，成为狼子野心的形象。

京剧《司马逼宫》中，塑造出了一个飞扬跋扈、残酷杀戮

---

[1] （晋）干宝：《搜神记》卷六，明津逮秘书本。

的司马师形象。戏曲中，司马师杀掉张皇后之后，唱道："且住。想某带剑进宫，逼死正宫主母，已有这些小罪过。待俺上前请罪。臣大都督司马师见驾，陛下千岁！臣带剑进宫，逼死主母，已有些小罪过，望我主降旨……你讲、你说！你聋了？你哑了？哈哈哈哈，这小昏王，到底年幼为君，被某这一吓，吓昏了！啤，也罢。待某家替他传旨。"

禅让征伐：
三国之后汝为正统

中国之事，系乎正统；正统之治，出于圣人。

正统论，在中国历代王朝，是何其重要，无不挖空心思，加以营造。而中国古代的正统说，大体与天命、地理、血统、功业（大一统）密切相连。

周武王伐纣，旗帜就是殷商不能顺应天命。殷商的先王当初能够顺从天命，"迪畏天，显小民"①，故而能得天佑，王朝持续。当殷商末期的纣王受（帝辛）不能修德、恤祀、慎罚，"惟

---

① （汉）孔安国：《尚书》卷八，四部丛刊景宋本。

妇言是用""昏弃厥肆祀"①，竭失天命，天不佑殷。

"惟时上帝不保，降若兹大丧"，周武王"惟恭行天之罚"②，顺天革命，推翻殷商。

西周开国后，营建洛邑，以洛邑为中心的黄河中游地区，在"地中"，即天下之中，故为中国。"地中"，进而由地理意义演变为正统性的中土、中原、河洛，进而演变为文化意义上的中国。"中国"一词，在古代就是中央之国，它领有九州，富有四海，它就是天下，是世界的中心，代表正统。

开国之后，周人在血统上加以经营。传说中，周人始祖是后稷，后稷的母亲是姜原（姜嫄），姜原是帝喾之元妃。姜原在野外看到巨人足迹，很是欢悦，就用脚去踩巨人足迹，一踩就受孕了，居期而生子。姜原认为儿子不吉利，就将他给丢了，故而后稷又名弃。弃被抛弃后，有各种神奇表现，"姜原以为神，遂收养长之"③。

天命、地理、血统在周时形成雏形，后世则进一步发挥，为王朝寻找正统性的解释。

战国时期，齐国学者邹衍（也作驺衍）进一步发展了正统论，形成"五德终始"说。他将春秋史官占卜的"五行"，发展

---

① （汉）孔安国：《尚书》卷六，四部丛刊景宋本。
② （汉）班固：《白虎通德论》卷四，四部丛刊景元大德覆宋监本。
③ （汉）司马迁：《史记》卷三，清乾隆武英殿刻本。

成为王权更迭、正统所在的"五德终始"之说。五德说认为神秘气运主宰着人间，气运具有神秘的规律性，周而复始，不断上演。

汉儒据五德终始说，加以发展，认为每个朝代的更替都是五德的轮替。五德，指木德、火德、土德、金德、水德，分别与东、南、中、西、北相应，又与青、赤、黄、白、黑五色相对应。五德相生相克，彼此影响。相生顺序是"木生火，火生土，土生金，金生水，水生木"；相克顺序是"木克土、土克水、水克火、火克金、金克木"。

五德终始说认为天命无常，王朝不断更替，唯有德者居之，无德者丧之。面对无德之君，民众革命也是顺天应人。此说一出，"王公大人初见其术，惧然顾化"①。五德终始说之中蕴含了两个强烈的暗示：第一个暗示针对普通人，不可有非分之想，无五德之运，做不成天子；第二个暗示则是针对帝王，天命并不永存，此德衰则彼德兴，易姓受命会不断出现。第一个暗示是对一般人说的，由此避免人人争夺天子，引发天下大乱；第二个暗示是对君主说的，警告天子也需要谨慎，为政以德，避免暴虐天下，出现"时日曷丧"的局面。

针对战国乱局，邹衍也提出了大一统说。在他看来，儒者所谓中国者，不过是天下八十一分之一。中国名曰"赤县神州"，

---

① （汉）司马迁：《史记》卷七十四，清乾隆武英殿刻本。

乃是小九州中的一州。如小九州一样的州又有九个，组成大九州。赤县神州内自有九州，有德之君，当一统九州，天下一家。

大一统之说影响了此后中国数千年，封疆割据的观念被抛弃，大一统成为主流，而能完成大一统的帝王，自然是天命所归的正统。由此王朝正统，在天命、地理、血统之外，又多了个功业（大一统）。汉高祖刘邦就发出誓词："今吾以天之灵，贤士大夫，定有天下，以为一家。"①

至汉代，公羊学借《春秋公羊传》阐发微言大义，发展完善了正统学说，包括大一统、三世论、更化改制、兴礼诛贼、五德终始等。地理中心正统说在两汉也得到重视，河洛被认为乃王者所居，建国所在。而能在中土建国，也是奉天承运，天命所归，"王来绍上帝，自服于土中"②，这就将天命与地理融合，居中土者为正统。

西汉末年，王莽篡汉，其理论依据就是五德终始说。此说采用了汉为火德，认为火德销尽，土德当代，这土德就是他王莽的新朝。火尽土代，乃是天命，汉禅位于王莽，"火德尽而传于新室也"③。登基之后，王莽改正朔，易服色，"服色配德上黄"，黄色代表的便是土德。西汉刘邦开国时，给自己找了个牛气的

---

① （汉）班固：《汉书》卷一下，清乾隆武英殿刻本。
② （汉）孔安国：《尚书》卷八，四部丛刊景宋本。
③ （汉）班固：《汉书》卷九十九中，清乾隆武英殿刻本。

祖先尧，王莽为了让自己篡汉更有说服力，还找了更牛气的祖先——黄帝与舜，这是强调正统性中的血统。

建安二十五年（220）十月，汉献帝禅位，魏文帝曹丕登基。根据谶说，早在熹平五年（176）就有祥瑞，"黄龙见谯"[1]。谯即今亳州，此谶指曹魏代汉。此中所云黄龙也是暗含五德终始之意。黄龙色为黄，乃土德，与汉之火德，乃是相生关系。曹丕代汉，名义上是禅让，故而是五行相生。因为曹魏乃土德，故而年号"黄初"。孙权称王，年号"黄武"，称帝之后，又改年号为"黄龙"。年号中含有"黄"字，都是依据火生土、黄代赤的五行相生之说。

清人赵翼在《廿二史札记》中认为，古来中国王朝更替，一是禅让，一是征诛，前者相生，后者相克。安居香山认为："五行相胜说，是一种用革命打倒对手的观念，就是今天所说的暴力革命的思想。中国将此称为放伐（暴力讨伐）。与这种观念相反，五行相生说是一种让位于有德者的观念，是和平革命，也称为禅让。"[2] 后世权臣篡国，一般都会遵循五德终始说，高举禅让的旗帜。

血缘正统说在后世也是影响极深。秦人造说乃帝王颛顼后

---

[1] （晋）陈寿：《三国志》卷二魏书二，百衲本景宋绍熙刊本。
[2] ［日］安居香山：《纬书与中国神秘思想》，田人隆译，石家庄：河北人民出版社1991年版，第92页。

裔,"玄鸟"生子。汉代开国后自称刘姓是帝尧之后,刘邦为"赤帝子",斩"白帝子"。此后历代帝王登基,都要给自己附会一个牛气的老祖宗。不过相较天命、地理、功业,以血缘来营造正统,还是弱了些。三国之中,曹魏地处中央,于地理上具有天然的合法性。蜀汉所能凸显正统性的,也只有血统了。而诸葛亮高举北伐,恢复汉室,还于旧都,则是从天命、功业、地理上来加以弥补。陈寿撰《三国志》,以曹魏为正统,称蜀汉政权为"蜀",而不称"汉",后世认为是"黜其正号,从其俗称"。陈寿称曹氏父子为魏王、天子或帝,对吴主则直呼其名,蜀主则称先主、后主,也是给旧主面子了。

西晋末年,五胡乱华。晋永兴元年(304),匈奴刘渊称汉王。刘渊尊奉汉室,以蜀汉为正统,追尊刘禅为孝怀皇帝,并以自己为汉室继承者,获得正统性。东晋时期,南北分立,中原已远。习凿齿想为东晋正统造说,提出"帝蜀寇魏"论。他否定了地理正统说,坚持血缘正统论,认为"蜀以宗室为正,魏武虽受汉禅晋,尚为篡逆"[①]。据此说,司马昭平蜀汉后,乃汉亡而晋始,由此曹魏为篡逆,晋室为正统。

但习凿齿的正统论,在东晋并无市场,主旋律是以曹魏为正统。南北朝时期,南朝虽偏安南方,依然尊曹魏为正统。因晋室渡江后依然奉曹魏为正统,此后的王朝依此类推,都奉曹

---

① (唐)房玄龄:《晋书》卷八十二列传第五十二,清乾隆武英殿刻本。

魏为正统。北朝控制中原，符合地理正统论，自然也以曹魏为正统。北魏太和十四年（490），孝文帝与群臣讨论历朝递嬗，孰为正统。中书监高闾说道："臣闻居尊据极，允应明命者，莫不以中原为正统，神州为帝宅。"据此，则三国时期，曹魏为正统，孙权、刘备"事系蛮夷，非关中夏"[①]。

唐代以曹魏为正统，官方设历代帝王庙，供奉八位帝王，其中就有魏武帝曹操、晋武帝司马炎。[②]曹操的形象还比较正面，唐太宗李世民写就《祭魏武帝文》称赞曹操，李隆基幼年时也以曹操的小字"阿瞒"为名。在唐代占主流的北朝正统论中，值得注意的是皇甫湜在《东晋元魏正闰论》中提出"华夷之辨"，认为东晋得"中国礼义"虽不在中土，也为正统。

北宋结束天下之割据，完成大一统，这是最强大的正统所在。北宋时期，官方仍然以曹魏为正统。太平兴国二年（977），宋太宗命李昉等编修《太平御览》，以曹魏为正统，以蜀汉为偏霸。

以往的五运终始说，"相承而不绝"，南北朝、五代十国，各国争雄，击鼓传花。依据此说，西晋往下至陈，则无后续；唐往上至后魏，再往上则是夷狄，则无前缘。如此学者疑惑，

[①] （南北朝）魏收：《魏书》卷一百八之一志第十，清乾隆武英殿刻本。
[②] 此外还有秦始皇嬴政、汉高祖刘邦、汉光武帝刘秀、北魏道武帝拓拔珪、北周太祖宇文泰、隋文帝杨坚等。

是非多又不公。欧阳修不满于此，提出"绝统论"，正统有绝而有续，"然后是非公，予夺当，而正统明"①。

那什么样的王朝才是正统呢？欧阳修提出了"一统"和"居正"。居正，是以至公大义而得天下，如尧、舜。一统，"合天下之不一也"②。曹魏虽未完成一统，但欧阳修仍以曹魏为正统，在《正统论》中称："夫得正统者，汉也；得汉者，魏也；得魏者，晋也。晋尝统天下矣。推其本末而言之，则魏进而正之，不疑。"③

司马光在编《资治通鉴》时，也将曹魏奉为正统。不过也有认为蜀汉为正统的，如程颐就认为："蜀志在兴复汉室，则正也。"④不过民间多偏向蜀汉，每至民间平话三国："闻刘玄德败，颦蹙有出涕者；闻曹操败，即喜唱快。"⑤

南宋建炎元年（1127），南宋欲割地予金，时任东京留守的宗泽强烈反对，认为此举"欲裂王者大一统之绪为偏霸耳"。此时还是以"大一统"而为正统，随着时间推移，正统论由"大一统"逐渐转为"居正"。居正，内容多样，如乃华夏正脉、皇室后裔、传承文化等，地理正统论被否决。

---

① （宋）欧阳修：《欧阳文忠公集》居士集卷第十六，四部丛刊景元本。
② （宋）欧阳修：《欧阳文忠公集》居士集卷第十六，四部丛刊景元本。
③ （宋）欧阳修：《欧阳文忠公集》外集卷第九，四部丛刊景元本。
④ （宋）程颐：《二程遗书》卷十八，清文渊阁四库全书本。
⑤ （元）刘壎：《隐居通议》卷二十五，清海山仙馆丛书本。

也有主张居正义者方为正统，如胡寅极力赞颂诸葛亮，认为诸葛亮的道德光辉，乃是蜀汉正统的依据所在。乾道年间，张栻试图推翻司马光的曹魏正统说："予谓献帝虽废，而昭烈（刘备）以正义立于蜀，武侯辅之，汉统未坠也。"①

在南宋中期，"夷狄进于中国"说，被"夷狄不可为中国"说取代。南宋末年的郑思肖更为极端，认为只有华夏之民所建之国，才为正统。他否定李唐王朝，认为李唐王朝祖上出自夷狄，非中国之正统。

为解决南宋偏于南方的矛盾，朱熹发展出"无统"说，认为中国历史上的分裂期乃是"无统"。如三国、南北朝、五代，皆天下分裂，不能相君臣，故而皆不得正统。在南宋之前，游牧部落不断入袭中原，却从未完成过天下大一统的任务，据此，只有大一统的王朝才是真正的正统。而完成大一统任务，堪为正统的王朝，只有周、秦、汉、晋、隋、唐等六朝。

进而朱熹又提出了"正统之始"和"正统之余"说。如李唐取代隋，乃是"正统之始"，但后唐却不是正统，因为后唐乃沙陀人李存勖所建。三国时的蜀国，沿用"汉"之国号，乃是汉室"正统之余"。南宋之后，以蜀汉为正统，已成为天下公论。

南宋尊蜀汉，与南宋同时或稍晚的金、元士人，也以蜀汉为正统。盖金元以外族入主中原，占中原之地，高倡道义。而

---

① （宋）萧常：《续后汉书》卷第四年表第二，清文渊阁四库全书本。

在此时流行的俗文化中,曹魏为不义,蜀汉为正义。故而金元两代士人,由道义角度来论证正统。如金国赵秉文认为:"先主、武侯存公天下心,宜称曰'汉'。"杨奂以为,"昭烈帝室之胄,卒续汉祀"[1],乃是正统。元人郝经认为刘备乃是英雄,尤得人心,"曹氏虽据中夏,为僭伪,天命正统,卒在昭烈"[2]。郝经不满陈寿尊魏抑汉,乃著《续后汉书》以尊蜀汉。

入明之后,朱元璋驱逐鞑虏,恢复中华,完成大一统,在正统性上,毋庸置疑。明代朱子学说定于一尊,自然也以蜀汉为正统了。明代的通俗小说更将蜀汉正统论加以发扬。蜀汉不但在血缘上为正统,更"仁义而王,道得而治",居天下之至正。曹操则挟天子以令诸侯,名为汉相,实乃汉贼,是奸伪篡臣。

中土内乱,王朝割据,各自都能找到正统性。可当外族入主中原之后,牵涉到华夷之辨,如何解释正统?一种正统性的解释是,中国乃是文化中国,哪怕是文化圈外围的蛮夷,只要认同并归化于中国文化,也就具有了正统性,此即"夷狄而中国,则中国之;中国而夷狄,则夷狄之。此春秋之义也"[3]。

清代以外族入主中原,自然要在正统观上大力加以营造。

首先,清廷强调文化正统说,淡化华夷之辨。入关之后,

---

[1] (元)苏天爵:《元文类》国朝文类卷三十二,四部丛刊景元至正本。
[2] (元)郝经:《陵川集》卷三十三碑文,清文渊阁四库全书本。
[3] (元)刘壎:《隐居通议》卷二十五,清海山仙馆丛书本。

清室彻底皈依并推崇华夏文化。顺治帝祭孔，给孔子加上"至圣先师"等封号。康熙帝亲赴曲阜祭孔，并根据儒家学说颁发《圣谕》十六条，作为民众的行为准则。至康雍时代，看起来国泰民安，四海升平。虽然清代皇帝取得了辉煌政绩，但吕留良等人坚持认为，华夷之分大于君臣大义。

雍正帝认为，"汤武革命"被士人阶层圣化了，汤武也是华夏周边的蛮族，他们能成为圣人，乃是由于他们学习了先进的文化。满人入主中原，只要它继承发扬了中国文化，那么这和汤武革命有何区别？

其次，清室强调大一统与怀保万民。雍正帝提出，一个皇朝的合法与否在于它能否"怀保万民、恩加四海"。如果一个皇朝能做到这点，便是有德之君，"有德者可为天下君，何得有华夷而殊视？"进而雍正帝愤然道："自我朝入主中原，君临天下，并蒙古及周边部落俱归版图，是中国之疆土开拓广远，乃中国臣民之大幸，何得尚有华夷之分哉？"

对影响深远的五德终始之说，乾隆帝嗤之以鼻，视为无稽之谈。清室开疆拓土，完成大一统，正统性自无异议，乾隆帝充满自信："我朝为明复仇讨贼，定鼎中原，合一海宇，为自古得天下最正。"[1] 高士奇则吹捧："我圣清受天景命，继历代之正

---

[1] 《大清十朝圣训》（第 12 册至第 15 册），北京：燕山出版社 1998 年版，第 1332 页。

统而光大之。"①

其三，就历史上的汉魏、金宋孰为正统问题上，加以含糊。顺治二年（1645），增祀辽太祖、金太祖、金世宗于历代帝王庙；康熙六十一年（1722），继续增祀辽金帝王于历代帝王庙。但清入关之后，以大一统而为正统，并不需要刻意营造"伪宋正辽金"。至乾隆朝，则以辽金与宋各为正统。

清朝历代皇帝均以蜀汉为正统，关羽则备受尊崇，不断予以封号，已至夸张程度。在编纂《四库全书》时，乾隆帝认为："陈寿于蜀汉有嫌，所撰《三国志》多存私见。"②不同于乾隆帝的是，清代学者虽以蜀汉为正统，但多认为陈寿并未挟私报复诸葛亮，反而是推崇诸葛亮。赵翼表示了对陈寿的理解："正统在魏，则晋之承魏为正统，自不待言。此陈寿仕于晋，不得不尊晋也。"③

学者周积明认为，宋明与清代的主流舆论场，虽然同持"尊蜀伪魏"的正统观，但对"尊魏"者的批评路向大相径庭。宋明学者论三国正统论，对尊魏者尤其是陈寿"肆口骂詈"，多加激烈的道德批评。清代虽有乾隆帝"陈寿宁称史笔人"之吟，也有《四库全书总目提要》对陈寿识见的讥讽，但是，从代表

---

① （清）高士奇:《高士奇集》卷九，清康熙刻本。
② （清）《清通典》卷五十礼，清文渊阁四库全书本。
③ （清）赵翼:《廿二史札记》卷六，清嘉庆五年湛贻堂刻本。

官方意志的《四库全书总目》到学术界诸多著名学者,并未见对陈寿、司马光的品行的谩骂。他们努力从"时"与"势"来理解并解释陈寿等人关于三国正统的主张,将前人的三国正统论置于其时的历史图景中加以考察,正是一种历史认识的思维方式。[①]

[①] 周积明:《从道德批评到历史认识——宋至清关于三国正统书写者的评论转向》,《史学月刊》2023年第10期。

后 记

这是我最难写的一篇后记，因为回忆总会让人心痛。

这本书稿，是2023年年初，浙江人民出版社魏力编辑与我约的，个人看了选题后，也很感兴趣。但要写好本书却很难，因为蜀汉的历史资料，相对较少，且多偏重于政治史。所幸的是，过去几十年来，学界从各个角度切入，对蜀汉经济史、社会史、人物心理等，进行了系统研究，也为本书的写作拓展了空间。

此书的写作，到了2023年年底时，我一度计划准备走一次诸葛亮出祁山之路。前往每一个重要历史事件的发生地，如祁山、街亭、五丈原等处，实地看一看，会使我的写作效果更好。2023年12月底，在靖江的乡下，晚上陪伴父母聊天时，我说

后记

想要去西北走一趟，二老还特意关照我，要注意安全。

然而，这是最后一次与妈妈的长聊。之后，妈妈因为事故，躺在医院中抢救。那时，我很是慌张，六神无主。无所寄托中，只能打开电脑，看着《出祁山》的书稿发愣。之后，妈妈走了，守灵七天。在那些天里，夜间特别寒冷，滴水成冰。我在妈妈的灵前，打开电脑，继续看着书稿，用写作来作为对妈妈的纪念。之后的日子里，我将身心全部投入《出祁山》一书的写作中，好减轻一些痛苦，但不会遗忘。

每个人，都是历史的组成部分，都是历史长河中的过客。人终究会远去，文字则会永存。我在将妈妈带回家的最后的路上，捏住妈妈的手，对妈妈说，儿子未来会写一本书，专门写我的妈妈。记录儿子记忆中，与妈妈在一起时光中的快乐，生活中的点点滴滴，这是儿子的诺言。

以此书，献给我挚爱的妈妈——黄书琴。

袁灿兴

2024 年 6 月 10 日